冰雪之巅

冬奥会的文化与审美

於贤德 ◎ 著

广东旅游出版社

中国·广州

图书在版编目（CIP）数据

冰雪之巅：冬奥会的文化与审美 / 於贤德著. —广州：广东旅游出版社，2022.1

ISBN 978-7-5570-1836-8

Ⅰ. ①冰… Ⅱ. ①於… Ⅲ. ①冬季奥运会－基本知识Ⅳ. ①G811.212

中国版本图书馆CIP数据核字（2022）第009735号

出 版 人：刘志松
责任编辑：陈　吉
封面设计：艾颖琛
内文设计：谢晓丹
责任校对：李瑞苑
责任技编：冼志良

冰雪之巅：冬奥会的文化与审美
BINGXUEZHIDIAN：DONG'AOHUI DE WENHUA YU SHENMEI

广东旅游出版社出版发行
（广州市荔湾区沙面北街71号首、二层）
邮编：510130
邮购电话：020-87348243
印刷：广州汉鼎印务有限公司
（广州市黄埔区南岗骏丰路117号202）
纸张：787毫米×1092毫米　　16开　　14.75印张　　219千字
版次：2022年1月第1版第1次
定价：45.00元

版权所有　侵权必究

本书如有错页倒装等质量问题，请直接与印刷厂联系换书。

前言

2021年2月4日，迎春的锣鼓敲响了北京冬奥会倒计时一周年的钟声，第一次在中国举办的冬季奥林匹克运动会和冬季残疾人奥林匹克运动会正迈着欢快的步伐向我们走来。一年之后，凝结着古希腊奥林匹克文化伟大的人文精神，体现着现代竞技体育跨越式发展的第24届冬季奥林匹克运动会，将在古老而又年轻的中国首都北京和人称"塞外明珠"的张家口这两个光荣的城市举办。赛场上运动员将淋漓尽致地展现冬奥运的特殊风采：冰天雪地中震撼人心的竞赛项目将为我们展现竞技体育所特有的力量、智慧与技艺的比拼，冰雪竞赛项目中运动员表现出来的勃发英姿、顽强意志、精湛技艺和高尚道德，必然会让无数观赏比赛的人们感受到蕴含在人类生命中的伟大力量，体验到在紧张的比赛中所表现出来的生命激情无与伦比的耀眼光辉，领悟到"爱拼就会赢"的人生哲理的深刻内涵。这是真善美的大旗在晶莹洁白的冰雪中迎风招展的光辉时刻，也是人类生命潜力试图打破生理极限的又一次勇敢冲锋，更是人类在大自然的恶劣气候面前，敢于以不屈不挠的斗争，征服自然界的恶劣气候，并且在积极探索中与大自然形成相克相生、对立统一的辩证关系。北京曾举办夏季奥运会，如今又将举办冬季奥运会，这在世界奥运历史上迄今为止还是独一无二的。这就是第24届冬奥会对于14亿中国人所彰显出来的极其重要的现实意义和长久深远的历史意义。

在我们举起双手迎接冬奥会到来的激动人心的时刻，如何更充分地了解冬奥运的发展历程与现实状况，更准确地把握冬奥运和我们生活、生产的内在联系，更深入地探索作为竞技体育的冰雪运动的文化意蕴，更清晰地认识冬、夏两季奥林匹克运动会之间的联系与区别，更生动地感受冬奥健儿在激烈的竞赛中展现出来的特殊的力与美，所有这些都值得作为东道主的中国人深入思考和认真关注。然而，出于多方面的原因，主要是中国的国土绝大部分处于亚热带地区和温带地区，能够开展冰雪运动的地域和人口相对较少，因而中国运动员目前只有个别项目在国际上处于领先地位，而在相当一部分冰雪竞技项目中还处于弱势。强势项目不多的现实，不可避免地导致了媒体对于冬奥项目的传播缺乏足够的重视，因而不少中国人对于冬奥会还显得比较陌生，对于冰雪运动的竞赛项目还不甚了了。尤其是生活在南方暖温带、亚热带地区的中国人，一年当中很少有机会见到冰和雪，生活地域的限制使他们没有机会直接领略大自然冬季寒冷气候所带来的冰雪奇观，因此就有很多人专门在寒冷的冬天，不远千里来到北方感受冰雪世界的寒冷与奇妙。此外，1979年中国在国际奥委会的合法席位得到恢复，1984年参加洛杉矶夏奥会并取得优异成绩，尤其是2008年北京举办第29届夏季奥运会和第13届夏季残疾人奥运会之后，奥林匹克运动在中国已经深入人心。但是，人们对于冬季奥林匹克运动基本情况的了解和认识，除了对中国运动员保持领先地位的几个强项之外，对于其他更多项目的认知，还停留在零星分散的信息获得和一知半解的知识储备上，这与达到全面把握、深入理解与充分热爱的体育文化民间热度，广泛动员人民群众来迎接冬奥会的召开，确实还有一定的差距。

随着北京冬奥会的临近，提高国人对于冬季奥林匹克运动的全面了解和深入认识，就成为办好这届冬奥会在软件方面的准备和保障工作的重要内容。而积极普及冬奥运知识，让人民群众对冬奥会的历史和现状、竞赛的项目与规则、运动成绩的提高与突破、各项比赛的难度与观赏点，尤其是运动员的力量、技能与战术水平的发挥等有深入的了解，就需要通过新闻媒体、数字平台及专题讲座等方式加以积极传播，才有可能产生多方面的效益。笔者认为以下几个方面的问题值得我们深入关注。

首先，要使广大受众尤其是现场观众看懂比赛，并且对运动员的现场表现做出热情的回应和适当的评价，使比赛现场呈现出热火朝天、激情澎湃和顺畅沟通的场面，使运动员能够在火热的场景中进一步激发潜能、创造奇迹。俗话说"外行看热闹，内行看门道"，如果现场的观众对比赛项目知之不多，不懂得用恰到好处的欢呼为运动员加油鼓劲，或者对运动员的出色表现反应冷淡，这种落寞与隔膜当然无法让运动员进入激情焕发的高峰状态，甚至会使他们陷入被轻视或无视的尴尬。这就必然会影响运动员竞技水平的正常发挥，还会导致他们对举办赛会的国家和城市产生某种隔阂，其结果就是对作为东道主的国家和城市的形象带来无谓的伤害。

其次，了解冬奥运的历史与文化，就能够充分认识运动员们在寒冷彻骨的冰雪世界中表现出来的大无畏的英勇气概，并为他们敢于战胜一切困难、不为困难所压倒的英雄主义豪情感到钦佩、受到鼓舞。运动员们在严寒的气候中得心应手地驾驭坚冰和积雪，把它们当作纵横驰骋、翩翩起舞的舞台和切磋功夫、一决高下的擂台，这能让广大观众在心悦诚服的同时，更深入地体验人类面对自然界的恶劣环境时所焕发出来的生命意志的巨大能量，并且在不知不觉中把展示着战天斗地英雄壮举的运动员作为自己的榜样。运动员们在不利的条件面前能够鼓起勇气凝聚力量，在坚持不懈的艰苦探索中经受住了无数次失败的考验，最后终于熟悉并掌握大自然的脾气和习性，从而能够化腐朽为神奇，在冰雪的严寒中上演竞技体育的生命之舞，而那些恶劣的环境也就在人类主观能动性的积极发挥中，转化为有助于提升人类身体机能和意志力量的积极因素。冰雪运动中体现出来的不怕困难、主动探索、积极创造的勇敢精神，就是鼓舞我们进一步向着未知世界新的广度与深度展开探究与开拓的动力，鼓舞着人类不断地有所发现、有所发明、有所创造、有所前进，从而积极推动文明的进步和社会的发展。

再次，有了更多懂得冬奥运知识、热爱冬奥运竞技项目的群众，中国的冰雪运动就会有更多的知音，从而形成更为广泛的群众基础，创造更大的竞技体育旅游消费市场。而受众队伍的扩大必然会吸引更多的年轻人参与到冬季运动中来。人民大众强有力的支持，一定能够为中国的冬奥运项目输送更多的后备人才，目前中国冰雪运动还处于弱势的那些项目必将得到根本的改变。这种水涨船高的态势必然会使冰雪运动的专业队伍得到进一步的扩大，运动成绩得到进一步提高，从而反过来又能吸引更多冬奥运的爱好者，进一步拓展档次更高、规模更大的冬季竞技体育运动与促进体育消费市场的繁荣。这样一种良性互动无数次的循环往复，无论是对中国冬奥运动的进一步发展，还是对奥林匹克精神的发扬光大，都具有十分重要的促进作用，这既是中国积极申办冬奥会的重要目的，也为世界冰雪运动的发展做出了我们中国人应有的贡献。

可见，在全力以赴地为迎接第24届冬奥会做好各项准备工作之际，我们必须清醒地认识到：准备工作不但要在硬件上过硬，如比赛场馆建设的实用美观、赛事的安排科学有序、运动员和来宾接待上的满腔热情、我国参赛运动员通过从难从严的训练备战获得优异成绩等方面，都应该做得十分出色，努力达到尽善尽美的高度；而且还要使包括现场观众、大众传媒受众、赛会的志愿者、媒体从业人员及全国人民尤其是北京和张家口的群众，对于冬奥运基本知识的了解、竞赛项目的发展历史、运动员在比赛中决定胜负的关键以及各个项目所蕴含的独特的文化内涵与观赏价值的认识，都达到准确把握和熟练运用的水平，那么我们就更有把握将这届冬奥会办成高水平的世界盛会。习近平总书记明确指出："做好北京冬奥会、冬残奥会筹办工作使命光荣、意义重大。要坚定信心、奋发有为、精益求精、战胜困难，认真贯彻新发展理念，把绿色办奥、共享办奥、开放办奥、廉洁办奥贯穿筹办工作全过程，全力做好各项筹办工作，努力为世界奉献一届精彩、非凡、卓越的奥运盛会。"认真做好冬奥运知识的传播，让人民群众成为冬奥运的粉丝和达人，就是全面落实做好冬奥会各项准备工作不可忽视的重要环节，因此必须引起我们的高度重视。

笔者虽然不是冬奥运文化研究的专家，但对这方面的问题怀有浓厚的兴趣，为了更广泛深入地宣扬奥林匹克精神，希望这一届冬奥会办得更加出色，感到有必要把自己对冬奥会的认识和见解介绍给广大读者，可能个人的一些想法还比较肤浅、比较粗糙，还存在着某些偏颇与谬误，但出于抛砖引玉的目的，还是要把这些想法撰写成书，希望能引起大家对冬奥运文化的兴趣和关注。因此衷心希望有更多的人来关心这个问题，积极投入到冬奥运文化的讨论和探索中来。笔者相信，任何知识都是在百家争鸣的众声喧哗与深入持久的如切如磋的探讨中得到新的发展，人多则议论多、热情高，各种不同的观点在平等商榷与理性分析的过程中越辩越明，这是追求真理的必由之路，也是笔者不揣冒昧，敢于在冬奥运文化探索这一崭新的领域发表一些个人意见的精神支柱。

还有一点值得注意的是，我国在体育文化的研究与传播方面，还存在着相当大的拓展空间，目前已经取得的研究成果还不能全面、准确地反映我国奥林匹克运动蓬勃发展的实际情况。国内出版的中外体育书籍跟其他领域的出版物相比较，不但数量偏少，而且选题的范围比较狭窄，大多停留在单项竞技项目的介绍上，内容上又以技术与规则的叙述与阐释为主，应该是体育院校编写的教材。另一部分体育书籍主要是健身养生、武术瑜伽及棋类入门等一般性书籍。体育图书市场的这一现实，跟我们建设体育强国的目标存在着较大的差距。有鉴于此，笔者认为撰写一本有关冬奥运体育文化的书籍，应该能够填补体育图书市场的空白，更好地满足广大读者渴望了解冬奥会的迫切需要。因此，笔者努力争取在书中把自己的研究心得奉献给广大读者，并对一些具有意义的问题展开充分的讨论，例如对竞技体育的人文主义传统的系统阐发，对竞技体育在国家与城市形象的传播与提升中的作用，以及体育运动对人的精神生活各个方面的特殊价值等方面的深入研究，应该能够起到积极的促进作用。

因此，借我国举办第24届冬奥会的东风，这本书以阐述冬季奥林匹克运动的文化意蕴与审美价值为主题，通过对冰雪运动重要项目比赛情况的介绍与分析，深入浅出地阐释运动员积极适应并主动驾驭寒冷的气候条件，同时利用冰雪特殊的物理特性和环境条件展开激烈的竞争，揭示竞赛项目如何在冰冻三尺、大雪飞舞的比赛过程中，充分展现参赛运动员吃苦耐劳和尽力拼搏的坚强意志、精湛娴熟的技能发挥、运筹帷幄的智谋运用，也是对他们为弘扬"更快、更高、更强"[①]的奥运精神而投入全部生命力量的壮怀激烈行为的表彰与褒扬。同时，通过对冬季奥林匹克运动、古希腊奥林匹克竞技活动与现代夏季奥运会三者之间相互关系的分析，深入探讨奥林匹克运动所开创的人类以和平方式展现生命力量的伟大意义，细致分析冬奥运通过时间和空间的拓展，使奥林匹克运动所蕴含的人文精神得到进一步的发扬光大，在高度肯定并积极赞美奥林匹克运动对生命风采的充分展示这一人学本质的基础上，努力弘扬它在人类文明进步伟大历程中所发挥的独特而巨大的促进作用。

本书作为对冬季奥林匹克运动的文化巡礼，以冬季竞技体育对于古希腊奥林匹克精神的继承与拓展，通过以冬天这一特殊的气候特点——冰与雪的物理特性、环境特点与人学意蕴为切入点，对奥林匹克运动在人类历史上发挥的鼓舞斗争意志、提升生命力量、突破生理极限、创造人间奇迹的伟大作用予以高度评价。古典奥林匹克体育赛会，诞生在古希腊这一欧洲文明的摇篮，在人类童年期就为世人提供了展示生命风采的光辉路径，这一伟大的创举不但充分显示了古希腊人高度的哲学智慧和杰出的创造才能，也是奥林匹克运动成为人类文明的共同基因的内在依据。而冬季奥运会就是在充分体现奥运精神的基础上，在积极顺应了人类对于展示生命风采的共同愿望，顺应了现代社会人们渴望探究大自然的时代背景下应运而生，并通过阐释人类在冰天雪地的严寒天气中，在主动适应大自然的基础上充分利用自然环境，努力达到和自然界和谐相处的生态境界，并且通过艰苦的锻炼和激烈的竞赛，强化提升了抵御恶劣气候的体质、技能和力

[①] 国际奥林匹克委员会编《奥林匹克宪章》，詹雷译，奥林匹克出版社，1993，第15页。2021年7月20日，国际奥委会第138次全会表决通过，在"更快、更高、更强"的基础上新增了"更团结"的内容，但笔者认为原来的三个"更"主要表现了竞技体育对于生命的伟大意义，而"更团结"则是奥林匹克的社会价值，所以在讨论奥运与生命的关系时，仍然使用"更快、更高、更强"的提法。

量，增长和优化了人类提高生存质量的智慧、胆魄与方法，并且在紧张激烈的竞技比赛中充分展示了生命在拼搏中焕发出来的耀眼风采。

本书在历史与理论宏观阐释的基础上，进一步深入到冰雪运动竞赛项目的微观分析，通过对人们较有兴趣的冬奥运竞技项目的介绍与分析，引导人们努力感受并深入体验其中的奥妙。在普及奥运知识的基础上，提高人们对相关竞技项目的关注与热爱水平，为造就一大批喜爱冬奥运的粉丝做出积极贡献。具体来说就是对冬奥运比赛项目的产生与发展进行历史的回顾，着重阐述它在弘扬奥运精神、展示生命力量的使命中所产生的重大意义与巨大作用，然后介绍一些有代表性的冰雪项目的基本内容、竞赛规则与观赏价值，这类项目的挑选标准为：（1）竞赛本身要有情趣盎然的特点；（2）对广大观众具有很强的吸引力。此外，还要关注冬奥会与夏奥会在运动器材使用方面的差别。冬奥运动员普遍需要使用冰鞋、冰壶刷、冰球杆与滑雪板、雪橇、雪车、滑板等器具，这些器具延长了人的四肢，增加了身体的功能，提升了人的力量，为高难度的运动技艺展示、紧张激烈的比拼与酣畅淋漓的表现提供了条件。本书还将通过对冬奥会竞赛项目特定案例的描述与分析，展现运动员在使用这些器具的过程中如何达到炉火纯青的境界，并由此体现积极提升人的本质力量的深层次内涵，尤其是通过对优秀运动员在比赛过程中的精彩表现的描述，为读者观赏冬奥竞赛提供一些入门的指引。

笔者希望通过本书，能够起到"一花引来万花开"的积极作用，使广大竞技体育尤其是冰雪运动的爱好者，能够从中得到知识的收获、思想的启迪、想象的拓展与审美的享受，能够对冬季奥林匹克运动有更深入的了解、更亲切的接受、更热烈的关注。对笔者来说，写作过程既是深入学习冬奥运、积极传播冬奥运的探索与奉献的过程，也是积极参与、自觉共享和尽力支持冬奥会的实际行动，更是一个从事文化研究的学者，为我们国家举办的第24届冬奥会献上的一朵充满真挚情意而又素雅精美的小花。

目录
CONTENTS

第一章　人文情怀 /1

一、人文自觉 /2

二、冰雪激情 /22

第二章　生命风采 /41

一、美的初心 /42

二、现代升华 /50

三、冰心雪缘 /55

第三章　雪腾冰飞 /83

一、工具助力 /84

二、异彩绚丽 /99

第四章 白雪红梅 /117

一、多向拓展 /118

二、精彩纷呈 /125

第五章 冰上飞舞 /161

一、"滑"的奥秘 /163

二、美的升华 /168

三、五彩缤纷 /179

结语 /207

参考文献 /210

后记 /212

第一章

人文情怀

第一章 人文情怀

冬季奥林匹克运动之所以能够引起世界各国人民和运动员的广泛关注，就是因为它具有独特而丰富的文化内涵，而这一点首先应该归功于古希腊人在他们所开创的奥林匹克运动中倾注了光芒四射的人文意蕴。他们在人类童年社会生动而稚嫩的实践中，以高度的智慧和大胆的想象，创造了这一永远激动人心的体育盛会。正因为奥运会蕴含着博大精深的人学意义和文化价值，所以在历史的进程中尽管在相当长的时间里为宗教的愚昧、战争的残酷和文化的狭隘所阻断，然而，乌云毕竟不能永远地遮住太阳，金子的光芒也不会总是为污泥所遮蔽，最充分地展示着人类伟大生命价值的奥运会，不但帮助人类进一步意识到个体生命全面发展的重要意义，而且还让人类更深刻地体验到生命本身所具有的至高无上的价值。就是在这样一种伟大的人学理念的强有力的推动下，奥林匹克运动终于迎来了伟大的现代复兴，并且在不断的拓展壮大之中，成为各国运动员和人民群众争相参与的世界最大的集会与最庄严的体育盛事。

一、人文自觉

奥林匹克运动从一开始就充满着深厚的人文情怀。虽然不同的学者对于运动会所发源的具体背景有不同的认识，但是，很重要的一点是，各种不同的说法里都蕴含着一个共同的价值内涵，即古希腊时期的奥林匹克运动会已经发出了嘹亮的人文主义的先声。

1. 珍视生命

美国辛辛那提大学的历史与政治经济学教授菲利普·范·内斯·迈尔斯,在《希腊史》一书中认为奥林匹克运动会是为了向宙斯致敬而举办的神圣的体育比赛。他说:

> 希腊人另一项最具特色的、从史前时代继承下来的宗教习俗,就是在伊利斯的奥林匹亚为了向宙斯致敬而举行的神圣体育比赛。这个节日的起源在模糊的传说中遗失,但到了公元前8世纪开始的时候,它已经赢得整个希腊民族的重视。到了公元前776年,一个叫科勒布斯(Coroebus)的参赛选手在奥林匹亚的竞走比赛中获得了冠军,好像就从那时起,胜利者的名字都被认真仔细地登记下来,那一年也被希腊人定为他们编年史的起始之年。运动会每四年举行一次,两场连续的运动会之间的间隔就是一次著名的"四年周期"(Olympiad)。①

而美国加州大学河滨分校古典学和古代文明比较研究专家托马斯·F. 斯坎伦教授,在他的《爱欲与古希腊竞技》一书中的看法跟菲利普·范·内斯·迈尔斯教授的看法略有不同,托马斯·F. 斯坎伦认为奥林匹克源于希腊神话中被人们称为大力英雄的赫拉克勒斯,向另一个叫珀罗普斯的英雄致敬,或者是现实生活中的珀罗普斯为了向国王致敬而举办的葬礼比赛。他说:

> 尽管荷马史诗中并没有将比赛描述成是英雄葬礼一种必需的伴随物,但葬礼上的比赛确实在神话和历史惯例中变成了一种既定传统。根据相同的传统,赫拉克勒斯(大力英雄)为向英雄珀

---

① 菲利普·范·内斯·迈尔斯:《希腊史》,袁建伟译,天地出版社,2019,第14页。

罗普斯致敬，或者说珀罗普斯为向国王奥诺茂斯致敬而创建了奥林匹克运动会。其他3个伟大的泛希腊运动会也具有传奇的葬礼比赛渊源。神话学者希吉努斯的残卷显示出11个古代著名运动会中的9个都是葬礼比赛。[①]

这两种说法，表面上看似乎对奥林匹克运动会的起源存在着较为明显的分歧，但是如果对这两种说法加以深入分析，就会发现两者之间还是有着非常密切的内在联系：

首先，奥运会源于祭祀神明或者葬礼仪式这两种观点，其实不一定是两个完全不同的源头。因为祭祀活动除了在某些固定的节日举行之外，还有一些是发生在与人们的现实生活密切相关的场合中。笔者认为哀悼逝者的葬礼，是通过祭祀的方式把亲人离世的消息向神明禀告，请求神明对即将到达彼岸世界的灵魂加以接纳与关照，让离世的亲人能够在神的庇佑下得到安息。于是，祭神就成为葬礼上最为重要的内容，当然也就需要被赋予最隆重的仪式。因此，体育比赛就是通过活着的人，用生龙活虎的力量拼搏和出神入化的技艺展现，在激烈的竞争中得出一个孰高孰低的结果。也就是说，体育比赛是葬礼中一个重要的内容，人们通过力量、技艺与智慧的比拼，把生命所蕴含的强大体能、俊美形象和矫健动作表现给神明和逝者看，既是感恩神的庇佑，也是告慰离世者的担忧，更是生命风采在生动热烈的展示中表达向神明和英雄致敬的心愿。这样的比赛既是对远古时代图腾崇拜的继承和优化，也是对人类在蒙昧时期的原始宗教活动的传承，因为图腾崇拜往往是在载歌载舞的狂欢中显示着身体的活力四射和动作的酣畅淋漓，以此向图腾所属氏族的创始者和保护神，献上最崇高的敬意

---

① 托马斯·F. 斯坎伦：《爱欲与古希腊竞技》，肖洒译，华东师范大学出版社，2016，第50页。

和最虔诚的膜拜。人们希望通过赤诚的膜拜和无上的敬畏之情来感动神明，以达到保佑部落兴旺发达、免除天灾人祸侵扰的重大目的。同时，激情的迸发一旦到了陶醉的程度，参加膜拜活动的舞者和歌队，都有可能因为情绪的高度亢奋和感官的强烈刺激，以及由此引起的身体极度疲惫，尤其是到了祭祀活动的高潮时刻，参与者就会在惟恍惟惚的亢奋与朦胧之中，似真似幻地感受到跟神灵的沟通。可见，葬礼上举行的体育比赛，也是在用人的身体——生命最根本最直接的存在形式——在体育运动的激烈竞争中，向神明和逝者献上生者的敬意和祈祷。而这样的竞技活动作为礼仪膜拜仪式一个重要的组成部分，必然会在具体的过程中超越图腾崇拜片面的狂热与剧烈，把生动热烈的激情与紧张有序的比赛有机结合起来，并且在比赛的过程中，把急中生智的智慧升华与动作记忆的瞬间唤醒表现得淋漓尽致。这充分显示了古希腊人具有更高的智慧，也确实体现了更生动、更丰富、更富人性的祭祀内容中所具有的智慧的激励、意志的强化和情感的熏陶。

其次，无论是作为祭祀神明的膜拜活动，还是作为丧葬礼仪的一个组成部分，体育比赛都跟逝去的生命直接相关，这就是死亡与生存两者之间既是截然相反的现实存在，又是这一矛盾在合乎逻辑的延续中所联结的纽带。参加比赛的人大多应该是逝者生前的家族成员和亲朋好友，而年轻人就是参赛队伍的主力军。在这悼念亲人的悲哀时刻，紧张激烈的比赛是最能够在智慧引领、意志激励、技艺发挥和氛围烘托的综合作用下，让生龙活虎的个体生命通过优秀身体素质的生动展示与相互较量，充分表现出对于荣誉的高度重视和敢于跟对手一争高下的坚毅决心。因此，参赛者都是尽自己最大的努力去夺取比赛的胜利。这种强烈的取胜欲望体现的正是人类力争上游、无高不可攀的凌云壮志，而敢于超越对手、力争独占鳌头的巨大勇气，就是对生命力量的强烈自信，这样的勇气和信心就是向刚刚逝去的生命奉上真诚的敬仰和辉煌的礼赞。参与比赛的都是逝者的亲朋好友、后代晚辈，他们健壮的身体、勇敢的精神，或者是直接在生理上接受了逝者优秀的遗传基因所带来的恩惠，或者曾经在成长道路上受到过这位先人的教育引导。也就是说，在葬礼上举行的体育比赛，其实就包含着深刻的回馈和感激的意味。由此可见，这样一种体育比赛在体现它的祭祀意义之外，还具有告慰逝者的作用，逝者长已矣，但他从体育比赛中看到自己已经有了接班人，他相信年轻一代拥有更加强大的生命力量、更敢于奋斗的坚强意志和超越对手的娴熟技艺，于是就能够放心远行到彼岸世界去安享冥福了。

再次，不管是为了显示对神明的虔诚，还是为了告慰逝去的亲人，在这样的场合举行体育比赛，其中一个很重要的作用就是给活着的人们保持身心健康带来积极影响。人们在竞技比赛中努力展示生命的活力，不但能够表达对神明的敬重、对逝者的哀悼，而且能够通过体育比赛中胜负的悬念、荣誉的激励和赛事的紧张激烈所获得的感官和心灵的刺激，有效地转移活着的人对亲人或朋友死亡过分强烈的痛苦，由此达到减轻心灵悲哀和精神恐惧的目的，并且能够避免过于强烈的负面情绪对身体与心理所造成的重大创伤。个体生命实际存在的时间，由于受到生理规律的限制而显得相当短暂，正如古诗所说："人生不满百，常怀千岁忧。"但是，人类群体的繁衍却是生生不息的，一个人倒下去了，他的后代如果能以勇冠三军的豪迈气概和短兵相接的胜利搏斗，尽情展示着从前辈那里延续下来的生命所拥有的龙腾虎跃般的矫健与生动活泼的精彩，使"无可奈何花落去"的死亡向"夏花着锦之绚烂"的生存转化，用我们熟悉的话语来说，就是"化悲痛为力量"，把人的死亡所造成的悲伤，朝着矛盾的对立面转化，成为新的生命茁壮成长的转折点。民间甚至有"爹不死，儿不乖"的俗话，这话虽然有点不近情理，但其直白的表达中包含着一定的合理内核。正是在这样一个包含着死死生生哲学意义的高度上，我们完全有理由把葬礼上的比赛看作个体生命继往开来、生生不息的人生新征程的加油站。

在这一特殊的时刻举行体育比赛，还有这样一层意义：它不仅让参赛者用胜利去祭奠逝去的亲人，同时对于活着的人来说，这也是一种有助于心灵的宽慰和放松的重要方式。原本跟我们一起生活的亲人走了，痛失亲人的残酷现实，对于每一个家族成员和亲朋好友，哪怕是一个十分理智的人来说，在感情上也必定会受到一次沉重的打击。因此，葬礼上免不了笼罩着沉重的悲伤哀苦、痛不欲生的凝重而又消沉的阴霾。然而，过分的痛苦就会对人的身心健康造成伤害，所以运用一些特定的礼仪活动来减轻悲哀造成的负面影响,这是一种积极的生活智慧。世界各地按各自宗教仪轨和风俗习惯形成的悼亡仪式都具有悠久的历史,但如何减轻悲痛对人的身心所造成的不利影响,那就是一种各显其能、百花齐放的格局了。中国的孔子说过:"《关雎》乐而不淫,哀而不伤。"朱熹在《论语集注》对这句话做出了这样的解释:"淫者,乐之过而失其正者也。伤者,哀之过而害于和者也。"也就是说,人面临痛苦的事情确实会产生悲哀的情感,但要有所节制,不能让它伤害身体的健康。古希腊人在葬礼上进行比赛,就是节制悲哀的具体方法,举行体育比赛,既能够通过注意力的转移以减轻哀痛的心情,又能够借助体育锻炼以增强体质和意志,而且哀伤的情绪还能在激烈竞争的过程中得到有效的宣泄,所有这些都是化悲痛为力量的有力措施,其中包含着丰富而深刻的辩证思维以及心理调适的巧妙方法。

托马斯·F. 斯坎伦教授指出:

> 历史上,人们所熟知的众多希腊竞技运动会并没有一个全面的清单以及对每个节日相关联的神祇和英雄的完整陈述。然而,我们可以发现,自从公元前776年奥林匹克运动会的传统得以建立,以及公元前586年到公元前573年其他3个泛希腊运动会的确立,整个希腊社会兴起了一种很流行的传统,在预设祭仪的主要地方节日中包含竞赛的元素。[①]

由此可见,作为葬礼上的祭神仪式而举行的体育比赛,在祭祀神明与哀悼逝者的外在形式下,却起到了宣泄悲痛情绪、激发战斗精神与增强身心健康的重要作用,其实就是在竞技比赛的过程中让生命的风采得到充分展示。这是因为生命的力量在竞赛中能够得到最充分的激励,在相互比拼、争先恐

---

① 托马斯·F. 斯坎伦:《爱欲与古希腊竞技》,肖洒译,华东师范大学出版社,2016,第52页。

后的比赛现场，人们怀着对于荣誉的渴望和迫切的求胜心理，就能够以最快的速度把身体调动到类似应急反应的特殊状态：心跳加快、血脉偾张，肌肉的紧张度和代谢的水平都会得到显著的提高，再加上内分泌系统的加速运转，机体的持久力和爆发力在刹那间就会提高到一个新的水平，身体机能就在这个时候达到了峰值。参加这样的比赛并竭尽全力去争取胜利，体现了人类普遍具有渴望成为出类拔萃、不同凡响的优胜者的文化本能，这是人类进步与社会发展的必然要求。这就是说，在葬礼上为了表达对神明的崇高敬意而举行的体育比赛，就是一曲展示力量、鼓舞胜利的庄严而又热烈的生命交响曲，它洋溢着以人为本、以生命为重的人本主义的激情，它所蕴含的思想内涵和价值目标也就显得格外深刻与崇高了。深厚的人文价值必然带来强大的生命力，这就是奥林匹克运动会能够在希腊民族流传开来的内在根据，也是现代人类不但能够重振被湮灭了一千五百多年古代体育盛会雄风，而且还能经受住两次世界大战、东西方冷战、恐怖主义与其他天灾人祸的严峻考验，向着新的广度和深度不断拓展的根本原因。

2. 和平竞争

古希腊奥林匹克运动表现出来的人文自觉，还进一步体现在对于和平的真诚热爱与积极追求的美好愿望之中。葬礼上作为祭神仪式的体育运动会之所以能够成为一种文化传统而长期保留在希腊人的生活当中，还在于它的人文主义思想所具有的另一种要素，即主张以和平友好的竞技比赛，取代你死我活的流血战争。希腊人在早期举办的小型体育比赛中，就强烈呼吁当时处于战争状态的敌对双方，在运动会举行期间停火休战，因为向神明致敬的体育赛事，完全不能也绝不应该受到战争的玷污与袭扰。正如尊敬的菲利普·范·内斯·迈尔斯教授所指出的：

> 在1000多年的时间里，这些民族节日，尤其是那些在奥林匹亚举行的大会，都对古希腊的社会、宗教和文学产生巨大的影响。而且，它们还促进了交流和贸易，因为这些

盛大的节日在集会期间自然地形成了交通和交流的大中心。与此同时，它们还让人们的举止变得温和，将人们的思想从建立军功中抽离出来，让国家从战争中得到喘息；因为在宗教盛典举行期间，参与军事远征将犯渎神罪。①

这就是说，早期的体育运动会就已经明确提出参赛者必须严格遵守的一项重要的原则：体育比赛一定要在和平的环境中进行，运动员要用体育赛场上夺得的桂冠来获取荣誉，这跟用血腥杀戮的野蛮手段去征服对手，并用这样的胜利去炫耀武力的强大相比，更具有熠熠生辉的人性风范和理性智慧。公元前776年奥运会正式诞生后，这项基本原则得到了更加明确的肯定和更为严格的遵循。和平竞争的基本原则体现了深邃而丰富的人性内涵：人与人之间完全应该在和睦平等、友好公正的竞争中，去比试能力的高低与本事的大小，而不是在你死我活的搏命中蜕变为以杀戮为荣耀的恶魔。和平竞争的比赛方式，跟那种把对方置于死地、强占别人地盘、掳掠财产和人口的强盗行为，甚至在兽性大发的疯狂劫掠中犯下不可饶恕的罪孽，绝对是完全相反的。古希腊各个城邦在自行举办的体育运动会中能够坚守和平竞争的体育道德，就是因为，在一场战争进入长期相持不下的情况时，冲突双方都将陷入人力、物力消耗殆尽而取胜无望的危机之中，才会转变思路用理性的智慧认识到战争的局限性，认识到并非所有的矛盾冲突都能够依赖武力解决，这时，无奈的黑暗中才露出希望的曙光——用和平的体育比赛结束这场生灵涂炭的战争，和平竞争就是在这样的历史背景下开始成为取代战争的良方。而用体育竞赛代替战争，里面确实包含着非常丰富而深邃的人文价值：

首先，体育竞赛是通过机体的强壮与灵巧，尤其是在一个或者几个特定的领域以特别优异的身体技能压倒对手而获胜。而在竞赛过程中，运动员们

---

① 菲利普·范·内斯·迈尔斯：《希腊史》，袁建伟译，天地出版社，2019，第41—42页。

第一章 人文情怀

实际上处在一种相互刺激、相互激励之积极互动的状态之中。如果面对此前曾经在这一项目荣登过巅峰的强者,或者貌似强大且自以为能轻松取胜的参赛者,面临这些强手的压力,聪明的运动员采取的正确的应对方法就是尽最大努力调动全身心的力量,全神贯注地保持最好的竞技状态,抓住对手轻敌的狂妄所造成的力量上的不足与技能上的漏洞,运用弯道超车的方法,在震慑对手的过程中实现超越,以自己的实力和尊严夺取最后的胜利。每一位参赛者都希望自己在比赛中能够战胜对手脱颖而出,他们总是把所有参赛者当作挑战的对象,因而满怀必胜的信心和成功的希望进入赛场。这样的心态对自己是一种积极的鼓励,而对对手来说这种先声夺人的雄心就是一种无言的压力。竞赛就是在既是对手又是同伴的一群人中展开的,虽然它的最终目的跟战争完全不同,但争先的意识和对于胜利的渴望,有助于运动员在比赛中尽最大努力挖掘自身全部潜能,用尽"洪荒之力"去突破自己的生理极限,创造超过以往运动成绩的新纪录。这就是体育竞赛对人的激励作用,它为运动员实现独占鳌头的目标,戴上桂冠,成为万人仰慕的明星而加油鼓劲。比赛中的竞争就是激发人的斗志和力量的最好方式,因此也是个人生命力量得到最大限度发挥,从而完成自我实现的最好的机遇。

其次,体育竞赛可以让人获得胜利的荣誉,使个体能够获得群体的普遍认同和广泛尊重,这体现了追求荣誉成为人类普遍的心理需要,因为荣誉就是成功的标志,它不但会给人带来一定的物质利益,更重要的是它还能给人以美好的精神享受。人们在特定的领域做出了创造性的贡献,无论是"两弹一星"的元勋们为了完成国之重器的装备而付出的生命和心血,或者是在保卫祖国的战斗中击败了来犯之敌的英雄们胸怀"清澈的爱"为祖国献出了宝贵的生命,还是一等功荣立者英勇战士王亮在2分钟内舍生忘死抢救了4个不幸落水者的生命,抑或是以陈彦娴、刘海莹、于士涛为代表的三代塞罕坝人,用50多年的时间人工造林约746.67平方千米,在令世人惊叹的极端艰苦的劳动和忘我的奉献中,创造了荒原变林海的人间奇迹,在第3届联合国环境大会上获得"地球卫士奖"。竞技体育的获胜者如冬、夏两季奥运会和冬、夏两季残奥会的获胜者，是令人崇敬的英雄和万人追捧的明星：他们都得到了社会高度的评价和热情赞扬。这样的社会反应必然会使获胜者、成功者感到荣耀，他们的心里就会产生一种以自豪、愉悦为主要内容的肯定性情感，这就是成就感。所谓成就感，是指一个人充分调动自身各个方面的能力，千方百计克服种种困难，成功地完成了一项艰难的任务或者创造了不平凡的业绩后，为自己所取得的成功而感到快乐与兴奋：艰苦卓绝的付出得到了最好回报，人们的赞扬表彰就是对自己良好表现的高度评价，胜利的喜悦、社会的肯定，让人心里感到甜滋滋的，有时甚至会有飘飘然的感觉。如果这样的精神享受能够控制在一个合适的维度，那么对个体的精神状态就会带来有益的激励，对其继续完成艰巨的任务、不断创造新的成就会产生重要的促进作用。可见，成就感既是个体对生命力量自我实现产生的肯定性情感体验，也是社会对做出了有益贡献的个人给予的积极回报。也就是说，成就感是个体对有意义、有价值的生命行为做出的社会补偿和精神鼓励，这种社会反应不但能够成为鼓舞个体继续努力奋斗、积极向上的动力，也是激励个体深刻体认生命意义和人生价值的重要途径。这样的群体心理反应同时也在推动社会的发展和人类的进步，它以榜样的无穷力量，号召全社会形成一种你追我赶、积极向上的社会风气，唤起千百万人同心协力地投入到改造自然、改造社会的伟大实践中去，这就是成就感对促进个体的发展和群体的进步的重大价值。

再次，古希腊的运动会从家族葬礼上的祭神仪式的组成部分——原本分散、自发的小型比赛发展成希腊民族共同参与的大型赛事，其中很重要的一个原因就在于运动会用和平竞赛的方式去消弭战争的杀戮，充分展示了希腊人的高度智慧——运用相反相成的理念，把两个原本完全对立的东西融合在一起，形成一个崭新的事物，一个可以为人们争得荣誉、使人们受到颂扬的舞台，荣誉的光华与战争的残酷这一困扰着人们的社会难题由此找到了一个合理的解决方法。个体争取有所作为，向往建功立业，不畏惧激烈的竞争，并且把自己的实力作为崭露头角、出类拔萃的资本，这样的英勇气概，这样的奋斗热情，不但有助于个体的自我实现，而且是推动历史车轮滚滚向前的强大动力。不惧强手、敢于斗争的心理素质和生命力量，都是值得充分肯定

第一章 人文情怀

和高度推崇的可贵品质和英雄风范。但是，这种斗争精神如果没有受到积极的引导和合理的规范，就会变成动辄挑起你死我活争斗的动力，把征服作为人生唯一的嗜好，那也就会走向它的反面。尤其是这种斗争一旦成为一个团体的意志，在一种狂妄而荒谬的口号鼓动下，就很有可能演变成残酷的杀戮、野蛮的掳掠，被讨伐者可能会陷于灭顶之灾，而即使是主动挑起争斗的一方，也可能会在丧失理智的狂热与血腥的拼杀中，其人性会朝着恶的方向发生可悲的蜕变，甚至会在疯狂的社会大环境中沦为禽兽不如的恶魔，使战争与杀戮成为毁灭建设成就、阻挡社会进步的沙林毒气。

然而，运用体育竞赛的方式，既可以让血气方刚、跃跃欲试的年轻人有机会展示自己的生命潜能，以压倒对手、一往无前的勇气，让生命表现出气吞山河的壮烈与无所畏惧的豪放，从而奋勇地、拼搏地去实现对荣誉的渴望；也能够通过比赛规则的严格制约，把竞争限定在一个理智的范围内，使比赛不再导致伤害，让光明正大成为赛场的灿烂阳光，并尽最大的努力把那些伤害对手的阴谋诡计和弄虚作假的舞弊丑行，如同阴沟里的老鼠统统扫进历史垃圾堆。因此，具有绅士风范的"费厄泼赖"（fair play，公平竞争）、重在参与等和平竞争的理念，集合于奥林匹克精神的光荣旗帜之下，在一切比赛场馆高高飘扬，由此造就体育比赛与人类社会生活中历久弥坚的高尚品格。

历史告诉我们，就是在战争难以进行下去的背景下，奥林匹克运动会才正式走上希腊人的生活舞台，成为各个城邦普遍认同的文化盛事，奥运会的举办也就成为人民大众盛大的节日。大约在公元前8世纪，古希腊逐步由氏族社会进入奴隶制城邦时代。当时整个希腊被分割为200多个大大小小的城邦，这些城邦各自为政又互不服气，常常为了争夺领地、财物而兵戎相见。这样，每一个城邦都需要把年轻人训练成能征善战的战士，以便在与其他城邦的军事冲突中稳操胜券。然而，战争并非是万能的，有许多冲突并非只要战争就能够解决。奥林匹克运动会就是由此而来，它促使人们改变解决问题的思路而催生崭新的理念、聪明的思路。运动会的名称来自伯罗奔尼撒半岛南部一个叫"奥林匹亚"的地方，这个地方处在阿尔菲斯河和克拉德斯河交汇处，自然条件十分优越，是古希腊人祭祀宇宙之神宙斯的圣地，原本一直由伊利斯城邦管辖。拥有这样的圣地自然会让那些抱有野心的邻居垂涎三尺，斯巴达城邦企图把这块地方收入自己的囊中。为了争夺奥林匹亚城，斯巴达城邦和伊利斯城邦爆发了战争。然而，战争并非如探囊取物那样随心所欲，而是充满着巨大的风险和复杂的变化，斯巴达人没能以势如破竹的凶猛横扫对手，而是久攻不下，但又不愿意继续兴师动众，以免落得个劳民伤财的下场，因而准备长期坚持下去；伊利斯人虽然不能完胜来犯之敌，但抱定寸土不让的决心抵抗到底，誓死保卫奥林匹亚城。战争的双方都在无法速胜的痛苦中煎熬着，战事就在这样旷日持久的僵持中拖延下来，终于引起了双方民众的强烈不满，呼吁和平成为人们共同的行动。

公元前884年，和平终于重回这两个城邦。双方经过协商谈判，伊利斯与斯巴达签订了一项协议，决定定期在奥林匹亚举行体育竞赛，用竞技体育的和平竞赛取代战争的残酷杀戮。这项条约还规定，在奥林匹克运动会举办期间，伊利斯城邦将成为和平的圣地，禁止任何人携带武器进入那里，当然也严禁战争行为的发生；所有参赛人员可以在通向奥林匹亚的道路上自由往来，任何人不得阻拦，否则将被看作是对神的亵渎和冒犯而要受到严厉的惩罚。这项决定因为符合整个希腊社会发展的需要，理所当然地受到大众的欢迎。公元前776年，规模扩展到整个希腊民族的奥林匹克运动会终于光荣登场，因为它取代了战争，从而成为希腊文化最为璀璨的瑰宝，最终成为地球人争相参与的世界第一盛会。

奥林匹克运动会作为倡导和平的竞赛，在人类文明进程中具有相当的先进性。奥运会被罗马帝国取缔后，欧洲大地上的人们对于荣誉的追求和捍卫当然不会停歇，但是却以一种更为鲁莽也更加残酷的方式喧嚣登场，这就是骑士制度孵育出来的决斗风潮。决斗，在西方曾经流行了相当长的时间，其核心就是血气方刚而又把荣誉看得高于生命的人，由于在名誉、女人等方面产生的争执，已经到了不可调和的白热化阶段，于是就把至高无上的生命作为名誉的赌注，干脆就用死亡来证明自己的清白正当与尊严德行。所谓"正义的事业只能用剑来维护，真正的爱只能用长矛来证明"，就是对这种愚昧

第一章 人文情怀

疯狂、野蛮残酷的荒唐行为的冠冕堂皇的辩解。这种做法跟珍惜生命的人文精神背道而驰，对于人类来说其实就是相互残杀的死亡游戏。英国皇家学会会员约翰·基甸·米林根博士在《决斗》一书中指出：

> 决斗的缘起的确应该让我们为它的持久性感到愧窘。它起源于中世纪那最黑暗的野蛮时代，在那些帝国的废墟上，使之前的那个古典时代名垂千古的光荣、艺术、科学和优雅的造诣几乎荡然无存。①

> 让我们从骑士制度的浪漫时代身上剥去他们炫丽诱人、如梦似幻的华丽甲胄和服饰——包括充斥着赞颂这个时代壮伟和美好的祝酒词的宴会大厅，游吟诗人歌颂那个时代的引人之处的多情旋律，骑士们为了博取他们堂吉诃德式虔诚所偏爱的情人的青睐而进行的武艺竞赛——我们将看到什么？最黑暗的死亡中隐藏的背信弃义和暴行——放浪形骸、沉湎声色这些人类令人厌恶的本性，隐匿在最迷人的德行外表下由病态的想象包裹的罪恶，一副凶手的嘴脸却由美人的手为之戴上了桂冠，而不是落到刽子手的利斧之下。②

可见，决斗其实就是对奥林匹克精神的狂妄颠覆，这种表面上看起来似乎有一种视死如归的悲壮与孤注一掷的痛快，其实就是草菅人命的轻率与鲁莽，由此造成的最大危害就在于对生命的极端不负责任。这是对珍惜生命、倡导和平竞争的奥林匹克人文精神的肆意戕害，黑暗的中世纪用愚昧与血腥把古希腊优秀的文化传统拦腰截断。当历史陷入污浊的泥淖在倒退的怪圈中突围而出的悲惨时期，出现决斗这类

---

① 约翰·基甸·米林根：《决斗》，苟峥译，中央编译出版社，2015，第1页。
② 同上书，第3页。

轻视生命、张扬杀戮的罪恶行为，这完全是彻底背离人性的文化逆流的野蛮行径，在各个时期都会受到有识之士的极端厌恶、坚决排斥与彻底否定。于是，文艺复兴这一有力推动人类文明前进的思想文化运动，就从亚平宁半岛开始以狂飙突进的态势席卷整个欧洲。古希腊文明中尊重人性、珍惜生命的人文主义思想火星，就在新的历史阶段以否定之否定的辩证法成为燃遍欧洲大地的燎原烈焰，为宗教的愚昧与凶残所颠倒了的奥林匹克运动长期标举的和平竞争的人文大旗，又重新在欧罗巴大地上高高飘扬，并且作为人类思想文化史上的重要成果而传遍了整个世界。这是奥林匹克精神的胜利，是古希腊奉献给人类伟大智慧和温馨仁爱的优秀传统，在经过艰难曲折的逆境之后终于再次成为人类普遍认同的核心价值。

3. 崇尚规则

由于奥运会早在发轫时期就已经把和平竞赛的理念深深地扎根于竞技体育之中，这样的理念深切反映了人类珍爱生命、弘扬人性的历史必然要求。虽然这种理念曾经在历史长河中遇到过风起云涌、惊涛骇浪的冲击，一度为宗教的狂浪与死亡的漩涡所淹没，但"青山遮不住，毕竟东流去"，一切真正闪耀着人性光辉的思想观念、道德规范和生活方式，并不会因为曾经遭遇悲惨的厄运而失去原有的光彩。奥林匹克运动就是历久弥坚的人文瑰宝，所以当人类社会在工业革命的推动下开始走上现代化道路之际，奥林匹克运动所标举的和平竞赛的重要价值，让人们对它所具有的永恒的人文价值有了崭新的认识。

19世纪末，法国著名教育家、国际体育活动家和历史学家皮埃尔·德·顾拜旦，以敏锐的历史意识和深厚的人文情怀，认识到古希腊奥运会的历史经验和内在价值，对于更好地发展国际体育运动具有重大的促进作用。顾拜旦以清醒的历史意识和高度的专业精神，提出应该尽快地以古代奥林匹克精神，重新创办现代奥运会的主张，并且坚持用"团结、友好、和平"的精神来指导体育比赛，以消除体育领域内已经出现的种种混乱的现象。由于这一倡议自觉传承了古代奥运会的人文理念，积极引领了国际体育运动健康发展的时代潮流，所以当时就得到了全世界积极而广泛的响应。奥林匹克运动就在人类历史发展的新阶段再度成为人类生活的重要内容，而和平竞赛的原则也就

第一章 人文情怀

从体育赛场向社会生活的各个领域拓展，成为人类在各个领域相互交往与妥善处理矛盾的响亮号角。虽然要想以奥林匹克运动的人文情怀改变充斥着战争和利害冲突的现实社会还是显得力不从心，但它为人类文明的进步指明了和平竞争、和谐发展的正确方向，因此它能够超越体育竞赛的范畴，成为人类社会向着美好未来迈步前进的指路明灯。

当然，要真正落实奥林匹克和平竞争的崇高精神，为体育运动制定规范比赛行为、确保公平竞争的规则体系，就成为奥林匹克大家庭一项重要的任务。这样的规则体系必须以公平竞争为根本，以促进竞技体育运动健康发展为初心，以保障运动员在比赛过程中能够真正享受平等的权利、普遍得到应有的尊重为己任，并且通过相关章程的制定，严格要求运动员在规则容许的范围内去展现自己的能力和才华。这样，无论是王公贵族、明星大腕，还是富可敌国的工商巨子，在以公平竞争为宗旨的竞赛规则面前，都不能越雷池一步，如果谁胆敢以身试法、仗势欺人，迟早会受到规则不留情面的严肃处罚。因为只有这样，才能把奥林匹克运动激发斗志、鼓励竞争与公平竞争、珍爱生命这两个对立面有机地统一起来。规则的科学制定和严格执行，一方面为那些经过刻苦训练养成坚强意志和强大毅力、又能认真掌握技术战术的优秀运动员提供最重要的保障，使得优秀运动员真正能够在比赛中表现出更快、更高、更强的实力，最终获得脱颖而出、勇夺桂冠的光荣结果。这样就能最大限度地为优秀选手创造优异成绩铺筑一条平顺的坦途。也就是说，规则的制定与执行就是要让实力超群、出类拔萃的精英尽情展示他们精湛的运动技能和辉煌的生命风采，让他们在公平的竞争中能够充分发挥自己的最高水平并获得相应的荣誉。另一方面，规则就是要对那些投机取巧、舞弊作祟的丑恶伎俩发出严厉禁止的警示，无论是势均力敌的竞争、惊心动魄的拼搏，还是竞技水平确实存在着较大差距、开始时就没有胜负悬念的比赛，都容不得一丝一毫偷奸耍滑的作弊行为，更不允许通过干扰他人、伤害对手的卑劣行径来盗取荣誉。那些见不得阳光的卑鄙下流的违法行为，就是对奥林匹克精神的严重冒犯与公然亵渎，也是对公平竞争基本原则肆无忌惮的侮辱与毁害。可见，规则所起的扶正祛邪的作用，就是为奥林匹克竞技运动更进一步展现人类文明、确保公平竞争保驾护航，这不仅是参赛运动员能够全身心投入竞赛的护身符，也是体育比赛能够最大限度地展现运动员的竞技水平的根本保障。现代奥林匹克运动能够克服战争、瘟疫、恐怖主义等灾难事件和犯罪行为的阻挠与破坏，坚持不懈地向着新的广度与深度进军，跟国际体育组织在竞赛规则的制定与完善，确实有着密不可分的内在联系。

竞赛规则之所以能够为各项比赛的公平竞争提供制度的保障，其根本原因就在于规则的设计、制定和完善，在于它深刻反映了竞技体育的科学规律，合理体现了国际体育组织的崇高权威及满足运动员和人民大众参与竞技体育的满腔热情。简而言之，它体现了在国际奥林匹克委员会旗帜的指引下，国际体育组织为竞技体育制定的比赛规则的科学性、权威性与人民性。

竞赛规则的科学性来自对相关项目的内在规律的把握。因为规则的形成与完善都是建立于特定的比赛项目在展示生命风采某一个方面的基础之上，也就是根据比赛过程身体机能的具体部位在激烈的较量运动中，应该获得的基本保障的要求而制定的，其实就是对运动员超越生理极限、尽最大努力发挥身体潜能的积极肯定与实际爱护。众所周知，人的生命是一个由不同部位组成的有机整体，它们根据生存和发展的需要承担着具体的任务。竞技体育跟劳动生产与日常生活一样，在具体的比赛项目中，身体各个部位、各种机能所起的作用是不一样的。对于大多数项目来说，选手之间相互较量的主要是身体一个或几个特定的部位，这样就能使禀赋各异的运动员有更多参加竞技比赛的机会。1904年在美国圣路易斯城召开的第3届奥运会设立了"十项全能"这一项目，但主要的比拼还是集中在脚的跑跳和手的投掷这两个方面。正因为比赛项目对于身体有基本明确的分工要求，所以规则的制定就必须尊重这一客观现实，需要根据身体特定部位在运动功能的发挥情况，以及在超越生理极限的挑战中可能发生的险情，提供具有针对性的有效保障、安全防护和评价标准。反过来，运动员在比赛中如果产生一些影响，甚至是出现破坏了动作的准确性、连续性和美观性的错误，或者出于各种原因的失误而影响或者干扰了对手的比赛，就需要根据违规的主观意愿和干扰产生的结果予以相应的处罚；至于极个别人别有用心的恶意伤害行为，当然必须加以坚决取缔和严厉惩罚。

例如径赛中的短跑主要是速度的竞争,因此对运动员出发时间的严格限制就成为公平竞争的第一要件,短短一二百米距离,如果有谁抢先零点几秒,其他选手除非具有超群的实力,才能实现后来居上的超越,不然的话只能无可奈何花落去,望洋兴叹徒生气。所以短跑比赛的规则就规定,在发令枪响之前就跃出起跑线的抢跑动作就是犯规。过去的规定是连续两次抢跑便取消比赛资格,现在的处罚更为严厉,只要有一次抢跑的行为,就要被罚下场去。跳远比的是腿的弹跳能力,看谁从一个固定的点上跳出的距离更远,因此起跳点和沙坑落点就成为规则的关注点。起跳时不容许超越踏板前的白线,即使只有一点点出线也会被取消比赛成绩。在短跑比赛中,选手只能在指定的跑道上前进,不许占用别人的跑道,因为若在疾速飞奔中占用别人的跑道,必然会发生阻挡、冲撞等事故,比赛就无法正常进行,所以要有不许抢道的规则。而在长跑中,因为比赛的重点主要看运动员的耐力和战术,所以有的项目起跑就允许抢道,有的则要求跑完一定距离后可以抢道。这样的规则就是根据短跑与长跑的不同特点而做出的规定,充分体现了比赛规则的科学性。

规则的权威性首先来自对奥运文化传统坚定不移的承传。虽然古希腊奥运会的竞赛规则今天已经无法被全面准确地了解,但是比赛要决出胜负,肯定需要一套能一锤定音的规则作为裁判执法的依据;同时也必须要求参加比赛的运动员把它作为不可撼动的重要律令加以严格遵守。这种悠久的文化传统经过长久的历史积淀和千百年的历史考验,就逐渐成为一种深入人心的文化传统,一种所有参加比赛的运动员必须自觉执行的集体共识。现代奥运会各项比赛中的竞争激烈程度,虽然不能跟战争中你死我活的残酷杀伐相比,但是,体育比赛中竞争的激烈,同样可以达到惊心动魄的地步,这也就是古希腊人用竞赛取代战争所依据的合理内核。比赛中无论是你追我赶富有情节性的生动变化,还是一路领先造成决定性胜利的干脆利落,或者是旗鼓相当的僵持表现出来鹿死谁手的胶着,各种项目的比赛都有可能表现出先声夺人的豪迈霸道，或者后来居上的艰难超越，还会有竭尽全力在"再坚持一下的努力之中"的顽强坚持，这些剧烈紧张而又惊险生动的比赛场景，就是运动员们把包括体能、技艺、战术等要素的全部生命力量，不遗余力地投入到比赛中来，这绝对是体育比赛最为精彩的美丽风景。但是，对于具有强大诱惑力的荣誉以及由此而来的金钱、地位乃至命运的改变，人性中魔鬼的一半就有可能压倒天使的那一半，潘多拉的魔盒就在一念之差中被打开，个别利欲熏心的投机分子、敢冒天下之大不韪的不法之徒，就会用一些"下三滥"的手段去干扰对手，甚至用伤天害理的罪行去伤害对手。对于这种完全违背奥林匹克公平竞争精神的卑劣做法，竞赛规则就必须设立相应的惩罚条例，坚决严惩那些害群之马，以褒扬正气、打击邪恶的钢铁意志坚持奥林匹克精神，这是保护和平竞争、公平竞争的必由之路，也是对保护运动员合法权益和生命安全的必不可少的法律手段。这样的竞赛规则必然受到绝大多数遵纪守法的运动员由衷的欢迎和坚决的拥护，因为投机取巧、阴险狡诈的败类毕竟是少数。可见，竞赛规则是为了维护绝大多数运动员的合法权益与道德风范，鼓励他们以坚持光明正大、公平正义的态度参加比赛，这就使规则具备了一锤定音的权威性。

规则的权威性还来自制定者的代表性与制定程序的合理性，这首先要归功于国际单项体育协会或联合会。国际单项体育联合会是管理相关竞技项目的非政府组织，它的成立是特定的竞技项目得到各国运动员普遍认同和广泛参与的结果。每一项新的运动项目刚开始总是由一些喜欢追求新奇、能够玩出新花样的创新者，在大胆尝试与不断完善的过程中引起人们的关注。因为某项运动既有助于锻炼身体机能，又能给人以精神的振奋，还能以一定的趣味性和观赏性来丰富人们的生活，因此这类有益于人民身心健康的体育运动总是会得到社会的承认，也就必然会吸引更多的人参与进来。正如庄子说的，"其作始也简，其将毕也必巨"，经过一段时间的民间传播，这样一种被实践证明具有竞技价值的运动项目最终肯定会进入正规的体育比赛，而且按照普及与提高辩证发展的逻辑，赛事的规格也会得到不断的提高，可能成为国际比赛甚至奥运项目，这就是一个运动项目从自发向自觉的飞跃过程。这样，一个国家或地区某项运动协会的成立，就使这项运动项目有了自己的组织。

体育协会对内起着组织竞赛、提高技术、协调关系的作用，对外就代表这个国家或地区的单项运动，发挥着上传下达的中继作用。《奥林匹克宪章》明确规定，得到国际奥委会承认的国际单项体育协会或联合会，基本章程和各项活动必须跟《奥林匹克宪章》保持一致，在奥林匹克精神的引领下负责做好这一运动项目的技术指导和发展的工作。规则的制定与完善就是单项体育组织的重要使命，来自各国运动员的要求、建议与意见反映到国际协会或联合会，经过认真研究和民主协商，确定或改进的规则就成为所有国际比赛的圭臬，运动员在比赛过程中都必须服从规则的权威。

至于规则的人民性，主要表现在这样几个方面：

（1）对于某一项运动项目的承认与吸纳，其衡量的尺度就是这项运动对于人民群众的安全与健康是否具有积极的促进作用。有些项目富有很强的挑战性，又能给人们带来生动而惊险的感官刺激，因此很受观众的欢迎与追捧。但这样的项目如果存在着一定的安全隐患，或者夹杂着某些低级趣味，对人民群众的身心健康和审美情趣特别是对青少年的健康成长可能会造成明显的负面影响，这个时候，规则就像是一道闸门，必须坚决把它排除在正规的体育比赛之外。

（2）规则的制定把竞技体育项目中运动员的人身安全和心理健康作为最基本的前提。对于那些容易给运动员带来伤害、危险系数较大的比赛内容，规则就必须毫不犹豫加以摒弃。这既是落实和平竞争奥运精神的实际需要，又是确保竞技体育真正成为锻炼身体、鼓励拼搏、激发情感、强化毅力的具体途径，使运动员在紧张激烈的拼搏中，人身安全能够得到充分的保障；而广大观众在热情欣赏运动员精彩表现的过程中，获得的感官刺激和心灵震撼，也应该控制在一个合适的维度，刺激若过分强烈容易导致观众的身心不适。这就是说，竞赛规则应该为运动员和广大观众的安全和舒适着想，可见规则就是运动员和观众的健力宝和护心镜，就是竞技体育健康发展的保护伞。

（3）体育项目要能够尽量满足人民群众的观赏要求。运动员奋力拼搏的勇敢、横扫千军的胆魄、随机应变的机灵、泰山压顶不弯腰的坚毅，这是生命风采在赛场上最耀眼的闪光，也是竞技体育之所以能够吸引成千上万观众的魅力所在。然而，在一些具有广泛社会基础的项目，肯定会接连不断地涌现出一大批体育明星，他们的运动水平往往能够达到出神入化的境界。在整个比赛过程中，他们神速的动作、精妙的技艺以及"来如雷霆放震怒"的爆发，都会让观众既感到眼花缭乱，又有目不暇接的遗憾。例如乒乓球运动，在球拍贴上胶皮之后，不但球拍的弹性大为增加，而且进一步强化了球的旋转。器材的革新有力地推动了运动技术的发展，拉弧圈球等新打法的出现，促使乒乓球运动发展到了速度更快、技术更精的新阶段。然而，普通观众无法看清运动员动作的展开以及球的飞行轨迹，器材的革新和技术的进步反而使它面临观众变少的风险。竞赛规则就在这个关键时刻发挥了特殊的作用，国际乒乓球联合会采取了几个相应的措施：通过增加球的体积来减缓球的速度，让观众能够更清楚地看到运动员击球的动作和球飞行中的姿态；把每一局比赛由原本的21分决定胜负改为11分，同时增加决胜的局数。这就使得旗鼓相当的高水平运动员，即使在前几局比分落后的情况下，仍然具有较大的逆转的空间，比赛结果要到最后才见分晓，欲知胜负的心理期待形成的悬念，使乒乓球的观赏性得到较大的改进，原本有可能失去的观众，看到新的规则提高了球技的难度，使比赛的情势充满了更多的变化，谁胜谁负的悬念也得到了增强，那些已经离开的观众们会重新被召唤到赛场上来。排球比赛规则的改进有着类似的情况，1999年1月开始实施国际排球联合会新出台的竞赛规则，就是"自由人"和每球得分制，比赛仍采用5局3胜制，前4局中先得25分并超出对方2分者胜，如果战成2∶2平，决胜局则采用15分制。这些新的规则一方面向在剧烈竞争激情支配下的运动员，明确提出了公平公正的比赛原则，保证了竞技体育的规范性与安全性；另一方面又能够提升比赛的对抗水平，对运动员的身体素质、技术水平和战术素养提出了更高的要求，这些都是竞赛规则在与时俱进的发展中对体育运动做出的重要贡献。

  竞技体育和任何事物一样，都是在时代前进中不断发展的，所以竞赛规则的修改变化必须适应该项运动与时俱进的发展趋势。《奥林匹克宪章》关于"奥林匹克主义的原则"有这样一段话："每一个人都应享有从事体育运动的可能性,而不受任何形式的歧视,并体现相互理解、友谊、团结和公平竞争的奥林匹克精神。" 在今年举办的东京奥运会上,国际奥委会把"更团结"作为奥林匹克运动的基本原则加入《奥林匹克宪章》。这就是说,竞技体育必须在运动员相互尊重,并且尊重广大观众、服从竞赛比赛规则的前提下,想方设法让人民群众充分享受体育运动的无穷魅力,而这正是比赛规则具有高度人民性的具体表现,因为一项体育运动一旦离开了人民的支持与喜爱,失去了群众基础这一根本,那么等待它的必然是走向衰亡的穷途末路。

总的说来,古希腊奥林匹克运动会还在滥觞时期,就显示出深刻而丰富的人文意蕴。对古希腊人来说,珍惜生命就是奥林匹克人文精神的逻辑起点,竞技体育通过和平的体育比赛取代战争的杀戮,把展示生命风采、激励潜能开发以及鼓励向生理极限冲刺,都作为积极张扬生命力量的重要途径加以高度重视。为了实现公平合理的比赛,早期在敬神的崇高名义下形成的判定胜负的方法,为现代奥林匹克运动会竞赛规则体系的形成开了先河,并以其特有的科学性、权威性和人民性,为现代奥运会的健康发展奠定了悠久而坚实的基础。这就是古代奥林匹克运动所倡导的人文精神,这种精神虽然是在遥远的上古时期诞生的,然而它作为人类核心价值的文明瑰宝,不但没有随着时代的变迁而消退,而且成为世界体育现代性升华中的伟大传统和精神上的中流砥柱。

二、冰雪激情

冬季奥林匹克运动之所以能够引起全世界人民的高度关注和热情参与,就是因为它具有独特而丰富的竞技体育文化内涵。而这一点首先应该归功于古希腊人,他们以高度的社会责任感和集体智慧,开创了奥林匹克运动并向它倾注了光芒四射、恒久鲜活的生命激情。他们在人类童年社会生动而稚嫩的实践中表现出英雄的胆魄和天才的想象,创造了奥林匹克体育盛会这一极其深刻而又广受欢迎的社会活动。正因为奥运会蕴含着博大精深的人学意义和文化价值,所以在历史的进程中尽管有相当长的时期为宗教的愚昧、战争的残酷和文化的狭隘所阻断,然而,乌云毕竟不能永远地遮住太阳,金子的光芒也不会总是为污泥所遮蔽,对于人类生命价值有着充分肯定意义并给予高度褒扬的奥运会,就在人类进一步意识到个体全面发展的重要意义,重新认识到生命本身所具有的至高无上的价值之时,迎来了伟大的现代复兴,并且在不断的拓展壮大之中,已经成为各国争相参与的世界最大集会与体育盛事。

1. 时空拓展

从地理环境上来看,希腊本土就在欧洲东南部巴尔干半岛的南端,为狭长的海峡和港湾所包围,曲折的海岸线使它实际上成了群岛。在希腊的土地上,任何一个地方跟大海的距离都没有超过64千米的。这样的海洋性气候,为希腊带来了良好的气候条件:南部及岛屿都属于地中海型气候,一年到头气温变化不大,冬天一般在6摄氏度至13摄氏度,夏天则在23摄氏度至33摄氏度,基本上具有冬暖夏凉的舒适。北部和内陆地区则属于大陆性气候,冬季温润潮湿,夏天干燥而暑热。整个希腊从北到南的平均气温是:1月份为5摄氏度到1摄氏度,最热的7月份也只有25摄氏度到27摄氏度。当然了,由于地理环境的多样性,希腊的气候也有各种不同的特点。在它的北部与高山地区,气候是相当温和的;而到了南部则是亚热带的气候类型。北部山区以及阿卡迪亚的山坡上,生长着大量的乔木,有白桦树、樟树和松树;而南部的伯罗奔尼撒半岛因为有地中海型气候的灿烂阳光和丰富的雨水,不但适合种植枣椰、柠檬和橙子,还有油橄榄、小麦和水稻。处于南北两端之间的阿提卡区域则是橄榄和无花果的福地,葡萄等藤蔓植物在这片土地的几乎每一个角落都能繁茂生长。直到今天,小麦、大麦、葡萄酒和橄榄依然是希腊的主要物产。

古希腊的奥林匹克运动会的比赛项目,就是根据本民族生存环境的特点、民众感兴趣的强身健体的体育活动和有利于提升后代体能要求来设置的,这些竞赛主要有竞走、拳击、摔跤、跑步、跳跃等运动项目。后来,战车比赛被引进到运动会中来了,而且还成为最受欢迎的比赛项目,这说明古代奥运会跟军事活动还是有着藕断丝连的关系。由于希腊没有滴水成冰、大雪纷飞的寒冬，确实没有开展冰雪运动的客观条件。更为重要的是，对于古希腊人来说，参加与观看体育比赛不仅是为了争夺冠军，更重要的是欣赏、品鉴运动员的人体美。法国学者丹纳在《艺术哲学》一书中指出：在希腊人眼中，最为理想的不是善于思索的头脑，也不是感觉敏锐的心灵，而是血统好、发育好、比例匀称、身手矫健、擅长各种体育运动的裸体。所以希腊的年轻男性都会毫不介意地脱掉衣服参加角斗，他们把奥林匹克运动会作为展示与炫耀人体美的最佳场合。运动员们在掌声雷动的观众面前，裸体进行角斗、拳击、掷铁饼与竞走，即使像赛车这种具有冲撞风险的竞赛，同样是在一丝不挂的裸体状态中展开的。在希腊人看来，呼吸有力的胸脯、虎背熊腰的躯干、能够飞纵腾越的双腿，都是生命的力和美的直接体现，具有非凡的魅力。今天英语中"体育馆"一词为 gymnasium，它的词根 gymnos 在古希腊文中就是"裸体的"意思。而古希腊大哲学家柏拉图明确指出，身体的美是美的重要组成部分。正是由于对裸体的高度重视，对生命本体最直接的审美渴望，因此即使希腊的冬天没有冰雪的存在，人们还是不会把体育比赛放在寒冷的冬天来进行，因为穿着厚厚的保暖服装，运动员修长挺拔的身躯、发达坚实的肌肉、灵活矫健的四肢和风驰电掣的动作，在观众眼里就要大打折扣了。可见，在希腊人把生命风采的展示与鉴赏视为体育运动会最重要的价值的年代，古代奥林匹克运动会跟冰雪无缘也就是合情合理的事了。

此外，2700多年前古代社会的生产力和科学技术，跟工业革命后如雨后春笋般的发明创造的确具有天壤之别。社会发展水平低下的实际情况，严重地限制了人们驾驭冰雪的能力。因此，在冰雪漫天的寒带地区，那个时候的人们尽管坚持不懈地努力适应"北国风光，千里冰封，万里雪飘"的严寒，但是这种能力还是相当低下的。虽然铺天盖地的皑皑白雪、江河湖泊上的厚厚冰层，也会给人们带来天地一新的视觉感受，但是在现实生活中，37摄氏度左右的人体只有依靠大自然恩赐的动物皮毛和植物纤维，还有自己动手建造的挡风遮雨功能越来越先进的房屋，才能度过零下几十摄氏度的严冬季节了。然而，人总是喜欢自由自在地生活，再恶劣的自然环境也不能阻止人们走出房屋到大自然广阔天地里去从事生产劳动和社会交往。厚厚的积雪确实想成为人们出行的拦路虎，但它却不能完全遏止人们"明知山有虎，偏向虎山行"的挑战勇气和实践能力，深一步浅一步的艰难行进中，如果穿着防水和保暖功能还比较差的靴子，双脚在雪中的踩踏确实会把积雪压榨成冰水并渗透到鞋袜中，一不小心在雪地上摔个仰面朝天也是很常见的事。然而，这些并不能妨碍人们积极主动和冰雪打交道，人们不断地开动脑筋，用聪明的头脑和灵巧的双手创造出各种各样适合在冰雪上行走的器具。这些器具虽然在刚开始的时候技术上还显得比较稚嫩简陋，人们在冰雪上的活动也就只能被限制在实用需要上，但是人们在不断改进、不断革新的坚持不懈的努力之中，粗糙笨拙的器具就一步步地向着轻巧灵便的方向发展。当这些器具能够帮助人们在冰雪世界之中达到游刃有余的自由境界之时，它们的社会功能就产生了一次飞跃——从生活实用的工具开始成为游戏玩耍的用具，并给人们带来兴趣盎然的精神享受。德国哲学家席勒认为，游戏是人摆脱动物状态达到人性的一种主要标志，更是审美活动的根本特征，能够把实用的生活内容提升为富有情趣的游戏，而游戏的根本特征就在于自由。席勒还进一步指出，人只有在审美活动中才是自由的，而游戏与审美则是相通的，因为在游戏的时候，人摆脱了任何外在的功利目的，只是以自身的快乐为目的，因为游戏能够使心灵之中各种内在的力量达到和谐。所以当人们运用特别的器具把冰雪中的行走当作游戏的时候，生活向着精神享受的飞跃就这样产生了。由于人类的精神生活的本质就是自由，所以这样的享受不但不应该总是停留在简单低级的阶段，而且生活在寒冷地带的人们通过对冰雪游戏的观摩交流，再经过反复的磋商与取长补短的调整，冰雪游戏所发挥的锻炼身体机能和提高意志力量的实用功能，拓宽了人类适应寒冷、驾驭冰雪的思路与方法，人们也充分认识到冰天雪地在人类生产生活中所发挥的特殊作用。因此，人们就有必要更加深入地把握大自然恩赐给人的特殊资源，把分散在各个寒冷地带的冰雪游戏加以整合，并且在协商与创新的基础上，形成更有竞争性、更富情趣性与吸引力的体育运动系统，同时通过各种渠道的交流与传播，把原本在一个较小范围流行的冰雪运动逐步扩展到全世界的冰雪地区，使它成为体育运动中一个新的家族。这是一次新的飞跃——把游戏玩耍提升为竞技体育运动项目，原本只是以耐寒的勇气、纯熟的技艺和临时的聚集为特点的民间文化活动，在千百万热心人士和运动员们的艰苦努力下，最终进入奥林匹克这一世界最高体育殿堂，成为全世界几十亿人喜爱的竞技体育项目。

  由此可见，古希腊奥运会因为缺乏冰雪的客观条件，以及希腊民族把人体美的欣赏作为体育比赛的重要内容，因而不可能设置与冰雪相关的竞赛项目，即使到19世纪末顾拜旦重新开启现代奥林匹克运动时，人们也还没有意识到冰雪项目进入现代奥林匹克运动会的意义与价值。可以这样说，冰雪项目作为奥林匹克运动的后起之秀，它的兴起与繁荣既反映了自然环境的客观存在对特定体育运动项目所产生的外在限制与促进作用；同时又跟社会生产力的发展水平和人们的文化观念息息相关，只有人类认识自然、改造自然的社会实践不断地向着新的广度和深度胜利进军，人类才能与那些较为恶劣的周边环境形成和谐相处的崭新关系，并且由此把这样的环境和要素纳入竞技体育系统，这是历史前进的步伐的具体表现，也是人类能够不断适应自然条件、驾驭客观环境的本质力量所显示出来的伟大成果。

  1924年1月25日到2月4日，以冰雪竞技运动为主体的奥运会在法国夏慕尼这个为阿尔卑斯山脉所环绕、以冬季的冰雪景观引人入胜的旅游小镇举行。其实，在这项冬季体育赛事举办时，它还只是被称为"1924国际冬季体育运动周"，直到这一"运动周"结束两年之后，国际奥委会才正式把它追认为第1届冬季奥运会。当时参赛的有冰雪运动水平较高的欧洲国家，如挪威、芬兰、瑞士、瑞典、奥地利和法国，还有来自北美的加拿大和美国，有些国家虽然对冰雪项目的比赛不抱多大的获胜希望，但是他们看到了冰雪运动的发展前景而产生了高度关注和兴趣，因而也派出了一些运动员参加比赛，英国、意大利、比利时、捷克斯洛伐克、南斯拉夫、波兰、匈牙利和拉脱维亚都是以这样的心态参与该赛事的。这样，一共有16个国家的294名运动员参加了这一届冬奥会，其中女运动员只有13人，男运动员有281人。运动会设置的正式比赛项目有滑冰、滑雪、冰球、有舵雪橇，还有军事滑雪射击和冰上溜石这两个表演项目。

这一届冬奥会的举办虽然存在着一些不足之处，如派运动员参加比赛的国家和地区还不是很多，竞赛项目的设置也不多，场地和设施还比较简单粗放，比赛规则和程序还不够完善，但这正是新生事物诞生时的普遍现象。它就是一个突破、一个飞跃，更是一次大胆的创新和勇敢的尝试：它不仅是把冰雪运动正式作为竞技体育比赛项目的国际性尝试，也是积极推动现代奥林匹克运动向前发展的强劲动力和大好机遇，其中包含着跟奥林匹克精神一脉相承的十分丰富而深刻的人文意蕴，在竞技体育和人类社会生活的很多方面，都显示出巨大而深远的历史意义和文化价值。

2. 深邃意蕴

奥林匹克冬季运动会的诞生，使冰雪运动成为国际竞技体育最高赛事的重要组成部分，这不但使奥林匹克运动达到更为普遍、更加完善的境界，而且它与夏季奥运会相映生辉，就像现代奥运这头大鹏从此有了坚强的双翼，那它当然可以展翅高飞，真正实现鹏程万里的美好愿望了。说得具体一点，笔者认为1924年第1届冬奥会的举办，对于继承和拓展奥林匹克运动的光辉传统、为世界竞技体育发展做出的巨大贡献，可以从以下几个方面加以关注与探讨：

首先，冬奥会的举办从时间上提升了奥林匹克运动的格局。

从公元前776年到公元394年之间的1168年里，古希腊奥运会每4年一次，总共举办了293届。由于当地地理环境和气候的客观情况，奥运会的比赛都是安排在夏天举行，虽然夏天天气炎热，但爱琴海上吹来的海风还是能给人们带来凉爽和湿润。对于裸露着自己的身躯，以各种矫健而灵敏的动作快捷有力完成比赛的运动员们来说，这样的气候不但能够使身体处于运动自如的最佳状态，为竞技较量提供了最大的便利，而且也是他们充分展示完美身材、俊秀相貌的最好时机。而对于不愿意蜗居家中而更喜欢聚集在广场上，倾听演讲、发表议论、争辩哲理、探讨科学的希腊人来说，在带着些许凉意的温热天气中参与体育盛会、观赏竞技比赛，这是四年一遇的美好节日，也是激动人心的精神享受和欢聚畅谈的社会交往。正是从尊重客观情况出发，夏天成为古希腊人举办奥运会的固定时节，现代奥运会遵循古代希腊的惯例，不但同样规定每四年举行一次，而且一般也都安排在夏天举行。

法国的夏慕尼在1924年1月25日举办的"国际冬季体育运动周"，破天荒地选择在滴水成冰、大雪铺地的1月底2月初举行。这一决策和行动不但打破了奥运会专属夏天的惯例，而且在冰天雪地的北国风光中点燃奥运圣火，这是奥林匹克运动在时间上的重大拓展，具有十分重要的意义。我们都知道，任何事物都必须在具体的时间里存在，而特定的时间点对于这一事物的生长发展具有几项特殊的意义：

（1）冬奥会使竞技体育从热火朝天的夏天，以狂飙突进的态势向严寒的冬天挺进，在增加了世界体育盛会举办时间的同时，又把适合开展体育比赛的气候条件伸向截然不同的另一端，促使人类更充分地适应并非舒适惬意的另一种异常气候，让人们在"已是悬崖百丈冰"的冬季，享受生命在"犹有花枝俏"的绽放中展现出来的格外坚强与俏丽。

（2）夏天与冬天、炎热与寒冷，从宏观的角度来看，这一冬夏并举的格局在时间点上呈现一种对立统一的对称之美。也就是说，奥运会不再只是属于夏天的荣耀，冰封雪飘的冬天同样给如火如荼的生命跃动提供了一个新的机会。这就使夏奥会有了新的伙伴，它就不会再有四年一次的孤单，两个奥运会不但具有同声相应、同气相求的包容性，而且还有相互补充、你追我赶的竞争性。冬奥会的举办开了奥林匹克运动由单一走向集群的先河，国际奥委会相继创办与夏奥会、冬奥会平行举办的残奥会，以及两年一届的特奥会，为不同身体状况和智慧水平的人们实现共同参与奥林匹克运动的平等权利，做出了创造性的贡献。

（3）国际奥委会规定，冬奥会在每一届夏奥会之后的第二年召开。这个时间安排有助于减轻世界各国人民因四年间隔而颇感漫长的焦虑，从而进一步增加了奥运盛会带给全世界的欢乐。这是由于现代社会无论是生产方式还是生活方式，都跟百年之前有了天翻地覆的巨变，以互联网为代表的人工智能极大地加快了当代社会的生产效率和生活节奏，人们对时间流逝的感受似乎也相应地变得更为明显，对四年一届的奥运会的期待也就显得更加迫切，而在这中间增加一届冬奥会，使期盼的时间缩短了一半。而对于从事冬季运动的体育健儿来说，冬奥会成为专门为他们安排的比赛时间，让他们在冰雪世界中纵横驰骋、旋转飞跃，这个时间段就是属于他们的。国际奥委会给他们提供了充分展示生命在三九严寒中傲霜斗雪的特殊风采，这显示了奥林匹克运动在时间拓展上与时俱进的魄力与远见。

其次，冬奥会的举办从空间上拓展了奥林匹克运动涵盖的广度。

人类总是生活在一定的地域，地球上广袤的空间就是人类赖以生存的家园，虽然陆地只占地球总面积约29.2%，但各不相同的地形地貌为人类提供了多姿多彩的生存家园：连绵起伏的群山、终年积雪的冰川、一马平川的原野、苍凉的戈壁大漠、滨水河谷的水网地带、孤悬海洋中的岛屿礁盘……各个民族、各个地域的人们生活在不同的环境，由于所处的具体方位不同，地形地貌的巨大差异以及由此形成的各具特色的气候条件，都对人们的生产和生活方式产生了重大影响。正是在这样的自然环境中，身体机能的某些特征和体育锻炼的具体方法，作为人的生活方式的重要组成部分而呈现出百花齐放的积极态势。这就是说，生存空间的特性在很大程度上决定了民族文化与社会发展的现实水平与独特内涵，而身体锻炼以及由此升华而成的体育运动的多样性，跟人们日常活动的空间有着十分密切的关系。今天如此蔚为大观的竞技体育运动，就是由不同地域的人们为了提高自己的身心健康，遵循着因地制宜的原则而创造出来的。而锻炼和游戏的具体方式随着民族文化的积累与深化，逐步成为具有高度竞争性、规范性与表现性的竞技项目，一方面是由于它们有益于体能和心灵的健康、意志和智慧的增长，体现了人类挑战生理极限、提高人的本质力量的强烈愿望；另一方面竞技体育还能让人们在参与和观赏的过程中，产生惊心动魄的刺激和急切期待的悬念，这样的刺激在对获胜者崇拜的英雄主义和集体荣誉感的激励中得到了进一步的强化，使生活在不同地方的人们对原本各不相同的体育运动项目，通过积极有效并与时俱进的调整与充实，最终形成了世界上普遍喜爱、热忱尊重和真诚认同的共识。现代国际竞技体育就在古希腊奥林匹克运动精灵的启迪下重振雄风，从而在空间上使竞技体育成为覆盖全世界并让几十亿人热情关注、尽情狂欢的盛大节日。

　　冬奥会在空间范围上的扩展，包含着十分深刻的人文价值。正如《奥林匹克宪章》把参与的原则作为奥林匹克精神的第一项原则，因为"参与是基础，没有参与，就谈不上奥林匹克的理想、原则和宗旨等"，这一重要的思想最早是由一位美国主教提出来的。现代奥林匹克运动的倡导者顾拜旦在1908年伦敦奥运会的开幕式上，热情洋溢地引用了这位美国主教的话，还在1936年柏林奥运会上演讲时，对"参与"这一原则的深刻内涵做了进一步的阐述："奥运会重要的不是胜利，而是参与；生活的本质不是索取，而是奋斗。"然而，要真正实现"大众参与"的理想，就必须让普通公民也能够享受体育运动的精彩。顾拜旦提出的一句名言"参与比取胜更重要"，更是简明扼要地强调了奥林匹克文化的思想精髓。

　　由此可见，奥林匹克运动的现代复兴，体现了它拥抱世界的伟大胸怀和崇高目标，它以全人类的自我完善为出发点，以满腔热忱的激情，召唤着世界各地的人们积极参与到奥运大家庭中来，共同创造奥林匹克运动的美感、荣誉感和相聚一堂的欢乐感，在激情中欣赏运动员们比赛中表现出来的力量、意志、美丽、正义、勇敢与进取，充分感受生命风采的崇高华美与优雅精致。而冬奥会的诞生就是实现这一崇高目标的伟大实践，让生活在寒冷地带的人们也能够完美地分享体育运动的魅力，使冰雪运动从此登上了国际体育盛会的庄严殿堂。由于冰雪运动成为奥运比赛的正式项目，参与奥运会的运动员数量也就得到了大幅度的增加，这就为实现"大众参与"奥运的宏伟理想跨出了一大步，奥林匹克运动所覆盖的空间在与时间的交叉中获得了空前的扩展。

　　冬奥会在空间拓展上所表现出来的重要意义，还在另一个层面显示出特殊的价值。这就是为奥林匹克运动增加了一个新的中心，就像当今大城市的发展，由于原来单一的城市中心已经无法容纳越来越多的人口和聚集的资源，只好找一个新的地方再建一个中心或者副中心。当然了，冬奥会并不是因为夏奥会的竞赛项目爆满而开展的，而是冬奥会的各个运动项目只有在冰面和雪地上才能进行。在地球南、北两端靠近极地寒带的寒温带，也被称为副极带，每年冬天都有好几个月是在冰天雪地中度过的。相比南副极带，在陆地面积更广、居住人口更多的北副极带，滴水成冰、飞雪漫天的极端天气就是当地人习以为常的普通日子。因此，如果我们把冬奥会看作夏奥会的副中心，应该也是合乎情理的事。这就使得整个奥林匹克运动有了两个中心，这个新的副中心不仅能够和夏奥会这个老的中心展开积极的呼应，而且还可以把有些本来在夏奥会举办的项目移植过来，成为冬、夏两个奥运会共享的竞技项目。这种情形使一些特殊的体育比赛增加了比赛的频次，还能够让运动员在选择参赛的机会上获得了更大的自由度，这类项目因而成为冬奥会和夏奥会比赛条件与参赛选手同中有异、兴趣盎然的观赏点。

然而，冬奥会在空间扩展上还有一个重要的意义，它使原本处在边缘地带的区域前所未有地成了中心，这是竞技体育史上富有意义的创举。边缘和中心在空间布局的角度上看来，本来就是一种相反相成的关系：在几何意义上的空间必定是一个由线条围合而成的"面"，中心就是能够使这个"面"保持均衡的"点"，圆的中心就是圆心，它跟圆的周边每一个点的距离，也就是半径的长度都是相等的，正方形的中心跟周边的距离也是如此；在椭圆、蛋圆乃至其他更多的不规则形状中，这个"面"的中心不可能与周边的距离相等，而是在支撑起这个面的一点上，也就是"重心"或"中心"。有了一个"中心"，这个"面"就会生动起来，好像获得了画龙点睛式的灵动与集聚，似乎它就成为这一"面"的灵魂或引领者；而其他的部分都在向中心靠拢，表现出受到向心力吸引的态势。也就是说，一个"面"如果有了一个中心，好像就被注入向往活动的积极性，原本处在边缘的部分看起来都在纷纷向中心聚集。那些本处在人类生存区域两端的冰雪地带，虽然在夏季奥运会上同样有不俗的表现，但那里的冬天更漫长更寒冷，人们因此也就更加擅长和冰雪打交道，在冰面上他们就是展开翅膀风驰电掣翱翔的雄鹰，在为大雪所覆盖的崇山峻岭中，就像天马行空般地在雪谷坡道上一往无前地腾飞。在冰球场上他们是披着铠甲的人肉坦克在冲锋陷阵，而在冰壶比赛中，他们用精算师般的数学头脑，美妙如同芭蕾舞、精准如同魔术师的动作，展现原本属于处在天涯海角的冰雪之乡的人的拿手好戏。冰雪运动在向外传播的过程中确实有后来居上的奇迹发生，但是具有老资格的冰雪运动故乡，理所当然地成为全球冬奥会参与者高度尊敬乃至举世瞩目的中心，并由此从世界边缘成为传播冰雪运动体育文化的发祥地与主力军。

作为人类社会活动的体育运动会，奥运会所涵盖的空间并不只停留在地理学上的单一层次，而是一个复合的社会空间，它以实际存在的地面为基础，以历史文化为中坚，并糅合了各个国家和地区的社会心理。对冬奥会来说，在有冰雪覆盖的区域选定一个举办的城市，那么这个城市在两届冬奥会之间的四年时间，再加上运动会举行的两个星期左右特别重要的日子里，势必成为国际奥委会、所有准备参赛以及开展冰雪运动的国家和地区及广大冰雪运动员心目中的重点和中心。他们密切关注着比赛场馆和雪道工程的设计水平、工程进度与建筑质量，掂量着一系列围绕冬奥会而展开的文化创意和艺术创作的成果，还会对举办国在政治、经济和社会发展的水平与走向，给予格外的关心和认真的研究。东道主在冰雪运动方面的普及与提高，尤其是那些在比赛中具有冲击奖牌潜力的强项，以及参赛选手的历史成绩与当下表现，当然会成为国际体育界和各国主流媒体万众瞩目的焦点、情报搜集与数据分析的信息源。这就使原本在地理位置上处于边缘地带的副极带，也由于水涨船高的附带效应而得到更为普遍的关注。冬奥会在空间扩展的过程中创造了把边缘变为中心的奇迹，也是奥林匹克运动在进一步促进世界文化交流、传播人类积极适应并充分利用寒冷环境的生态文明知识与经验的过程中，为有效推动冰雪运动更快更好发展做出的重大贡献。

3. 相识相爱

众所周知，冬季奥林匹克运动会实际上就是冰雪运动会。冰和雪都是天气变化的产物，它们跟地球上包括海洋、河流、湿地、湖泊与冰川等一样，是水的不同存在方式，这些水体受不同纬度地带不同的日照时间与强度的影响，地表温度的差异使得在环流过程中通常以液体形式存在的水，发生了形态上的重大变化。

早在公元前四世纪，古希腊最伟大的学者亚里士多德，就认识到纬度对于人类的生存起着很大的作用。他创立的地理环境学把由特定的纬度所形成的自然环境，看作人类生存的物质条件和社会存在的综合体系，提倡把它们纳入人类历史和文化考察的重要对象。欧洲启蒙运动的重要代表人物、法国学者孟德斯鸠更为系统地阐释了他提出的"地理环境决定论"：把人们生存区域的纬度和是否滨海的地理特征，作为人性的形成与社会制度、日常生活的产生和发展的决定性要素。法国学者丹纳在《艺术哲学》中提出，种族、环境和时代是决定民族精神生活的三大要素，并对不同民族所处的地理条件与这个民族的艺术发展史的相互关系进行了深入的分析。虽然丹纳谈的是艺术的民族特性问题，却有助于我们更好地认识生存空间的地理条件对竞技体育具体项目的形成与发展所起的作用。

因为地球是球体形状，太阳光的照射便有了差异，于是地球表面纬度分布的不同就造成了冷热的巨大差异。赤道附近的太阳光是常年直射或近于直射，阳光的辐射力强，其结果就是这一带长年累月都处于热量多、温度高的气候；而在高纬度的地带，那里的阳光照射角度小，辐射力弱，也就造成了一年当中热量少、温度低的时间占了很大的比重。世界上常年冰雪覆盖的是我们熟知的南极洲和北冰洋，全年气温均在零下20摄氏度左右。北欧的挪威、瑞典，芬兰、俄罗斯与加拿大三国的北部，以及阿根廷南部都接近南、北两极。还有格陵兰岛，至今仍然居住着古老的因纽特人，这些地方的气温都是常年在零摄氏度以下。纬度再低一点的是亚寒带，又名寒温带、副寒带或副极带，处于温带与寒带之间，在南、北两个半球的亚寒带分别称为"南副极带"和"北副极带"。副极带的气候一般说来都较为恶劣，尤其是北半球的亚欧大陆与北美大陆北部，欧洲北部、加拿大北部、俄罗斯境内都属于北副极带气候的控制范围。具体来说，在北美从美国的阿拉斯加，经加拿大到拉布拉多和纽芬兰的大部分；在亚欧大陆，西起斯堪的纳维亚半岛（它的南部除外），向东经过芬兰和俄罗斯西部，在圣彼得堡—高尔基城—斯维尔德洛夫斯克一线以北的地区，直至俄罗斯濒临白令海峡的东部；中国的黑龙江省、内蒙古自治区和新疆维吾尔自治区的最北部，同样属于亚寒带地区。这样一个广袤的区域，全都处于副极地低压带和极地高压带，就必然会受到极地海洋气团和极地大陆气团的频繁影响，同时又成为极地大陆气团的发源地，这就是北副极带一年之中冬季漫长且特别寒冷的原因。

当气温下降到零摄氏度以下的时候，原本波涛汹涌的汪洋大海变成了坚如磐石的冰面，江河溪流中的潺潺流水也在严寒的威逼之下成了人们畅通无阻的冰河，甚至连飞流直下的瀑布也会被冻成悬崖百丈冰，更不要说本来就是浪平波宁的湖水，也被冻成了一面晶莹的镜子，而在高山之巅千百年不融化的冰川，当然就像白发白眉白须髯的老寿星纹丝不动地保持着永恒的尊严。科学研究表明，自然界中呈液体状态的物质在特定的环境下会凝固成晶体，水同样会在零摄氏度以下的寒冷天气成为固体，由此可见冰其实就是固态的水，并呈现出多晶体的状态。但是，冰却不具备晶体的全部特征，如各向异性（指物质的全部或部分化学、物理等性质随着方向的改变而有所变化，在不同的方向上呈现出差异）和规则形状。由于冰不具备规则的排列形状，因此冰的微观形态是不固定的。从微观上看，水在温度降到冰点以下时，就会首先结成一个单晶，然后这个单晶就会产生凝结核的作用并继续开展结晶的过程，而受结晶时的气温、压力及水体所含的杂质等各种因素的影响，水结晶——冰的微观形状却是各不相同的。

雪和冰是严冬酷寒中的常客，它们都是水由液体这一常态化的存在形式变成固体的结果。各种形态的水都是地球上各种生命存在最根本的条件，水的运动及其变化是人类认识自然、改造自然并逐步达成与自然和谐相处的永恒课题。地球上的水在不断地进行循环运动，海洋和陆地上的水受到太阳照射后就变成了水蒸气，这就是水的气体状态，由于它的质量较轻，因此会向高空上升，还会随着不同的风向飘到别处。当水汽在上升和飘动过程中遇到冷空气，便会凝聚成微型的小水滴。这些小水滴又小又轻，很容易被空气中的上升气流托举在空中，它们聚集在一起就成为云。而云就是下雨的前奏，《千字文》中就有"云腾致雨"的表述，而云中微小的水滴要变成雨滴降下来，它的体积需要扩大100多万倍。这些小水滴使自己体积增长的方法主要有以下两个：（1）通过凝结的方式，就是吸收周边的水蒸气使它变成液体的水滴；（2）依靠水滴在相互碰撞中合而为一。当小水滴不断地吸收周围的水汽而使自己的体积得到了上百万倍的增大，它当然就不可能继续飘浮在空中，只能重新降落下来，这就是水与阳光、空气在互动中的变化和循环的基本过程。

其实，降水的过程又表现为两种不同的形式：一种是直接以液态的形式降落，这就是人类生活中最为常见的下雨；而另一种则是以固态的形式降落下来，下雪或下冰雹都属于这种较为特别的形式。这两种降水形式之所以会有所不同，是因为两者在具体生成的过程中有各自的路径：雪的生成过程表面上看起来似乎比较简单，它是由气态直接转换成固态，但这种转换方式需要经过气象学称为"凝华"的过程。在雪的形成过程中，水汽一开始并没有变成液体，而是在温度很低的冷云中结成不同大小的雪晶。雪晶在温度、湿度适合的冷云中通过吸收靠近它的微小的水滴而增大，并且还能在与近旁冷水滴的碰撞中继续扩大，它的外形也会在体积持续扩大的过程中发生变化，于是就成为从云中降落到地面的雪花，但归根到底还是固体形态的水。而冰雹的生成机理跟雪又有一定的区别，雪是通过"凝华"的过程由气态直接转换成固态，而冰雹则是由气态直接冻结成固态，并和附近的冰晶、雪花与过冷水滴黏附冻结，并形成一个不透明的冰层。这时如果落到另一股更强的上升气流中，那么冰雹又将再次上升，就这样在不同温度的云层中上上下下，冰雹就一层一层地长大。最后，上升的气流终于无法支撑沉重的冰雹时，它就从空中砸向大地，如果是个头大的冰雹，当它落在城乡的房屋上、田野的庄稼上及车水马龙的道路上，必然会对人民的生命财产造成严重损害，所以人们比较喜欢雨和雪而不欢迎冰雹的降临。

冰雪跟冰雹不一样，它们常常在冬天最寒冷的日子里出现。它们在纬度不同的地区会以不同的方式来到人们面前。在亚寒带和寒温带的严寒中，冰与雪常常相伴而来，人们常说的"冰天雪地""冰封雪盖""冰天雪窖""雪虐冰饕"这些成语，就是直接描述冰和雪联袂而来所制造的寒冷天气，而从冰雪的晶莹剔透的特性，又引申出描写事物纯净明澈的词语，如"冰肌雪肠""冰雪聪明""冰瓯雪椀"等。而在凉温带和暖温带，冰和雪各自出现的情况也不少见。在这样一些地带，如果气温到了冰点以下水就会结成冰，但由于空中没有合适的降水条件，天上就不一定会下雪；也有雪下得不小，江河湖泊的水却还没有冰冻起来的情形。虽然冰雪在天寒地冻的季节里可能会给人们造成手脚冻伤、伤风感冒、出行艰辛的困难，但无论是改善跃动土地的墒情，还是冻死害虫的虫卵，冰雪仿佛为在凛冽寒风中颤抖的冬小麦盖上了一床暖和的丝绵被，给人们的生产生活带来一定的好处，所以自古以来就有"瑞雪兆丰年"这样的谚语来赞扬雪的好处。这里既表达了人们对雪能够保护庄稼过冬的益处的朴素好感，也体现了人们防寒抗雪的乐观自信与心理抚慰，当然还有对皑皑白雪纯净清新的视觉美感的充分肯定。可见，不管冰与雪是联袂出现还是各自到访，只要它们对自然环境和人类生活还不会造成过于严重的伤害，这样的天外来客和水土演变就会受到热情的欢迎与快乐的观赏。

这种情形在暖温带地区表现得尤其突出，生活在那里的人们在短暂的冬天很少能见到下雪结冰，有时一年到头根本没能见到雪花和冰凌。"物以稀为贵"，罕见的事物很容易成为人们喜爱与珍重的对象。因此下雪就会受到人们特别热情的欢迎，大雪纷飞人欢笑，孩子们拍着红彤彤的小手迎接飘飘洒洒的雪花，还喜欢堆一个雪人来展示他们的建造水平；青年男女就会抓起一把洁白的雪团，在欢乐的追逐中打起雪仗；更多的人则是拿起相机、手机，或者直接拍摄平时难以见到的雪景，或者用色彩鲜艳的服饰把自己打扮起来，在漫天皆白的雪景中留下自己的倩影。唐代诗人孟浩然不畏寒冷，细心观察自己留在雪地上的足迹，被后人誉为"踏雪寻梅"的风雅之事，如今更成为人民大众赏雪玩雪的榜样。

对于地处寒温带北端的冰雪之乡来说，那里的人们虽然一年当中有一半时间与冰雪为伴，零下十几摄氏度甚至零下几十摄氏度的酷寒，使雪海茫茫、冰河封冻。然而经过千百年的相处，人们早已对自然环境养成了很强的适应能力。经过了长时间深一脚浅一脚的试探，遭受过无数次掉进泥坑、摔伤肢体的痛苦，付出了房屋被雪压塌、庄稼大批冻死的代价，人们逐渐对冰雪严寒有了更为全面而深入的认识。它们在造成灾害与破坏的同时，也会带来令人愉快的好事，关键就在于必须熟悉它们的脾性，因势利导地克服冰雪造成的困难，充分发挥它们在实用功利上的有益作用，尽情享受它们为人们带来的生活乐趣。

于是，雪乡的人们不仅成了傲霜斗雪的"战斗民族"，还把雪这一天外来客、冰这一自然造化，转变为生存的伴侣和快乐的来源。例如俄罗斯的气候特别寒冷，这个国家15%的领土位于北极圈内，都属于寒带气候。它的其他地区基本上也都处于寒带和亚寒带，冬季既漫长又酷寒难当，1月份个别地方的极端最低气温可以达到零下71摄氏度，可以说这就是北半球的"寒极"。整个冬季俄罗斯全国普降大雪，有好几个月的时间里人们都生活在冰雪的包围之中。在西伯利亚苔原地区的北部，全年甚至有长达260多天的积雪。这样寒冷的地带，本来是不适合人类居住的，然而俄罗斯人却在那里顽强地生存和工作，并且把冰雪视为生活与发展的特殊条件，他们不畏严寒，甚至喜欢严寒，特别是干冷。他们酷爱滑雪、滑冰、打冰球，冰球明星就是姑娘们最崇拜的英雄。在寒冷彻骨的日子里，俄罗斯男人不是窝在家里猫冬，而是在冰冻的河面上垂钓，有时甚至在滴水成冰的冰河上搭起帐篷过夜。即使在一年中最冷的日子里，身体健硕的勇敢者还会在冰面上凿出一方河水，毫不畏惧地跳进零下二三十摄氏度的冰水中进行冬泳。就是这种极端寒冷的气候，造就了俄罗斯"战斗民族"刚毅不屈、威武不移的大无畏品格，他们具有不为一切强敌所压倒、势要战胜一切敌人的英雄气概。拿破仑大军就是在白雪皑皑的严寒中被俄罗斯人击败，60万侵略军最后只有几万人死里逃生。无独有偶的是希特勒的法西斯军队，也是在1942年寒冬冰雪弥漫的斯大林格勒战役中遭受失败，该战役成为第二次世界大战德国法西斯由盛到衰的转折点。又如在中国黑龙江和内蒙古的北端，虽然冬天好像没有尽头，过完中秋节不久就开始下的雪，一直到第2年的5月份才能融化干净，在漠河、根河这些最冷的地方，气温甚至可以降到零下四五十摄氏度。但是，这里的乡亲们早已学会了跟冰雪和谐相处的各种本领：既尖又陡的屋顶不再惧怕积雪的重压，坚固的塑料大棚顽强地抵御着风雪的侵袭。身体的保暖工作不仅做得十分仔细，而且还成为在林海雪原上展示威武雄壮的道具：他们经常身上反穿皮袄毛，头戴狗皮帽子，手上套"皮手闷子"，这是即使俗称"白毛风"的暴雪也不能奈何我铠甲一般的防寒装；而脚上穿的是长过膝盖而又皮毛一体的雪地靴，不但能够顺利翻越冰山雪峰，还能把雪堆踢个天女散花。这些都是生活在雪乡的人们，在年复一年与冰雪展开适应与征服的较量的同时，一步步地积累与冰雪和平共处的宝贵经验，掌握了以扬长避短的思路应对狂风暴雪的方法。

这是人类社会实践在历史进程中不断深入所取得的伟大胜利，也是人类摆脱了自然界的束缚之后，积极发挥自由自觉创造的巨大力量。在不断地向大自然学习的基础上，大自然大量而又复杂的奥秘，越来越多地掌握在人们的手中，以冰雪为代表的自然现象就与人形成了和谐相处、共生双赢的新的关系。于是，在积极改进生存方式、努力提高生活质量的同时，人自身也就变得更聪明更灵光更强大。正如恩格斯在《自然辩证法》中所指出的：

> 只是由于劳动，由于和日新月异的动作相适应，由于这样所引起的肌肉、韧带以及在更长时间内引起的骨骼的特别发展遗传下来，而且由于这些遗传下来的灵巧性以愈来愈新的方式运用于新的愈来愈复杂的动作，人的手才达到这样高度的完善，在这个基础上它才能仿佛凭着魔力似的产生了拉斐尔的绘画、托尔瓦德森的雕刻以及帕格尼尼的音乐。①

恩格斯在这段话中，充分肯定了劳动创造人这一历史唯物主义重要观点，人的双手就是在越来越精细、越来越复杂的操作活动中，一步步地变得灵活起来。而且在日积月累的量变中会产生突飞猛进的质变，手就有了几乎无所不能的"魔力"，即使到了今天，自动化、智能化和数字化的应用，使生产劳动和日常生活中许多原本是由手工操作的工序和活计，都开始为高精尖的科技手段所取代，无比灵巧的双

---

① 恩格斯：《自然辩证法》，载中共中央马克思恩格斯列宁斯大林著作编译局编译《马克思恩格斯选集》第3卷，人民出版社，1972，第509—510页。

手似乎到了英雄无用武之地的尴尬境地。其实不然，首先是无论多么高级精密的仪器机械，它的工作母机都是人的双手制造出来并进行操作的。其次是仍然有很多极其复杂精细的劳动，还只有手工操作才能完成，譬如固体火箭发动机推进剂燃面的尺寸和精度，它直接决定着导弹的飞行轨道和精准射程，而燃面整形这项世界性的难题，再精密的机器依然无法完全替代人工。航天特级技师徐立平和他的同事们为发动机药面进行微整形时，就是手持特制的刀具，对已浇注固化了的推进剂药面进行极为精细的修整，这就充分说明那双灵巧的手，即使在更先进的生产过程中仍然发挥着无可替代的伟大作用。再次是手不但具有制造和使用工具的实用性，而且是从事体育锻炼和艺术创作的重要器官，它承担着保证个体身心健康、促进人的全面发展的崇高使命，是每一个人自我实现的根本。人类在很多方面超越了动物那种本能性生存的方式，其中特别重要的一个方面就是人类在精神上不再受大自然制约与束缚，好奇心使他们能够精骛八极、心游万仞，想象力又让他们有了天马行空、浮想联翩的畅快，而探究未知世界、发现新事物奥秘的欲望，又为他们插上了敢与天公试比高的飞翔之梦。人类就是在这样的探索前进的过程中，不仅通过由浅入深的探索使那些长期打交道的客观事物成为驾驭的对象，而且还会在长久的适应—征服的循环往复中，使作为实践主体的人与实践对象的物的关系变得更加熟悉、更为亲近。正是在这样的基础上，原本两者的相互关系只是局限在实用功利的范畴，而经过长期相处和亲密接触，精神的自由和情感的丰富就会使人把这些劳动对象作为游戏的对象与快乐的泉源。旧石器时期的人们用砸击、碰砧等方法制造的砍砸器、刮削器和刀形器，虽然样子还比较粗糙，但当时的人们已经非常珍惜自己的创造成果了。新石器时代磨制的石器，不但种类繁多，而且已经呈现出规整的几何形，当然更进一步得到了人们的喜爱。这是因为制造的工具是人类自由自觉的创造水平的情感表现，爱屋及乌，人们还会对加工的材料产生好感，因为有了这样的原料，制造工具的任务才得以完成。虽然冰雪不能用于制造工具，但在与冰雪的长期接触中，人们发现在雪地上玩耍游戏不但能够为自己带来很多快乐，而且在雪地冰面上也可以跟在平地上一样行走奔跑，看谁的动作更敏捷、反应更快速，甚至摔跤时表现出来的笨拙与灵活，都是冬天休闲时最能让人开怀大笑的活动。而且雪冰中的活动既能锻炼身体，增强乡亲们抵御寒冷的能力，同时又富有挑战性的娱乐价值和力争上游的奋斗精神。这种冰雪中的集体活动随着历史的进程得到不断的优化，器械更加精巧、行程更为遥远、地形更加复杂，你追我赶的竞争显得更加激烈。更为重要的是，从原本实用层面不断升级的冰雪活动，当它具有更加浓厚的体育比赛的含义时，相关的竞赛规则也就从刚开始随意的口头共识，逐渐演变为约定俗成的活动惯例。当它最后成为运动会的正式比赛项目时，对于参赛者的行为动作予以认真规范和严格要求的竞赛规则也就随之出台，并且随着赛事级别的提升而不断完善。

这个过程一方面体现了自然环境对人的生存能力、创造欲望和实践动力产生着特殊的规范与引导作用，恶劣的气候既是对人的严格考验，又是提升人的身体机能和心理素质的积极因素。总的说来，生活在北国严寒中的人们跟其他地区的人相比，力量更大、耐力更强，面对恶劣的自然条件表现得更有胆魄，气质也显得更加粗犷。另一方面，人在特定的自然环境面前并非消极地承受苦难，因为他们已经挣脱了环境绝对的支配和控制，因此要在适应的基础上去驾驭和利用，最终通过艰苦卓绝的社会实践，对不利于自己生存的自然条件进行改造，把不利因素转变成可以适应和善于掌控的积极因素；而且在不断深入探索、积极变革的过程中，进一步和实践对象变得熟悉和亲近，并且能够不断深入地挖掘对象的本质特征并为我所用。冰雪运动就是在这样的历史背景下繁荣起来，最后走进冬奥会这一神圣的体育殿堂。

第二章

生命风采

第二章 生命风采

从古典奥林匹克运动开始，审美就是其最主要的追求目标之一。现代奥运会继承发扬了古希腊人热情崇拜健与美的人文精神。在"更快、更高、更强"的奥运精神的感召下，进一步拓展了它的审美价值，在竞争激烈的体育比赛中全方位地展示着生命的风采，有效地激励了全人类为不断超越生命极限付出更艰苦的努力，奥林匹克运动的美学内涵因此得到新的充实。现代奥林匹克运动诞生一百多年来，给全世界人民带来炽热的竞争激情和巨大的审美享受。可以这样说，奥运会带给整个世界的心灵震撼与精神兴奋，是人类其他各种类型的大型活动无法相媲美的。本章着重通过对奥林匹克运动的审美价值，尤其是冰雪之美的分析，提出一些粗浅的个人看法，为更准确、更全面地认识冬奥运的审美内涵提供一得之见。

一、美的初心

以竞技体育为核心的奥林匹克运动，之所以能够产生"四海翻腾云水怒，五洲震荡风雷激"的特殊效果和举世瞩目的强烈反应，最根本的原因就在于这样一个超大型的运动会，其实并非仅仅局限于体育比赛的紧张激烈，也不是把全部的注意力引导到谁胜谁败的比赛结果上。经过悠久的历史积淀和不断的改革发展，整个奥林匹克运动所具有的丰富、生动与深刻的人文内涵，在人们心中产生了极为深刻的印象，发挥了极其重要的作用。

1. 高度重视形体之美

奥林匹克运动从一开始就充满审美情怀。最早诞生在古希腊的雅典奥林匹亚运动会，就已经对人的美表现出强烈的追求甚至狂热的崇拜，因此挺拔俊朗的身材、仪态万方的长相、容光焕发的精神、矫健潇洒的动作，使运动员形体的审美价值在当时的体育比赛中占据了相当重要的地位。有些竞赛项目甚至把形体美作为决定比赛胜负的重要尺度，形体优美、外貌英俊的运动员即使在比赛中没能够赢得桂冠，但也因为受到观众最为热烈的欢迎而出尽了风头。尽管古时候的希腊人还不可能从理性的高度，认识到体育运动会深层的深刻内涵，还没有完全清醒地认识到竞技体育是生命的智慧、身体的力量和学到的技能之间展开的竞争，却把它冠以向奥林普斯山的众神，以及向赫拉克勒斯那种半神半人的英雄致敬的名义。但是，竞技场往往就是"展览与炫耀裸体的场合"[①]，运动员们都把比赛作为展示身体的健美与夺取荣誉的最好机会，大胆袒露的人体既能让神明和英雄欣赏人的健美优雅，又能让神明和人类充分感受并且热情肯定个人的坦荡率真。因此，身体不仅在神的面前不需要有遮遮掩掩的羞涩，即使在普通观众面前，形体的美好与力量的强大、技艺的精湛也完全一样，只有尽情展示的勇敢，没有掩盖躲避的怯懦，运动员希望得到的是同胞们的热情赞美和纵情欢呼。由此可见，在早期各个城邦的运动会和整个希腊民族联合举办的奥林匹克运动会上，人的形体和动作的审美已经被放在十分崇高的位置上了。

古希腊人十分重视天赋，生下来的婴儿若长相端正就欣喜若狂，如果生了个歪瓜裂枣就干脆丢弃，这种做法在今天看来十分残忍，但古希腊人为了整个部落的下一代有出类拔萃的英俊健美，就只能做出如此极端悲惨的蠢事了。古希腊人也特别强调后天的训练，所以对形体的美总是加以隆重褒奖。在奥林匹克竞技会上的优胜者，可以享受建立自己的雕像这样巨大的荣耀。

---

① 温克尔曼：《希腊人的艺术》，邵大箴译，广西师范大学出版社，2001，第109页。

据文献记载,伊利斯城就为在第38届奥林匹克竞技会上夺冠的斯巴达式的斗士埃弗太利代斯塑造了雕像。[①]传说有个叫提阿哥拉斯的人,就是因为他的两个儿子同一天在运动会上获得优胜,他竟激动得死在儿子们的怀抱里。因为在他个人乃至在全体希腊人的眼中,结实的拳头、矫健的长腿、美丽的躯体,就是人类出类拔萃的辉煌荣光,是最值得崇拜的榜样。他们把这样美好的形体当作天上的神明来敬重,作为人间的英雄来赞颂。这些事例都充分说明了古代奥运会的竞争,在对力与美这两个基本尺度的衡量中,希腊人常常会把砝码的重头放在美这一边。就像著名的雕塑《掷铁饼者》所表现出来运动员修长的身材、合度的比例、优雅的姿势,以及在跃跃欲试的准备中顷刻之间就要爆发的力量。这个美男子拥有最为光辉的艺术形象,可以说古今中外多少男男女女都为他倾倒。如果拿《掷铁饼者》中的运动员形象,跟现代铁饼运动员膀大腰圆、黑铁塔似的形体相比较,简直有着天壤之别。而从投掷发力的功利要求来说,人们不管《掷铁饼者》雕塑中的运动员是否最适合创造出优异的成绩,但古希腊人确实是把这样的形体给予了塑造雕像这样一种最高的荣誉。由此可见,古代奥运会强调力与美的和谐发展,虽然运动员技艺的高超、体魄的健美和形体的优美都是衡量胜负的全面标准,但是对于形体的审美就被放在最为重要的位置。

古希腊人在奥林匹克竞技会上表现出对人的形体美的高度重视,其中包含着十分丰富的文化意蕴。首先,对于人的身体的审美观照,虽然是在敬神的名义下进行,但透过宗教的外在形式却已经突出地显示了对人的生命的高度关爱。在希腊人的心目中,神就是人的化身,神在品德上和人一样,也有他们的喜怒哀乐,也会有嫉妒、虚荣、偏私、邪恶,绝不是个个都是公正、善良和高尚的,只是神比人类更强壮、

---

① 丹纳:《艺术哲学》,傅雷译,人民文学出版社,1981,第44页。

更美丽、更幸福。对于神明的崇拜当然是虚无缥缈的,但与生俱来的人的身体之美是生动的、真实的,也是人类生命最根本的存在、最自然的体现。因此,透过敬神这一社会礼仪的形式外壳,可以发现古代奥林匹克竞技会的实际内容就是对人自身的欣赏、肯定和赞美。马克思曾经把古代社会比作人类历史的童年时代,并且认为"希腊人是正常的儿童",希腊社会是人类童年时代"发展得最完美的地方"。[①]而对人的形体美的高度重视所透露出来的对人的生命的重视与肯定,哲学家柏拉图认为,形体美是美的重要组成部分,这里面包含着十分深刻的人学意蕴,其实就是希腊民族"发展得最完美"的一个十分重要的表现。这种表现充分体现了希腊的人学价值观具有普遍意义,这也正是奥林匹克运动能够从遥远的古代走到今天,从爱琴海边的城邦走向整个世界的内在原因。

  其次,古希腊的奥林匹克竞技会对人体美的欣赏,是通过体育活动这一方式展开的。虽然古人对于"生命在于运动"这一道理,不可能像今天这样有着深刻认识,但是,生长在"发展得最完美的地方"的希腊人,在艰辛的劳作以及残酷的战争中早就体会到身体强健的极端重要性,劳动的收获和战斗的胜利靠的就是强健的体格,所以古希腊各个城邦的人都非常重视身体的锻炼。除了运用近乎残酷的办法——如处死体格存在缺陷的婴儿以强壮种族,把更多的精力放在对个人的训练上,青年人还会花很多时间在练身场上角斗、跳跃、拳击、赛跑、投掷,把自己的肌肉练得又强壮又柔韧,使每一个人都具有结实、轻灵、健美的体格。而奥林匹克竞技会就是在竞赛中对这种训练的检阅,在身体的激烈运动中显示出生命的风采。这就是说,古代奥运会已经意识到生命跟锻炼和运动的内在联系,已经深深地懂得,人在奔跑、跳跃、投掷与格斗中展示出来的力量和健美,对于提升个体的身体素质、提高族群的战斗力、劳动力和创造力,都具有十分重要的保障功能和引导作用。由此可见,奥林匹克竞技会就是让人的身体

---

① 杨柄编《马克思恩格斯论文艺和美学》,文化艺术出版社,1982,第536页。

在动态展开的过程中完成对生命之美的观赏与检阅，这充分显示了古希腊人对生命本质的深刻感悟：只有在龙腾虎跃的对抗搏斗中，生命的力量和智慧、意志、技能等方面才能得到最充分最全面也最为深刻的表现。这就是古代奥运会对人体美的动态观照的另一个深刻意义。

再次，奥林匹克运动会是通过比赛来决定优劣的，这一做法不但开创了竞技体育的先河，同时也为人类全面观赏生命之美创造了一个特别的机会。竞技体育通过体能和技艺的现场竞赛的精彩表演，生动地展示活泼泼的生命风采，而各种比赛项目都是在特定的规范中展开与完成的，取胜的目标召唤着运动员的竞争意识，严格的运动规范又对运动员的现场表现设置了具体的制约，像径赛中的长度、路线、出发时间等各种规定，田赛中投掷的器具、场地和动作的统一要求。这一方面显示了竞赛的公平性，另一方面，这些具体的规则对于增强和提高运动员的体质、意志与技能，起到了十分重要的引导与激励作用。也就是说，不同的运动项目所要求的活动内容和技术规范，只有在运动员体能和技能达到炉火纯青的高度，进入"随心所欲不逾矩"的自由境界，才有可能在比赛中充分地展现生命的活力和智慧的风采，才能使人的形体乃至各个方面的美，得到最全面的表现，并且只有达到这样一种自由的境界，才能使这种生命体现出最高的审美价值。

就拿马拉松比赛来说，如果有一位运动员领先跑完全程时，步履还是那样矫健，呼吸还是那样轻松，神态还是那样自若，似乎还可以再跑上几百米、几千米，那么，这名运动员的表现就必然会给人们带来强烈的美感。奥林匹克运动会上人的体能、技艺、反应等各种能力的展现，都是艰苦锻炼的结果，这包含了人们自觉地提高运动水平的努力。而这种努力在竞争意识的刺激下，在强力意志的鼓舞下，在集体荣誉的召唤下，运动员的身体机能和运动技巧得到不断的提升与强化，他们的身体和头脑在比赛中得到最好的发挥。这个特点恰好就是美的事物最根本的特征，很多美学家都把合规律性与合目的性的统一看作美的本质，李泽厚先生明确指出："当人们的主观目的按照客观规律去实践得到预期效果的时刻，主体善的目的性与客观事物真的规律性就交会融合了起来。真与善、合规律性与合目的性的这种统一,就是美的本质和根源。"[①]在竞技体育中,当人们能够按照各个项目的具体规则,准确、灵活、迅捷地完成各种对抗性与非对抗性动作时,这样的表现必定是游刃有余的舒展、顺畅,也就必然会给人赏心悦目、心旷神怡的视觉享受和精神满足。反过来,任何过分紧张的心态、战战兢兢的动作、只有招架之功而无还手之力的窘迫以及由此引发的犯规、失误等不良表现,肯定会使观众产生紧张、焦虑、担忧等否定性感受,运动员在赛场上出现低级的失误和笨拙的表现,不但不能给人美的享受,反而使人提心吊胆、唉声叹气乃至失魂落魄,最终只能让人产生丑的印象而感到伤心,甚至个别观众会因此发出愤怒的抗议和出现粗暴的举动。可以这样说,当运动员们在激烈的竞争气氛中以生龙活虎的精神风貌、意气风发的外在形象和行云流水般的动作活跃在比赛场地上,竞技体育的美也就得到了充分的展示,而这正是奥林匹克运动美学内涵的核心内容。

2. 发育良好的人文精神

奥林匹克竞技活动最早起源于古代希腊人所创造的神明世界,古希腊人对神的膜拜体现了尊重人、关爱人的人本主义思想萌芽。希腊神话是古希腊人有关神、英雄、自然和宇宙历史的天真奇异的想象和口头传说的结晶,又是希腊文明萌生、成长的集体记忆,因为其具有独特的文学魅力而流传久远,对欧洲乃至人类的宗教、哲学、风俗、科学技术和文学艺术都产生了重要影响。特别值得指出的是,希腊神话中有一个需要重视的特点,就是孕育其中的朴素的人本主义思想萌芽。在神话中,尽管神明是当仁不让的主角,但那里的神却不是那种道貌岸然、不食人间烟火的创世者与救世主,而是在形象和性情上跟普通人差不多,也有爱恨情仇,也会争风吃醋,还会寻衅闹事,甚至会意气用事而大动干戈。这样的希腊神话就是通过神明和英雄的特殊身份,折射出希腊人的哲学智慧、思想情感和日常生活,而蕴含其中的人文精神,

---

① 李泽厚:《美学三书》,安徽文艺出版社,1999,第485页。

就成为奥林匹克运动美学思想的重要源头。

希腊民族的人文主义思想，还彰显了他们对于人性的深邃理解，对智慧的热烈追求和对理性探索外在世界的积极努力。对于生命本质与价值的深入探究，希腊人比其他民族显然要更加积极更为高明。希腊人之所以有"人类最美好的童年"，主要是因为他们休养生息在一片美好的土地上，很多研究希腊史的学者都指出了这一点，如菲利普·范·内斯·迈尔斯教授认为：

> 一个国家的地理特征对民族性格和历史塑造有着重要影响。大山在隔离了邻近社区的同时，也把入侵的民族阻挡在外，培养了当地的爱国主义和捍卫自由的精神。大海，招徕八方，使与远方的国家交流更加容易，唤醒冒险精神，发展商业。

他又进一步指出了希腊人生活的这块土地，还具有同外界积极交流沟通的便利：

> 希腊半岛因为狭长的海港和港湾包围，实际上已经变成一个群岛。希腊没有一个地方距离大海超过40英里。因此，希腊人很早就渴望过航海生活——渴望沿着荷马所称的海洋"湿路"（Wet Paths）而行，看看它们最终通往哪里。地中海和攸克辛海沿岸遍布着希腊殖民地。埃及和腓尼基的古老文明有机融合到一起，启发了天生敏捷而又多才多艺的希腊智者早熟而生机勃勃的思想。看似无意撒满爱琴海的众多岛屿成了"垫脚石"，它吸引希腊移民者和友善的小亚细亚海岸国家的居民进行交流，因此，将两岸的生活和历史有机融合到一起。海洋在希腊沿海地区城市培养进取心与智力方面

的作用如何，可通过它们展示的先进文化与内陆地区诸民族——如阿卡迪亚地区——的落后文化对比便可一目了然。①

特殊的地理环境成为希腊人智慧高深、想象生动并且高度珍视生命的客观条件。环境造就人，在良好的地理条件长期的培育熏陶下，希腊民族的人性得到最为美好的展开，这种天人合一的积极作用，逐渐积淀为整个民族优越的天赋。对此，菲利普·范·内斯·迈尔斯教授做出了精彩阐释，这对我们更好地理解希腊文明的深刻内涵与历史作用，具有相当重要的启迪意义。他说：

> 我们称之为希腊文明的辉煌成果产生的，最主要的还是希腊人本身的天赋。这个天赋，既存在于个体，也存在于整个民族。拥有卓越品行的人并非教育或者环境作用的结果。他们是天生的，而绝非后天培养的。古希腊人的那种创造性的、多才多艺的、极富想象力的天资，对美好事物的热爱及对比例的良好感知，以及对自然影响的敏感，成为伊奥尼亚的希腊人超过了其他所有的家族部落的心理特质——也正是这些他们在史前时代进入这片土地后不知道怎么就获得了的罕见的心智禀赋，为我们提供了他们为什么能在艺术、文学和哲学上取得辉煌的成就的唯一令人满意的解释。没有希腊人天生的快速借鉴吸纳的能力，来自东方的文明种子在西方将会保持休眠状态，以后会发展成不那么完美或出色的形态。这是一粒完美的种子落入一片肥沃的土地的范例——它会百倍产出，硕果累累。②

---

① 菲利普·范·内斯·迈尔斯：《希腊史》，袁建伟译，天地出版社，2019，第10页。
② 同上书，第12—13页。

奥林匹克精神所包含的浓郁的审美意识，是古希腊社会一种优秀且相当先进的意识形态，更是人类形体审美的培育和生产实践中审美创造的精神财富和文化遗产，这样的审美意识，对于促进社会向着美好的方向发展，提高人类自身从形体到心灵的审美素养，具有重要的现实价值和深远的历史意义。

二、现代升华

现代奥林匹克运动一百多年的历史证明：古代奥运会的美学传统不但在现代奥运会得到了很好的继承，而且随着社会的进步和科技的发展，现代奥林匹克运动的审美内涵有了进一步的充实和提高，并且随着人类身体素质和审美能力的不断提升，奥林匹克运动的美学内涵正朝着新的广度和深度推进。

1. 审美成为现代奥运的必然追求

总的说来，现代奥运会的审美内涵结合了社会现实对竞技体育提出来的新要求，在落实《奥林匹克宪章》表述的"更快、更高、更强"的基本精神的过程中，一方面在比赛项目的设置上，把那些具有高度观赏价值的运动项目引进奥运大家庭，像夏季奥运会上的体操、跳水、花样游泳、艺术体操、蹦床，以及冬季奥运会上的花样滑冰等；另一方面，在激烈的竞争中通过不断突破人的体能极限，在力的较量中追求更大的自由度，在体能、技巧、智慧梦幻般的展示和更加剧烈的对抗中，不断提升合规律性与合目的性之间的统一性，从而表现出更高级、更全面、更生动的美感。

随着奥林匹克运动的普及和深化，现代奥运会的比赛项目不断增多，尤其是那些具有高度审美价值的比赛项目的出现，对于丰富与拓展奥林匹克运动的美学内涵起到了极为重要的作用。这些项目总的来说都给奥林匹克运动注入了新鲜的审美活力，它们都是在运动中直接地展现美，或者说审美价值的高低就是决定比赛胜负的主要尺度。这些项目的特点一般不以人与人的直接对抗作为竞争的内容，而是以运动员在高难度的动作中所表现出来的矫健、敏捷、准确、飘逸等指标作为评分依据。在这些项目中，比赛的核心内容就是考验人对身体活动的自由支配的能力，这也是属于主体精神层面的意志力，直接跟自然存在着的生命力的较量。经过系统训练造就的高超技能和现场的创造性发挥，展现在赛场上的就是游刃有余的自由，这种自由也就是审美价值在内容上的深刻性和表现形式的生动性的高度统一，这是运动员在不断超越自身、战胜自我的艰苦过程中获得的。运动员之间的相互对抗是在个体的自我超越、自身的内部对抗的基础上形成的超越与征服他人的行为。而那些具有高度观赏价值的运动项目，不是以身体的直接对抗为特征，而是在竞赛中始终贯穿着美、高、严、准、稳等要求，在战胜和超越机体的自然形态的努力中走向完美。在上述这些尺度中，美的要求处于最为领先的位置，要求运动员在比赛过程中以最美好的形体、心态、风度、气质等方面表现出内在的聪慧、机智、勇敢、优雅，而且还深深地渗透到其他各项要求之中。因为动作的美就是通过身体在空间达到的高难度及严密性、准确性、稳定性中显示出来的，因此，在这些竞技项目中，美就成为引领各样指标的强势因素。

就拿艺术体操来说，虽然艺术体操在1984年才正式成为奥运会的比赛项目，但它独有的运动之美和艺术魅力，已经成为体育运动中最直接地表现美感的竞技项目，因为它能够给人带来高度的视觉享受而受到普遍的欢迎。目前，艺术体操作为女子竞技项目，在各种高难度的动作中表现出来的女性身体的柔韧、协调、优雅、美丽，充分显示了力量和美丽相统一、细腻与奔放相结合、艺术与运动相融会的独特风貌。运动员们手持彩带、皮球或圆圈，不断做出各种难度不同的翻滚、旋转、跳跃、穿越和抛接等动作，她们时而凌空飞翔，时而静止伫立；激越紧张跟舒缓平和的节奏交替出现，强力的爆发与自然的松弛相映成趣，惊险刺激与高雅抒情融为一体。她们以女性特殊的健与美，在那似乎具有魔力的动作中淋漓尽致地展示着身体的自然性和韵律性，在令人眼花缭乱的动作和悦耳动听的背景音乐中展示的形体美、技艺美、节奏美、动态美和音乐美，给人强烈的视觉冲击和听觉享受。那是生命在运动中表现出来的自然、流畅、奔放和热烈，是人体节奏的和谐与变化，是精神和意志的旋律线的升腾与起伏,是激情的爆发与柔情的抒发。这样一种特别的运动之美,理所当然地积极引导观众迅速进入审美的高峰体验。目前,像艺术体操这类在运动中直接以表现美感为基本特征的项目,越来越受到奥林匹克运动的重视。竞技体育自觉地追求审美,审美和运动水乳交融地结合在一起,正在成为奥林匹克运动一道崭新别致而又感人至深的亮丽风景线。这样的例子,在冬奥会的冰上项目中显得尤为突出,冰上运动已经从单纯的速度比拼,逐渐强化了朝着审美方向不断前进的内生动力,并且通过积极吸收艺术体操、技巧运动、舞蹈表演和音乐伴奏等艺术要素,把这些璀璨的艺术精华和冰上的飞舞、跳跃、旋转等身体的运动融为有机的整体,于是就产生了像花样滑冰这一类具有高度的艺术表演审美品格的比赛项目。这些富有特殊审美价值的竞技体育比赛,促使冰上项目朝着更为丰富而生动的艺术意蕴与观赏价值的方向继续前进。

现代奥运会美学内涵的充实与发展还通过另一种形式表现出来:通过不断完善比赛规则去提高传统项目的技术难度。例如,通过3分球的奖励机制鼓励篮球运动员在更远的距离投篮;又如,设置自由人以提高排球运动的防守能力,让观众能够更好地欣赏到运动员的精彩表现;再如,增加乒乓球的直径,一方面促使运动员在击球时必须付出更大的力量,另一方面又能使观众更加清楚地欣赏到银球飞舞旋转的轨迹,等等。

这些措施的实施都遵循着以下两个基本的原则:第一,推动奥运会各项比赛进一步朝着"更快、更高、更强"的目标前进。运动难度的提高,竞赛规则的完善,使运动员在完成各项动作的过程中必须付出更为艰苦的努力。这只有通过更科学、更艰苦的训练,用人类不断发展的聪明智慧和更加坚强的意志力量,去激发身体机能。第二,这种努力的结果必然增加运动员在完成动作时的难度系数,使他们在争取进入炉火纯青的自由境界时,肯定需要克服更多的阻力,从而进一步高扬起生命的风帆。因此,只有当他们更进一步调动生命的全部力量,在精神意志、身体技能和战略战术等不同的层面都获得新的突破,才有可能在紧张激烈的竞争中压倒他人。在这样的努力中,动作所表现出来的合规律性的指数也就得到了提高。而在更高级的层次上实现的自由,就必然具有更加深刻、更加丰富的审美价值。也就是说,越是有难度的动作越需要运动员付出更多的心智和体能,这样的比赛也越美。拿一句俗话来说,戴着镣铐跳舞确实是不容易跳好的,但是,如果有人真的能戴着镣铐也跳得自然流畅、自由自在,那一定会成为舞蹈艺术的绝唱,一定会征服更多的观众,因为戴着镣铐的舞蹈确实显示出非同一般的美,体育比赛中跨栏要比一般的跑步更为精彩的原因就在这里。可见,运动难度的增加也是审美价值增加的一种途径。

2. 大众传播令奥运审美如虎添翼

现代奥运会在深化美学内涵的努力,还表现在对观众观赏奥运比赛进一步的重视与关注。也就是说,竞技体育的审美表现必须也能够得到更广泛更深入的传播,各国人民都有充分享受、欣赏生命风采的权利,这样的审美欣赏不仅是简单的心理满足,更重要的是对奥林匹克运动的热情支持和关心,同时也是对运动员的鼓励。声震天穹的喝彩声、加油声,倒海翻江的人浪此起彼伏,记者们扛着摄像机、照相机,挥汗如雨地用各种姿势抢拍精彩的画面。他们的忘我工作,就是为了把比赛现场许多千载难逢的场面和别具一格的细节传达给更多的人。信息时代以互联网为标志的高新科技,已经为世界各地的观众欣赏高水平的体育竞赛提供了"千里眼、顺风耳",千百年来人类一直追求的视通万里、耳听八方的梦想,在一代又一代的科技工作者坚持不懈的探索研究中,终于成为现实,这为奥林匹克运动高效拓展体育运动之美创造了极为有利的条件,亿万体育爱好者终于能够欣赏到全世界最精彩的比赛,这是竞技体育的福音,也是信息时代的最强音。而观众欣赏水平的提高、审美能力的进步,反过来又促进了运动员在"更快、更高、更强"的奥运精神的激励下,不断创造更为优异的成绩,在努力冲击新的生理极限的挑战中,用生命风采的崭新展示给全世界带来一次次的惊喜与欢呼。也就是说,竞技体育中表现出来的美,通过广泛的传播不断提高着观众的欣赏水平,这对于奥运会来说,同样具有十分重要的意义。马克思曾经说:

艺术对象创造出懂得艺术和能够欣赏美的大众，——任何其他产品也都是这样。因此，生产不仅为主体生产对象，而且也为对象生产主体。①

竞技体育当然就是"任何其他产品"中的一个门类，而且跟艺术一样属于精神生产的成果，因此，对于体育比赛中震撼人心的场面，对于运动员在激励竞争中表现出来的拼搏精神、顽强斗志和炉火纯青的技艺，欣赏美的大众在现场欢声雷动的鼓劲加油、媒体主持人慷慨激昂的介绍与评论，这样的镜头对于运用电视机和智能手机欣赏比赛的场外观众来说，同样会产生强烈的感染和由衷的快乐，可见大众传播就是现代奥运拓展体育审美不可或缺的重要途径。

人们对竞技体育的更多关注，主要是通过提高项目的观赏性来实现的。这里必须指出两点：首先，对"更快、更高、更强"的奥运精神必须加以全面理解，不能片面地抓住一点不及其余，把其中一个内容绝对化。乒乓球的体积增大了，球的飞行速度变慢了，从表面上看似乎是不符合奥运精神的。但是，如果从对运动员的体能和技术都提出更高要求的角度来看，球速的变"慢"就是为了使运动员的体能和技能变得"更强"。其次，观众对于竞赛的欣赏要求得到了更大的重视，也就是说，观赏性已经成为每个运动项目自身发展与完善的重要动力。对体育比赛的观赏，让更多的人参与到体育运动中来，帮助人们更深刻、更全面地领略运动员的精彩表现，并由此直观地感受到人的本质力量不断提高的现实，这是奥林匹克运动全力以赴的积极追求。而人的本质力量对象化其实就是美的根本，合规律性的"真"和合目的性"善"的统一所显示出来的"美"的价值，正是本质力量对象化得到实现的

---

① 马克思：《政治经济学批判》导言，载中共中央马克思恩格斯列宁斯大林著作编译局编译《马克思恩格斯选集》第2卷，人民出版社，1972，第95页。

具体表现。正如马克思所说:"随着对象性的现实在社会中对人说来到处成为人的本质力量的现实,成为人的现实,因而成为人自己的本质力量的现实,一切对象对他说来也就成为他自身的对象化,成为确证和实现他的个性的对象,成为他的对象,而这就是说,对象成了他自身。"[①]高难度的竞技项目之所以具有更高的审美价值,其深层原因也就是观众在对运动员的本质力量的对象化的观照过程中,感受到人类自身所蕴藏的强大而又丰富的本质力量,竞技体育就是人的生命潜能最生动最充分地得到实现的确证。这正是现代奥林匹克运动高度重视竞技项目的审美观赏性的深层原因。冬奥会在这个方面作为整个奥林匹克运动在当代的创新与拓展,不但深刻地反映了人类把极端恶劣的气候条件转化为竞争和表演的舞台,而且冰雪自身洁白纯净的特性呈现出来的别开生面的物质特色,极大地拓宽了奥林匹克运动审美创造的时间和空间,进一步充实并提升了它的审美价值,并且从一个崭新的角度丰富了竞技体育的美学内涵。

三、冰心雪缘

说到冬奥会,它最根本的一点就是与冰雪结下了不解之缘,因此把它称为冰雪运动会当然也是非常合适的。只不过在夏天举办的现代奥运会,不但历史悠久,而且比赛的项目包罗万象,几乎囊括了竞技体育的各种门类:从时间的坐标上来说,有从古希腊奥运会的田径比赛,到当今热门时尚的极限运动;从空间维度上来看,从室内场馆到城乡道路,有从猛虎下山般的奔逸绝尘,到出水蛟龙般的劈波斩浪;在竞赛的项目上,既有扣人心弦的球类对决,又有屏心静气的射击射箭、身轻如燕的跳水、力大无穷的举重,还有令人叹为观止的体操蹦床……正是由于这些历史渊源,人们口头表达中的奥运会,就是指繁花似锦的夏奥会,这一集竞技体育之大成的国际综合性体育盛会,

---

① 马克思:《1844年哲学经济学手稿》,人民出版社,1985,第82页。

确实无法用一个或几个项目的名称来涵盖，于是它就直接被称为奥林匹克运动会，并且已经延续120多年。冬季冰雪运动会的比赛项目虽然具有专门性的特点，但作为国际奥委会举办的大型运动会，为了跟夏季奥运会有对接的均衡，又能够充分显示对生活在冰雪地带广大人民的尊重，这一运动会也就直接用举办的季节来命名了。

1. 雪花飘飘

大千世界充满着无穷无尽的奥秘，人类的科学研究与创造发明已经如此昌明发达，但是还有一个巨大无比的未知世界横亘在我们面前，而且所有的事物，包括人类已经把握并在历史积累的过程中形成了完整而复杂的知识体系，都在运动中发生着各种各样的变化。至于无穷的未知世界的运动与变化，更值得人类以永恒的努力加以探索。恩格斯曾经这样说：

> 我们所接触到的自然界构成一个体系，即各种物体相联系的总体……这些物体处于某种联系之中，这就包含了这样的意思：它们是相互作用着的，而这种相互作用就是运动。由此可见，没有运动，物质是不可想象的。其次，既然我们面前的物质是某种既有的东西，是某种既不能创造也不能消灭的东西，那么由此得出的结论就是：运动也是既不能创造也不能消灭的。①

我们生存在这个蓝色的星球上，巨量的海水及江河湖泊的淡水，在阳光的照射下都会成为水蒸气上升到空中。水在运动中产生形态的变化，为人类带来各种不同的气候，并且因为日照的变化形成了不同

---

① 恩格斯：《自然辩证法》，载中共中央马克思恩格斯列宁斯大林著作编译局编译《马克思恩格斯全集》第4卷，人民出版社，1995，第347页。

的季节。热带地区一般来说只有雨季和旱季之分,温带虽然有了春、夏、秋、冬四个季节,但由于地处不同的纬度,季节时间的长短也有很大差别。亚热带的冬天一般都比较短,结冰下雪也很少见,这样的气候使人们对冰雪怀有特别强烈的好奇心,就特地选择寒冬腊月去黑龙江的漠河、内蒙古的根河等著名的雪乡去赏雪看冰。而北副极带的冬天甚至长达半年左右,冰雪就是大自然精心准备的礼物——首先,铺天盖地的冰雪世界就是要让你经受严峻的考验,它的人学意义就是孟子所说的"天将降大任于斯人也,必先苦其心志,劳其筋骨,饿其体肤,空乏其身,行拂乱其所为,所以动心忍性,曾益其所不能"。零下几十摄氏度的彻骨寒冷,就是让人们在冰天雪地的苦难之中,心志、筋骨、体肤经受住严寒的锻炼,在忍饥挨饿的痛苦中养成坚毅的行为和高洁的品性。这就是说,生活在冰雪之乡的人们遭受寒冷的折磨,但同时又是大自然为他们提供了锻炼的机会,这样的过程,可以增强生活在高纬度地区的人们适应灾难性气候的体质与心理,有助于他们在艰难困苦中不断发展自身的本质力量。

其次,大自然不会按照人们的美好愿望,提供四季如春、恒温恒湿的气候,恩格斯讲"这些物体处于某种联系之中,这就包含了这样的意思:它们是相互作用着的,而这种相互作用就是运动"。气候跟任何其他实物一样,都是在相互作用的联系之中。地球在公转与自转的运动中跟阳光照射产生的相互关系处在有规律的变化之中,这就使得不同纬度的地区产生了寒暑易节、冷热不一的天气变化。这种变化对于自然界和人来说都具有很重要的意义:事物的运动总是在具体的变化与重复中展开的,四季分明的有序变化,旱季与雨季的交替出现,坚冰豪雪与春暖花开的相互转换,都是气候在不同区域的运动中呈现出来的具体表现,这里面包含着颇为奇妙的韵律与节奏之美。所谓韵律与节奏,就是世界上各种事物最为普遍的存在方式。这种现象呈现出一种有规律的重复出现或者有秩序的变化的特征,既显示了事物丰富多样的变化,又呈现出内在的统一性。这种多样统一的特性能够让人的感官获得生动的刺激,促进了生命的活跃与兴奋。由于感官享受得到了满足,精神世界获得了愉悦,于是,具有韵律和节奏的感性形式就让人产生了美感享受。当你在一根树枝上看到一排形状相同却又由大到小、疏密有致地排列着的叶子,就会感到一种由衷的喜悦；或者当你把一颗石子投入平静的水池，水面上的涟漪由中心向外扩展，也会让你获得一种创造的愉快。这些有规律的变化，就是一种能够让人产生审美情趣的韵律感。因此，可以说韵律是由连续重复的要素，按照一定的秩序或规律逐渐变化形成的。

节奏也是自然界普遍存在的现象，如白昼与黑夜的交替、心脏的收缩和舒张、城市林荫大道上路灯的整齐排列、宏伟庄严的建筑物上整齐排列的柱子，武汉长江大桥和南京长江大桥表现着中流砥柱壮美气概的桥墩，杭州西湖白堤和苏堤上一棵杨柳或一棵桃树，都是事物在特定的时间与空间中的运动所呈现出来的节奏。因为任何事物的运动都表现为一种渐进的过程，这种形式能够给人秩序感，这种感觉应和着生命本身的运动。心脏的跳动与大脑中 α 电波和 β 电波的交替发射，这在健康人身上都是合乎节奏的生命运动，一旦出现紊乱而失去了节奏，就说明心脏或者大脑有了问题。因此，事物在运动过程中表现出有规律的变化，就是富有生动性和生命力的存在形式，当然能够给人带来精神的愉悦和心理的满足。中国古人早就指出事物的变化与差异的重要性，《国语·郑语》中就有"声一无听，物一无文，味一无果，物一不讲"的论述，说明古人早就明白变化与差异是事物存在的基本规律，世上的一切都不可能有绝对纯粹与亘古不变的永恒，自然界的气候当然也不例外。所以冬天出现大地冰冻、雪花如席的奇异景象，这既是不同季节中阳光的照射，在特定的区域所产生的特殊效果，又是天气现象丰富多彩、变幻莫测的必然反映。而生活在地球上的人们，也确实需要适应气候变化的多样性，这不但满足了生产生活的实际需要，在满足人们的好奇心的同时，也使人的感官、心理乃至内在的精神世界变得更加充实更为丰富，人们因此都会对自己生存的这个可爱的世界所发生的变化，充满了热情的期盼和积极的向往。可以这样说，人对外在世界的生动感受和深刻认识，自古以来就具有朴素的辩证法和生动的审美观，所以人们不畏惧冰雪造成的种种困难，反而欢呼它们带来的奇异壮美的景观，兴高采烈地和大自然赐予的寒冰暴雪结成友好的玩伴，玩出了乐趣，玩出了水平，最终把冰雪玩进了国际奥林匹克运动庄严光辉的神圣殿堂，使冰雪运动成为竞技体育大家庭的重要一员，冬奥会也由此成为雪乡人民最盛大的节日。

人们还从天上下雪、水面结冰的过程中获得很大的乐趣，寒冷的天气就像一只具有巨大魔力的手，翻手为云覆手为雪。这时，人们站在苍茫的大地上仰望天穹，从天而降的雪花、雪片或飘飘洒洒漫天飞舞，或夹杂在疾风骤雨中矢镞飞箭般地射来，或者舒缓优雅，带有几分舞蹈动作的飘逸和浪漫。古人常常在下雪时诗兴大发，把雪作为冬天诗词创作最为应景的题材，如宋代汪洙对一年四季最佳的创作题材有过这样的表述："春游芳草地，夏赏绿荷池；秋饮黄花酒，冬吟白雪诗。"无数情景交融、以景悦人的咏雪诗篇，在我们这个诗的国度世代流播，成为中国文学百花园中灿烂绚丽的鲜花。

在浩如烟海的咏雪诗中，我们还可以把它们分为两类：

一类是描写下雪时大自然呈现出来的天地混沌、飞雪漫舞的特殊景观，这类诗歌一般都在描述天地奇异变化的写景文字中，透露诗人在现实生活中的遭遇，抒发人生抱负和心中情致。《诗经·小雅》就有"昔我往矣，杨柳依依。今我来思，雨雪霏霏"的名句。唐代大诗人李白的《清平乐》就是一首广为流传的咏雪佳作："画堂晨起，来报雪花坠。高卷帘栊看佳瑞，皓色远迷庭砌。盛气光引炉烟，素草寒生玉佩。应是天仙狂醉，乱把白云揉碎。"这首词，让我们感受到诗人对下雪充满了天真烂漫的乐趣和天马行空的想象：诗人早晨起来，有人报告外面下雪了，兴趣盎然的诗人连忙把帘子高高卷起，他要好好欣赏这一不可多得的佳瑞景象，这时只见平时清晰可见的庭院，都在漫天皆白的大雪中显得迷离苍茫。雪花狂舞生出炉烟蒸腾的气势，院子里的花草都变成了披着银白色寒光的玉佩。而就在刹那间，诗人的想象力被唤醒了：老天爷怎么就突然下起这么大的雪呢？该不是天上哪位神仙喝得酩酊大醉，糊里糊涂中就把洁白的云彩揉得粉碎而胡乱地撒下来。我们在读这首词作时，丝毫没有感觉到作者对下雪天的寒冷有一丝不爽的感觉，也没有一句埋怨天气不好的牢骚，字里行间都是欢快的动作、兴奋的情绪和活泼的想象，满篇洋溢着对大雪天喜出望外的热情和怡然自得的快乐。李白的这首词就是人们对下雪这一天气现象的基本态度，寒冷已经被放在一边，好奇心的充分满足所带来的激动，已经在人们心中占据了主导地位。唐代韩愈的《春雪》写出了雪花飞舞穿越庭院和树木的飘逸："新年都未有芳华，二月初惊见草芽。白雪却嫌春色晚，故穿庭树作飞花。"中国古典小说《三国演义》写刘备三顾茅庐，其中有一次恰好遇到一个下雪天，小说作者罗贯中在这一情节里借书中人物诸葛亮的岳父黄承彦之口，吟诵了一首歌咏飞雪的诗。这首诗视野开阔宏大，景物描写生动，意境营构鲜活，确实是一首不可多得的咏雪好诗："一夜北风寒，万里彤云厚。长空雪乱飘，改尽江山旧。仰面观太虚，疑是玉龙斗。纷纷鳞甲飞，顷刻遍宇宙。骑驴过小桥，独叹梅花瘦。"这首诗的语言通俗朴素，风格恬淡洒脱，同样没有抱怨下雪天的寒冷以及出行的艰难。元代马致远的《寿阳曲·江天暮雪》，用"天将暮，雪乱舞，半梅花半飘柳絮"这样的文字，把从天而降的雪既有梅花般的清灵，又有柳絮般的轻盈，描写得丝丝入扣，让人读来如同大雪就在眼前飞舞飘洒。

还有一类咏雪诗则是把描写的重点放在大雪铺满大地，山川河流呈现出一派崭新的面貌，让人产生强烈的陌生感和新鲜感，使得创作激情喷薄而出，"诗缘情而绮靡"，于是在中国诗歌史上留下数量极为可观、艺术水准又能流芳百世的名篇佳作。李白有诗句"溪深古雪在，石断寒泉流""欲渡黄河冰塞川，将登太行雪满山"。杜甫在那首脍炙人口的《绝句》中写到了高山积雪："两个黄鹂鸣翠柳，一行白鹭上青天。窗含西岭千秋雪，门泊东吴万里船。"诗歌首先描写了美丽的景色，两只黄鹂就像春天的两只闪动着亮丽光彩的眼睛，这是美景中欢快跳动着的两个"点"；一行白鹭以洁白的色彩把蓝天衬映得格外清新秀丽，它们在飞翔中排成了一条"线"；诗人独自坐在书案之前，看到了窗外西边的山岭上白皑皑的积雪长年不化，岁月似乎在雪的累积中停止了流逝，显露出一种清逸淡泊的静穆；而门外江边的码头上又恰好停泊着来自东吴的船舶，它们不远万里载着货物逆水而上，完成了装卸任务就又要顺流而下。船工们在与激流奔涌的江水搏击，掌舵的老大、扯帆的缭手和撑篙的水手，都用熟练的动作驾驭着船只，这里乘风破浪的"动"和千秋积雪的"静"形成了鲜明的对比。骆宾王的《咏雪》则写出了雪后万物的崭新面貌："龙云玉叶上，鹤雪瑞花新。影乱铜乌吹，光销玉马津。含辉明素篆，隐迹表祥轮。幽兰不可俪，徒自绕阳春。"

在这一类诗歌中，毛泽东的《沁园春·雪》是一首"到达光辉的顶点"的伟大作品，具有经典永流传的无限魅力。当年毛泽东在重庆发表此作品时曾引起包括政治家、文学家、新闻记者在内的社会各界的高度关注，不少有识之士认为这是千百年来极为难得的皇皇巨作。这首词辞藻壮美，上阕描写了冰雪中北方大好河山所展现出来的磅礴气势和恢宏格局，用华美豪放的辞藻，表达了诗人气壮山河的凌云之志和博大深邃的家国情怀：

北国风光，千里冰封，万里雪飘。望长城内外，惟余莽莽；大河上下，顿失滔滔。山舞银蛇，原驰蜡象，欲与天公试比高。须晴日，看红装素裹，分外妖娆。

江山如此多娇，引无数英雄竞折腰。惜秦皇汉武，略输文采；唐宗宋祖，稍逊风骚。一代天骄，成吉思汗，只识弯弓射大雕。俱往矣，数风流人物，还看今朝。

毛泽东怀着对祖国大地的赤子之情，面对大地冰冻、弥天大雪这一独特壮丽的北国风光：坚冰千里封冻，雪花万里飘洒，群山绵延就像舞动的银蛇，广袤的原野可以让洁白的大象自由驰骋。待到雪霁初晴，大好河山一派锦绣气象，更显得壮丽秀美、风光无限。诗人就像站在高山之巅的巨人，以高屋建瓴的态势俯视大地，对着广袤与生动的空间激扬文字、指点江山。洁白晶莹、无比壮丽的冰封雪飘，北国的大好河山展现出来的壮观景象激发了诗人思古之豪情。同时又从时间关怀的高度追忆历史华章：中华民族灿烂辉煌的文化传统，英雄辈出的豪迈气象，诗人以思接千载的深邃情怀，评点了那些对民族的发展与进步做过重要贡献的风云人物，最后以"数风流人物，还看今朝"的澎湃激情，满腔热情地讴歌了创造历史的人民群众。这首被柳亚子先生誉为"才华信美多娇，看千古词人共折腰"的绝妙好词，确实是咏雪诗词中的杰出典范。

毛泽东戎马倥偬，严寒的冬天对军旅生活来说应该是困难最多的时节，但是他对冰雪钟情一生，这在他的日常生活和诗词创作中都有所反映。"满天皆白，雪里行军情更迫""此行何去？赣江风雪迷漫处"，这一幅艰苦而雄伟的雪地行军图，生动刻画了红军战士冒雪行军勇往直前的飒爽英姿。"更喜岷山千里雪，三军过后尽开颜"，在克服了翻越千里雪山的艰难挑战之后，大雪在诗人眼里洋溢着胜利的喜悦和征服的欣慰。而"飞起玉龙三百万，搅得周天寒彻。夏日消溶，江河横溢，人或为鱼鳖"，诗人看到雪山冰川虽然寒冷彻骨，但一旦消融就会给人民造成灭顶之灾，两相比较还是雪的本来面貌对人民更为有益。毛泽东是一位充满革命浪漫主义情怀的大诗人，同时又是把实事求是奉为社会实践圭臬的革命现实主义作家，他不回避冰雪对人和自然造成的损害。"雪压冬云白絮飞，万花纷谢一时稀"，冰雪确实会对那些稚嫩弱小的事物造成打击甚至摧残。但对于"千里冰霜脚下踩，三九严寒何所惧"的勇士们来说，只有经受住了风霜冰雪甚至更严峻的考验，才有可能把自己培育成坚贞不屈的勇士和浩气凛然的壮士。"梅花欢喜漫天雪，冻死苍蝇未足奇"，深情表达了诗人对梅花欢喜漫天雪的充分肯定与高度赞赏，以托物言志的诗艺生动展现了作者战天斗地的勇敢精神，同时也流露出对梅花和冰雪的由衷喜爱。

毛泽东不仅是咏雪诗词创作的圣手大家，在现实生活中同样对雪有着出奇的喜欢。作家何建明在《红墙警卫》中描述过毛主席爱雪的真实故事：北京的冬天经常下大雪，正如李白的诗句所描写的"燕山雪花大如席"，雪花层层叠叠地盖满了中南海菊香书屋的屋顶和院子里的草地，而且越下越大。毛泽东的卫士长李银桥站在走廊，抬头凝视着下雪的夜空，心里很快涌现出一种喜出望外的兴奋，因为他知道毛泽东和他一样爱雪。1951年的冬天北京下第一场雪时，毛泽东工作了整整一夜，天刚放亮时放下笔，伸了个懒腰便往门外走。他刚跨出门槛，就猛地停住了脚步，抬头看见门外纷纷扬扬地下着大雪。这个时候，这位伟大的政治家却像孩子似的睁着惊喜的双眼，动情地凝视着这银色世界，原来是这场大雪让他激动了、陶醉了。

一次，毛泽东问李银桥喜不喜欢雪，听到卫士长说也很喜欢雪时，他为找到了爱雪的知音而畅所欲言:"我爱雪,十分的爱。刚到延安的那一年冬天下雪时,我一听说下雪了,便从炕上跳下来跑到窑洞外面,后来发现自己的脚上竟连鞋都没穿……"李银桥曾听人说起这件事,如今毛泽东亲口告诉他,更感到格外激动和亲切。北国的雪下起来往往如鹅毛盖地,这种洁白无瑕、焕然一新的景象把毛泽东深深地迷住了。有一个下雪天,毛泽东独自走出廊檐,走下台阶。每走一步都小心翼翼,仿佛生怕踩坏了一群饱满而稚嫩的小动物。刚刚走了两步,却停下了脚步。他转过身去察看自己留在雪地上的脚印,眼睛里闪耀着新奇惊喜还略带神秘感的光芒,就不再抬腿了,怕他的脚印踩脏了棉絮般的雪被。

从那以后,大家都知道了毛泽东爱雪,而且爱得情真意切,柔情无限。于是,每逢下雪,卫士们就不再打扫丰泽园里外的积雪,把它们留下来请毛泽东观赏。毛泽东天天忙到通宵达旦,卫士们想尽各种办法劝他休息都很难奏效,但是只要老天爷一下雪,他就会放下手头的工作,哪怕再重要的事情都可以暂时搁在一边,很快就出去仰望空中飞舞的雪花,俯视地上不断厚起来的积雪。下雪后的早晨显得异常美,卫士长信心满满地走进毛泽东的办公室,拉起毛泽东就走。毛泽东被卫士长的"突然袭击"弄得有些恼怒,但当他被扶出门口时,神色一下子就变成了欢心惊喜。"啊,下雪了!下雪了!我怎么一点也没有感觉到呀!"这时,毛泽东会伸出双手,接住几片雪花放到嘴边,用舌尖轻轻触碰一下,还咂咂嘴品味雪的味道,然后发出舒心的欢笑。[①]

毛泽东对雪的喜爱,充分体现了他高洁纯净的审美情趣、不畏困难的战斗精神和乐观豁达的人格魅力,虽然这确实是他的个人爱好,但其中又蕴含着中华民族优秀文化传统的精华。由此可见,毛泽东喜爱冰雪虽然是个人的趣味,但在某种意义上说来,亿万中华儿女都懂得这样一个道理:只有经历过苦难考验的民族,才能不断创造新的辉煌,这是民族魂的核心内涵,也是民族审美文化心理的重要表现。毛泽东对冰雪的挚爱,既是民族审美社会心

---

① 参见何建明:《红墙警卫》,作家出版社,2010,第3章。

理的典型表现,也是对优秀文化传统推陈出新、继往开来的创造性实践。

那么,为什么冰雪尤其是漫天大雪能够得到这么多人的喜爱呢?笔者认为从以下几个方面进行阐释,或许可以理解这些现象:

(1)下雪时雪花从高空降落到地面的过程中所呈现出来的动态特征,具有引人入胜的美感。由水汽直接转化为固态的雪花,一般来说都比较轻盈,不像那种沉重的水滴或冰雹冻雨所形成的倾盆骤雨,不是瓢泼而下直接给人迎头痛击,就是矢石横飞把人砸得鼻青脸肿;即使像朱自清在《春》这篇散文中所描写的,"像牛毛,像花针,像细丝,密密地斜织着"的斜风细雨,虽然不会给人带来伤害,但黏糊糊的质感、防不胜防的侵入,也会让人厌烦。而雪就像小巧玲珑的白色花瓣,似乎在万里长空中为人们飞舞。它所呈现出来的运动轨迹,是柔和的曲线,它的神韵既像是飘舞的精灵,又像是飞翔的白色蝴蝶。王德先生在《塞北的雪》这首歌词中用诗的语言,真切而生动地赞美了雪的自由灵动:"我爱你,塞北的雪,飘飘洒洒漫天遍野,你的舞姿是那样的轻盈,你的心地是那样的纯洁……你用白玉一般的身躯,装扮银光闪闪的世界,你把生命溶进土地,滋润着返春的麦苗,迎春的花叶。"在诗人的笔下,雪就像是在空中飞舞的仙女,有飘飘洒洒的曼妙、婀娜多姿的轻盈,她的舞姿是何等优美,而白玉般的身躯孕育的是一颗纯洁无瑕的心。这样的雪花简直是下凡的天使,无论是名人高士还是凡夫俗子,还有谁不会为她的美丽所倾倒呢?所以在中国古代诗词中,诗人们毫不吝啬地用最优雅的笔墨来赞美雪的英姿,"飘""飞""舞""霏霏""天仙""飞花""瑞花"等各种顶格的褒义词,都被用来描绘雪的秀美淡雅的品格、舒展飘逸的姿态。无数优秀的文学作品所做的生动描述,使人们对雪的美丽有了更生动的了解和更深刻的感染。

(2)雪的洁白无瑕增添了人们对它的喜爱。尤其是我们中国人,对白色的喜爱简直到了崇拜的地步,不但有"一白遮百丑"这样的谚语,而且用"雪"来形容"白"所达到的最高层次。从色彩审美的角度来看,白色似乎很难跟赤橙黄绿青蓝紫的鲜艳与丰富相比较,但是在视觉感受、美感享受与文化韵味等方面，白色有着其他色彩不可替代的优势。从光学的角度来看，白色是光谱内所有可见光同时进入人的眼睛形成的视觉效果，所以也称为全色光。色彩学的研究证明，白色具有明度最高和无色相这两个特征。如果将属于三原色的赤红光、翠绿光与靛蓝光，按照一定的比例混合起来，就可以得到白光。正因为白色可以反射所有的光，所以人们在夏天更喜欢穿白色或浅色衣服。此外，白色还具有丰富的文化意涵，我们常说的"白昼黑夜""黑白颠倒""还我清白"这一类词语，就是因为白色是光明、正确、纯洁、淡泊的象征。白色还有明亮干净、畅快朴素、淡雅素净、单纯贞洁等引申义。当代的工业、商业和艺术设计中，白色象征着高级的品位和科技的意象，在与其他色彩的搭配使用中，这种意味显得更为突出。因为雪是白色的，所以会让人产生寒冷的感觉，在一些特定的场合，它还会造成某种严峻挑战的气氛。所以设计师在使用白色时，常常会掺进去一些别的色彩，柔化纯白的寒冷与严峻，使单一的白色转化为以白为主、同中有异的家族系列，米白、乳白、烟白、象牙白、珍珠白、苹果白、冬瓜白等，都是遵循着这一基本方式调和而成的。这些带点儿其他色彩的非纯白色，是日常生活用品、房屋建筑、汽车外壳、服装饰物、雕塑材料、书法用纸、工艺美术等很多领域常用的色彩。由此可见，白色是永不衰退的流行色，它可以在和任何颜色的调和与搭配中依然闪耀着辉光日新、纯洁淡雅的色泽。

正因为白色在视觉审美中具有如此巨大的魅力，所以天上降下白色的雪花就让人们感到欣喜万分。尤其是跟一年四季经常见到的下雨相比较，纯白的雪花就显得很不寻常，下到地面的雪在尚未融化时，纯白的色泽首先引起特殊的关注，马克思说过："色彩的感觉是一般美感中最大众化的形式，对于人类而言，色彩始终属于自然界最神奇的奥妙之一，永远都在激发着人们的好奇心和创造力。"[1]正如荣获五项奥斯卡金像奖的美国电影《音乐之声》，其中的插曲《雪绒花》就是描绘雪花洁白明亮的美丽形象和活泼动人的芬芳，

---

[1] 马克思、恩格斯：《马克思恩格斯全集》第13卷，中共中央马克思恩格斯列宁斯大林著作编译局编译，人民出版社，1998，第145页。

歌唱它给人们带来的快乐，赞美它激发了乡亲们祝福家乡、热爱生活的美好心愿。歌中唱道："雪绒花，雪绒花，清晨迎接我开放。小而白，洁而亮，向我快乐地摇晃，白雪般的花儿愿你芬芳，永远开花生长。"

洁白无瑕的雪花飘飘洒洒地落到地面，时间一长，积雪覆盖下的大地山川都变成了一片纯白晶莹的银色世界。特别是皑皑白雪还没有在车水马龙中被碾上杂乱无章的车辙，也没有被那沾着泥屑草灰的鞋底踩得满地都是破碎零乱的污秽脚印，更没有被接踵而来的雨水冲成泥浆浊水。这是新雪给大地的银装素裹，纯白色调一统天下，犹如一床无边无际的巨型丝绵被子，把人们生活的世界完全改变了一个样儿。唐代张打油有《咏雪》一诗："江上一笼统，井上黑窟窿。黄狗身上白，白狗身上肿。"虽然用的是俚语俗话，格调也不够高雅，更没有经心营造的意境，但他对雪景的描写由远景到特写，从颜色到形态，一首咏雪的诗通篇没有出现一个"雪"字，倒是通过那些日常生活中人们最常见的景物的实际变化，把雪景最基本的特色——"白"写得别有情趣。这样的诗不但很接地气，而且诙谐幽默，后人就把具有这类特色的诗体称为"打油诗"。

中国著名现代诗人郭小川，1962年12月来到黑龙江东北部小兴安岭的伊春林区深入生活。那一年伊春林区的冬季特别冷，诗人在林区居住的一个星期，每天都是在零下几十摄氏度的酷寒中度过。这是他第一次走进严冬时节的原始森林，看到了林海雪原中那些参天大树一排排一行行地高高耸立着；他又看到了树冠上、树枝上那厚厚的白雪。那一刻诗人瞻万物而思纷，喜白雪于寒冬，灵感降临，吐滂沛乎寸心；天马行空，笼天地于形内。触景生情，于是就有了这气壮山河、形神兼备的"白雪颂"（《祝酒歌——林区三唱之一》）：

雪片呀，恰似群群仙鹤天外归；松树林呀，犹如寿星老
儿来赴会。老寿星啊，白须、白发、白眼眉。雪花呀，恰似
繁星从天坠；桦树林呀，犹如古代兵将守边陲。好兵将啊，

白旗、白甲、白头盔。[1]

诗人把雪片比作仙鹤,把雪花比为繁星。可能觉得光用这样的明喻还不过瘾,又用极为罕见的连环套式比喻,先把铺满大雪的松树林用明喻的手法比作寿星老儿,又用暗喻的方式,进一步把大雪中的松林比作老寿星的"白须、白发、白眼眉",而雪中的桦树林先被比为古代的兵将,然后再进一步展示他们的"白旗、白甲、白头盔"。雪中的一切都存在于白色的世界中,而且白得通透、白得高洁、白得豪迈,这样的白色既赞美了雪的本色,也讴歌了在冰雪中忘我劳动的林业工人们纯粹洁白的心灵,更歌颂了暂时处在困难中的中国人民,在灾难面前毫不畏惧、无私奉献,他们都有一颗像雪一样洁白明亮的心。白色原本只是雪的物理特性,而诗人赋予它更崇高的人生境界和更丰富的情感内涵,可以说这样的诗歌,把人们对雪的喜爱描写得淋漓尽致,诗歌的艺术魅力在郭小川这首咏雪的诗篇中达到了一个新的高度。

人们喜爱雪的白色,因此那些受到污染、混杂着泥浆的残雪当然是不受欢迎的。可能有人会说,杭州西湖十景中的"断桥残雪",又怎么能够成为一个著名的旅游胜地呢?其实,这是对"残雪"内涵的误读而产生的乖讹,这里的"残雪"不是真正的雪,而是当地面的积雪融化时,那种在车水马龙的碾压下已经成为污泥浊水的残雪,这种残雪绝对是丑陋的。作为景观的"残雪",是指春天飞舞的柳絮在桥栏的基座积累起来,虽然它在体量上无法跟大雪天桥栏边的积雪相比,但其错落起伏的构成,类似远山的形状,蓬松虚空的质感,不再洁白的颜色,都很像尚未消融而剩余下来的残雪。中国古代文人常常把雪花飘飘和柳絮飞舞联系在一起,《世说新语》记载过这样一个故事:东晋谢安在下雪天向子侄们提问,用什么事物比喻飞雪较为妥帖。侄子谢朗说"撒盐空中差可拟",侄女谢道韫说"未若柳絮因风起"。她的精妙比喻显然高出一筹,受到众人的一致肯定与赞许,"咏絮之才"也就成为后人用来赞美文思敏捷的聪慧女性的成语。而中国文学向来有"互文"的表

---

[1] 参见郭小川:《郭小川诗选》,人民文学出版社,2004。

达手法，也就是在比喻中，把本体与喻体在特定情况下互换，既可以用柳絮比喻白雪，反过来也可以用白雪来比喻柳絮。"断桥残雪"就是因为湖岸和白堤上栽种了众多柳树，因此在早春三月就有柳絮飞来片片白的生动景象，受到阻挡的飞絮就在桥栏的基座累积成堆，很像残留下来的积雪。这一景点的题名，既能让普通游人对柳絮飞舞而形成的景象产生美好印象，又能让文人联想起谢道韫"咏絮之才"的典故，不但更有诗的情趣，而且包含着对女性文学才华的尊敬与仰慕。可惜现代不少表现这一景观的摄影作品，直接就把断桥上布满脚印、车辙的雪景作为"断桥残雪"的形象加以传播，虽然这种谬误不会损害人们对于白色在雪的审美评价中的地位，但毕竟是对景点题名本来所表现的生动形象和优美意境的误解，应该引起相关部门的重视而加以改正。

　　白色的雪覆盖着整个世界，它对人们来说还起着一个很重要的作用，那就是彻底改变了人们习以为常的视觉经验和思维定式。东北的黑土地、陕甘宁的黄土高坡、新疆的戈壁滩、华北平原的千里沃野，都会呈现出各不相同的本色；城市的楼宇、乡村的农舍，甚至饲养家禽家畜的鸡舍牛棚，质地不同的建材显示着错落有致的色泽和刚柔相济的线条；高高的白杨树、青青的野草地、山高水低的地形地貌，这一切都是生活在自己的家园里的每一个人再熟悉不过的生活场景。然而，一场铺天盖地的鹅毛大雪，有时还会接连不断地下上几天，于是一切都变了样：大地一片白茫茫，屋顶看不见原来的颜色，只见洁白的积雪披挂在上面，一座座山就像穿上了白色的羽绒大衣，很多湖泊都结成冰，只有那些淙淙而下的溪流还在唱着歌儿流向远方，水流湍急的江河还在翻卷着浪花、夹着漩涡向前奔流，但这个时候的溪流江水，在两岸白雪的衬映下显得更加深沉。这漫天皆白的雪景跟人们平时见到大地风光，已经发生了截然不同的变化。如果这场大雪是在半夜里下的，人们清晨走出大门，一眼望去都是白雪的世界，白银般的纯净一直伸展到遥远的地平线，大地上各种各样的景物都披上了雪的盛装，这种景象确实很容易让人产生一种不期而遇的陌生感。这种感觉是人对新鲜的外来刺激尤其是第一次接触到或者缺乏深入了解的事物所产生的一种新鲜感。个体接触到从来没有接触过或虽有接触却了解得很少的事物时，这类事物的各种特征就会给人新鲜别致的刺激，并且使人的感官和神经系统很快进入兴奋活跃的状态。在这种情况下，身体一方面对外来刺激做出有力的反应，另一方面又通过神经中枢对输入的信息进行迅速的整理分析，紧张而繁忙的工作使个体心理机能通过艰苦的锻炼而得到增强。也就是说，人们格外喜欢接受新颖别致、与众不同的刺激，这种喜新厌旧的特性，是人类与生俱来的探究本能的具体表现。尽最大的努力去关注新鲜事物，就能不断拓展自己的探究能力。因为人类所面对的未知世界是无限的，只有不畏艰险地探究，才能实现有所发现、有所发明、有所创造、有所前进的远大目标，为人类在信息储存、经验获得与知识积累等方面提供广阔天地；在对客观世界形成"见多识广"的良好效应的同时，还能有效提高人的智慧、想象、技艺与意志等方面的能力。此外，更多地见识新鲜事物还会让人产生成就感，个体见识的增加与强化，无论是在社会实践中获得更多的直接经验，还是在接受教育的过程中积累更丰富的间接经验，都会促使大脑里的多巴胺得到相应的增加，让人获得愉悦与幸福的美好享受。

因此，即使是生活在寒冷地带的北方人，虽然那里年年下雪，有时一个冬天就有好几个月与雪为伴，在这种情况下，人们遇到白雪皑皑的北国风光，表面上看起来似乎会有司空见惯的感觉，但是，每一场大雪所带来的大地景观的变化并不是一模一样的简单重复，而是肯定存在一定的差异，出现新的变化，给人新的刺激、新的感受。古希腊哲学家赫拉克利特曾说："人不能两次踏入同一条河流，因为无论是这条河还是这个人都已经不同了。"下雪也是如此，初雪的早与迟、雪量的大与小、时间的长与短及积雪的厚与薄，其实都会有所区别。而地面上形成的雪景，也会由于社会的迅速发展而充满变化：城市里高耸入云的摩天大楼，鳞次栉比的商店住宅；高架路的持续延伸与立交桥的不断增加，街心花园的树木花草和人工喷泉的生动造型，别有韵致的天际线和精心设计的城市公共空间，都使每一场雪景呈现出独特的面貌。农村同样如此，已经脱贫致富实现小康而充满希望的村庄，崭新的住宅随处可见；柏油马路、水泥路已经取代了高低不平的乡间小道；田园里的塑料大棚又如军队的连营，田间越冬的麦苗在白雪中露出来的那份郁郁青青；输送高压电的铁塔与太阳能光伏板，它们在大雪的压力下威武不屈，就像一曲绿色能源所演奏的时代交响曲；大江大河上斜拉桥和悬索桥的桥塔，伸展出笔直刚劲或者坚韧柔顺的钢缆，风驰电掣的高速列车在巍峨的大桥上飞驰而过，象征着走上乡村振兴阳关大道的新农村的前进速度。这一切使原本熟悉的雪景，给人耳目一新的新鲜感觉。这就是说，即使是对雪乡风景很熟悉的农村人，也会由于气候的变化和建设成就的兴盛，而对新的雪地景观感到新鲜。同时，还会与雪景产生"似曾相识燕归来"那种久别重逢的快乐与兴奋，他们喜爱冬天带来的洁白如银的大雪，又为大雪展现了旧貌变新颜的社会主义新农村而倍感激动。

对于那些生活在暖温带的人们来说，大雪产生的新鲜感更加丰富，内涵更为深刻，应该包含了这样几个方面的内容：

首先是陌生感。大千世界无奇不有，而我们生活中遇到过的人和事，或者通过阅读而积累起来的知识，在无限的未知世界面前绝对是非常有限的。因此，那些根本不熟悉或者从来也不想去接触的事物，往往会在意想不到的境况中突然出现在我们面前，这就是陌生事物。例如挪威吕瑟峡湾有一块无比奇特的石头，刚见到它时简直让你有魂飞魄散的惊恐，它就是在考验着你接受陌生事物的能力和心态。这块悬空巨石又称奇迹石，是一块被两边悬崖上坚固的岩石紧紧夹在中间的大石头。巨石上面略有坡度，但它却比左右两边的山崖还要低一些，更可怕的是巨石下面是千米深渊，人或动物掉下去必然是粉身碎骨，它的险要既令人感到心灵的痛苦与危险，又会激发人们冒险探索的勇敢之心。如果你胆子够大，可以小心翼翼地从山崖上下到这块勇敢者之石，站在这块举世闻名的奇石顶部，从高处眺望峡谷的无限风光。蓝天白云，碧海微风，两边是令人心惊目眩的悬崖绝壁，这种体验，恐怕也只有在这个世所罕见的奇异景观中才能得到吧。

面对这一世所罕见的陌生事物，一般情况下人们会经历这样一个心理过程：刚看到陌生的东西，一定会感到十分好奇，惊叹世界那么大，自然界居然会有这么奇妙绝巧的存在，还会思索这种天地造化形成的原因。好奇心就这样支配着人们对陌生事物的高度关注，这个时候探究力就开始起作用了，人的思维迈出了透过表象探索事物本质的第一步。有人说，"好奇是哲学家必须具备的最重要品质"，其实，每一个人对陌生事物都具有好奇心，关键在于我们怎样把原本以潜能的方式存在于心中的本能，加以积极挖掘和努力开发。当好奇心从潜能转变为实际的心理动力时，对陌生事物的积极认知和深入了解，就成为打开未知世界内在奥秘的珍贵钥匙。当从未见过的陌生事物突然出现在你的面前，如果没有一丝好奇心，或者视而不见，或者退避三舍，那就不可能对陌生事物产生积极探究的欲望，也就根本不可能付诸认真的社会实践。这样消极的心态与懈怠的行为，只能使自己一辈子都徘徊在世界的边缘而不敢深入其中。就像面对一座"庭院深深深几许"的侯门豪宅，如果你被气派森严的大门、高高的围墙镇住了，在这一陌生的对象面前不敢有所作为，那就永远也不会产生闯进去的决心，只能抱着"墙里秋千墙外道"的消极与颓废，缺乏鼓起勇气的动力。可见，陌生并不可怕，但需要对陌生的事物产生浓厚而持久的好奇心。只有敢于积极进取的勇气才有可能化陌生为熟悉，这才是人类最可贵的品质，也是人类自由自觉的创造力量，以更大的广度和深度去把握客观规律的必由之路，这也是个体在勇往直前的奋斗中产生大开眼界的快乐和不断获得成功的最大动力。

  其次是惊恐感。所谓惊恐也就是惊诧与恐惧的心理反应，是人业已形成的心理结构对无法立即接纳的外来刺激的一种抗拒性反应。这是人类认知结构在接受不同类型的事物时表现出来的反应。瑞士心理学家皮亚杰的发生认识论对这种现象的阐释具有重要的启迪意义。皮亚杰认为，人的心理跟身体一样，必须具有特定的结构，个体是通过"图式"这样一种结构模式，对外来的信息进行智力的适应与内容的组织。当主体能够用原有的"图式"对刺激物进行分析概括时，不但外来的信息容易被纳入"图式"的结构中去，而且"图式"本身也能得到进一步的优化。皮亚杰把这种情况称为"同化"。在这一过程中，主体不需要使用很大的精力，也就显得轻松省力，这就是一种驾轻就熟的顺利与轻松。但是，在人类的认知过程中，常常会有许多新鲜的刺激物无法为主体原有的心理"图式"所接纳，对于这些陌生的事物，原有的"图式"就必须做出适当的改变，避免方枘圆凿的困难造成格格不入的尴尬。皮亚杰把心理结构这种变化的过程命名为"顺应"，如果说在同化作用中主体的心理结构表现出"以我为主"态势，那么在顺应的心理过程中主体与外来刺激之间就变成"以客为主"的关系。这就是说，面对陌生事物，主、客体之间首先产生程度不同的冲突，这种难以接受、无法适应的情形，就是主体产生惊恐的内在原因。所以，对那些很少见到甚至有生以来从未见过下雪的人们来说，在他们已经形成的心理结构中，根本就没有接纳冰雪的图式存在。然而，出于各种原因眼前突兀出现奇异景象，外在事物的强烈刺激马上引起了心理图式的抵触与冲突，两者之间在刹那间的矛盾就使个体心理产生了否定性反应，惊恐感就是这种反应的产物。

可见，人们在面对千里冰封、万里雪飘那样并非十分常见的事物，总是会产生一种新鲜的感觉。从生物人类学的角度来看，这是人类在不断拓展对于未知世界的认识中所产生的心理机制；原有的心理图式无法一下子接受外来的信息而产生前所未见的陌生感，于是内在的心理文化结构就跟外在的客观事物形成一定的矛盾冲突，并对图式产生一定的冲击，由此形成了某种惊恐与不安。然而，新颖奇特的信息冲击对于人的本质力量重要组成部分的探究力来说，就会由于事物的体量、形状、色彩、质感及内在本质的特殊性而产生某种信息的独特性与奇异性，就会对人的好奇心产生诱惑。由于人的想象力是无限的，所以对于陌生事物造成的惊恐，人很快就能通过心理结构的顺化作用在感觉的层次把握它。于是，主体就和陌生事物那些特别的感性形式与运动方式达成一致，也就在"一回生，二回熟"的过程中开始变得熟悉起来，这就是人类对于客观事物进行感性认识的结果，这个成果虽然还没有达到理性认识的深度，更没有通过实践的检验深入掌握对象的本质特征和内在规律，但是，这种感性认识的成功已经使好奇心得到满足，成功地迈开了探究客观世界的第一步。这时，心理的满足和精神的愉悦油然而生，也就给人们带来一定的成就感。对于初次接触冰雪的人们来说，这种成就感就是他们最终会爱上冰雪这个新鲜事物的开始，也是在与冰雪的初次相见中，从陌生的惊恐向喜爱的愉悦转变的过程。值得注意的是，陌生事物在感性形式和运动方式表现出来的怪异与突兀的程度，跟人们的惊恐感是成正比的，越生疏越奇特的对象会让人产生较大的惊骇，然而，如果人们对于这样的对象最后还是能够在感性认识的层面加以把握，那么由此产生的喜爱、愉悦及总体的成就感也就越大，因为这是以探究力和想象力为主的人的本质力量取得的初步胜利。就像到南极、北极或珠穆朗玛峰去考察，雪山冰峰千仞壁立，雪原冰块万里无垠，当巨大的冰山挡住人们去路的时候，那种横空出世的磅礴气势、晶莹剔透的光线反射、乱峰巉绝的银色苍穹，即使是常年住在北副极带地区，并跟冰雪打惯了交道的人也会惊骇不已，因为眼前的刺激完全颠覆了我们心理结构原有的图式。然而，心理结构通过图式的顺应作用表现出很强的适应性，而那些令人惊骇的刺激又能够诱惑人的好奇心，使主体能够用较短的时间去调整自己的心理结构，那些令人惊骇的刺激就有可能被接纳进来。由于对外来刺激的成功把握和心理图式的强化，成功的快乐和满足也就得到充分的实现，这就是"寻常看不见，极地露峥嵘"的冰雪之巅，能给人带来震撼性的陌生感、惊恐感和满足感的原因。

对于冰雪的喜爱，我们还不能遗漏了一个很具中国特色的文化遗产，即从人的品行操守出发，对具体事物赋予特定的道德意义，并由此形成对该事物的情感态度。这一学说就是春秋时代的学者提出的"比德说"。例如《论语·雍也》里记载了这样一段话，"子曰：'知者乐水，仁者乐山；知者动，仁者静；知者乐，仁者寿。'" 这就是说，孔子把自然事物的特性跟人的品性联系在一起，他认为智慧的人跟流水很相似，他们学识丰富深邃，思维透明流畅，因此就喜欢水；道德高尚的人则与高山类似，他们性情厚重沉稳，心胸博大包容，因而喜爱高山。水灵动活泼，随地赋形；山宽厚稳重，孕育万物。水滋润大地而奉献自我，川流不息，唱着歌儿奔向远方；山坚毅刚强，不为外物所动摇，因此无忧无虑，充满着永恒的力量。这段话正是通过山水的存在特性与人的德行情致的内在联系，在心灵意志方面体现了儒学的人文情怀，同时也是对中国山水审美最早的理论贡献，为后人爬山涉水的旅行和描绘山水的诗文绘画创作，展开了一个具有丰富人文意义的命题，并形成了华夏民族的比德审美学说，在人的道德修养与文学艺术创作两个方面，成为灿烂辉煌的中国美学思想体系的重要组成部分。

又如《论语·子罕》中"岁寒，然后知松柏之后凋也"这样的文字，是指到了每年天气最寒冷的时候，很多植物都凋零枯萎了，只有松柏在凛冽的寒风中依然坚强地屹立着，茂盛的树叶仍旧青翠欲滴。孔子认为松柏能够经受风霜冰雪的严酷打击，那么作为万物之灵长的人，更应该保持坚定的道德操守，经受住各种艰难困苦的打击与折磨。

孔子的乐山乐水，庄子笔下的大鹏鸟，汉代以白榆树为国家法定神树，晋陶渊明独爱菊，唐代人对牡丹的喜爱，周敦颐对莲的赞颂，民间的梅、兰、竹、菊"四君子说"，毛泽东"已是悬崖百丈冰，犹有花枝俏"的名句，陈毅元帅的红叶赞、青松颂，无不体现着"比德说"审美文化丰富而悠久的人文内涵。可见，"比德说"是对生活在华夏大地上人们精神生活的思想引导与精神文脉。

"比德说"是中国古代德性审美文化的理论概括，它以"天人合一"哲学观念为理论基础，以自然事物的存在形态及生存特性来比拟人的道德品质。因为人们在跟这些自然事物的亲密接触中，能生动地感受到对象奋发有为、顽强有力、坚韧不拔等肯定性特征，自己的心灵受到感染因而道德水准、精神品格有所提升，并向着更高尚、更积极、更深刻的人文境界前进。但是，中国人对于冰雪的喜爱并不是直接把冰雪的存在形式作为德性比拟的直接对象，虽然有"冰雪聪明""冰魂雪魄""冰肌雪肠"等词语把冰雪和人联系在一起，也只是在文字表达的层次上，利用事物的特性来比喻、修饰人的某些特质，并没有上升到文化的层面。而在"比德说"中，冰雪就是自然事物展示优秀品质的背景，它是客观事物经受考验的对象，呈现优异的载体和提供表演的舞台。无论是青松翠柏，还是梅兰竹菊，它们不但经受住了冰雪所带来的严寒，而且在这样的环境中照样生机勃发、异彩纷呈，面对苦难而百折不挠，并且把它视为生命成长过程必须经历的坎坷，是攀登高山之巅的崎岖道路中必须跨越的悬崖峭壁。冰雪带来的严寒对于松柏兰竹的生长不会造成过多的打击与折磨，更不可能使它们遭到摧残与毁灭。因此，冰雪本身洁白的颜色、飘舞的形态、改变世界旧貌的视觉感受，以及在培育人坚贞品格的作用，使得冰雪受到人们的重视与喜爱。人们喜爱松柏、梅花，也对冰雪形成了由爱屋及乌的心理机制引发的喜爱。

可见，"比德说"的提出虽然是出于道德教化的目的，但它还具有更深刻的意义：把人的精神生活跟大自然的万事万物联系在一起，从而使人们能够从一个新的广度与深度形成精神层面跟自然界特殊的亲近感、愉悦感和提升感。这种思想观念其实是一种朴素的精神生态学，它一方面提倡把"外师造化"作为人的心灵世界的重要源泉，另一方面又高度重视摆脱自然环境的束缚而获得精神自由，从而表现出人的本质力量拓展的无限性。在冰雪的打击下松柏仍然能够四季常青，"大雪压青松，青松挺且直"就是"比德说"的诗意表现，而冰雪在其中发挥了一种间接的积极作用，因而也受到人们的喜爱与赞颂。

这就说明，人类在社会实践中把握了自然物的线条、形状、体量、态势，以及更为复杂的生长习性、变化规律、相互关系，并对人在社会生活中的思想品质、道德情操的内在形式有了较为深刻的理解。这种内在形式主要是通过意志、智慧、理性这些精神力量体现出来，但有时也会反映在外在的行为方式和精神风貌上。当人们的联想与思维能够把两者结合起来的时候，原本属于"异质"的事物所体现出来的"同构"关系，就被赋予了新的思想内容。"比德说"就是在这样一种格式塔心理模式中形成并得到发展，而冰雪在中国传统文化中作为特殊的审美对象所显示出来的美学意义与文化价值，今天仍然应该得到高度的重视。

从人们对冰雪的喜爱，可以看到世界各民族对大自然所表现出来的"共同美"的审美现象。在审美的层次，欣赏冰雪能够促进心理调适，提升道德情操，把人的精神生活从那些虚空、浮躁、庸俗的病态中解救出来，朝着内在、深刻、高雅的方向前进，从悦耳悦目的层次向着悦情悦意、悦神悦志的境界升华。而当冰雪成为冬奥会的主角，成为人类在没有硝烟的战斗中奋力拼搏、争夺荣誉的伟大舞台，便让人们更深刻地领略到，自然界对于人的身心健康具有不可或缺的重要意义，在奥林匹克精神的指引下，冰雪运动充分享受高新科技的先进功能和重大效益，为人们不断挑战生理极限创造了良好条件，让人文精神的旗帜在科技时代的冰雪世界高高飘扬。这就是我们今天对于冰雪审美文化的历史价值与时代意义的积极理解。

2.坚冰晶莹

因为冰与雪都是严寒的产物，通常又是结伴而来，因此无论是在口语表达还是在书面语言中，常常把它们连在一起来说，如"冰雪天气""冰雪旅游""冰雪之缘""冰雪聪明"及本书反复提到的"冰雪运动""冰雪项目"等词语。由于冰和雪都是水在特定气候下形成的产物，两者之间当然具有一定的共性，在一年到头没见过冰雪的南方，就分不清冰与雪的区别，如广州的"雪条"，这个词语所表达的内容应该是不准确的，因为要做成条状的"雪"，实际上已经变成冰了，北方人称之为冰棍或棒冰就比较确切。其实，如果对冰雪加以认真关注，它们的差别还是比较明显，主要表现在以下几个方面：

冰和雪都是由水在低温过程中固化的产物，水到了冰点就会结冰，这个过程的基本特点就是液体直接转化为固体。因此，最为常见的冰大多是由地表水凝结的，严寒地带的河流、湖泊、池塘及海洋里的水，在气温到了冰点以下都会凝结成冰。地下水因为没有直接暴露在大地表面，地面的掩护使它具有"冬暖夏凉"的优势，所以一般不太容易结冰。另外，如果气温到了零下十几摄氏度，甚至零下几十摄氏度时，流动幅度较大的水流也会结冰，我们常常用来形容严寒的成语"滴水成冰"，讲的正是这种现象。像黄河壶口瀑布这种飞流直下、具有强大动能的水流，也会在极端的低温中变成冰瀑，三九时节北方极端严寒的强大威力由此可见一斑。然而，墒情好的土壤中如果含有较多的水分，由于这些水分都是浸渗在土地中，很难结成单纯的冰，于是这种比较潮湿的土壤就成为冻土。

冰雪之间具有较为紧密的内在联系的应该就是冰川。所谓冰川，就是极地或在高纬度地区的高山上，多年的积雪，经过一系列压实、重新结晶、再冻结等过程的成冰作用而形成的，也就是天上下的雪在多年的积累与运动中变成了特殊的冰。冰川的形成首先需要有相当数量的固态降水，其中最主要的就是降雪。冰雹、冻雨等也是固态降水的形式。在高山之巅，冰川之所以能够发育，除了山峰的高度之外，还要求山体不能过于陡峭，否则降下来的雪很容易顺势而下，就无法形成积雪，更谈不上形成冰川。雪花落到山上后受外界条件和时间的影响，就会丧失原有的晶体特征变成圆球状雪，气象学把它称为粒雪。随着时间的推移，粒雪的硬度和相互之间的紧密度就会不断增加，并且在压力的作用下会紧密地镶嵌在一起。于是相互间的孔隙不断缩小乃至消失，雪层的亮度和透明度相应减弱，就形成了冰川冰。冰川冰刚形成时是乳白色的，漫长的岁月会使它变得更加致密坚硬，慢慢地变得晶莹透彻，最终可以成为蓝色水晶般的老冰川冰。

因为冰和雪在形成过程中的差异，此两者都成为固体的状态之后，在结构和质地上会形成各自不同的特点：冰是由液态的水直接凝结而成的，由于物质呈液态时，它的分子之间距离较小，所以当水固化为冰时，它的分子结构的间距仍然较小，而且分子与分子之间是以斥力为主系，这样的物质就难以压缩，所以冰就显得非常坚硬；而雪则是先由阳光把水蒸发为水蒸气，而作为气态的物质存在形式，它的分子间距离就比较大，当它们固化之后，分子之间仍然保持着较大的距离，并且成为雪的结构的基本特点，也就是间距大、斥力小。也就是说，跟冰相比较，雪显得更为松软，容易在外力的挤压下变形。当然了，冰和雪还有一些其他区别，例如雪是有形状的，人们很早就开始留意到雪花的形状了。《韩诗外传》就有这样的记载："凡草木花多五出，雪花独六出。"就是说雪花有六个花瓣，或者说是六角形。那么，为什么雪花大多都呈六角形呢？这其实是水汽凝华时表现出来的晶体习性，水汽结成雪花和天然水冻结而成的冰都属于六方晶系。六方晶系是由四个结晶轴构成，其中有三个辅轴都在一个面上，并且以60°的角度相交。第四个轴叫主晶轴，与三个辅轴形成的基面呈垂直的状态。水汽凝华结晶时，如果主晶轴发育得比三个辅轴快而延伸得很长，那么这个晶体就会成为柱状；反过来如果主晶轴发育得比较慢，就很短，那么晶体就呈现片状。雪花之所以都是六角形，就是因为主晶轴生长的速度要比三个辅轴慢得多，当然就立不起来，三个辅轴都向两端较快生长，于是就出现了富有魅力的六角形雪花。

天然水结的冰也属于六方晶体。在冰的晶体结构中，水分子都以一定的方向排列在晶体的点阵内,每一个水分子都会为另外四个分子所包围,这四个水分子形成三角形锥体。这样一种排列方式一般比较松散,晶体的体积就显得较大。如果结成冰的水分子不是以这种方式排列,而是一个接一个排列得很紧密,那么同样质量的冰的体积就会缩小很多。由于人的肉眼无法直接去观察冰的分子结构,因此在对冰的感受和认识中,就很少注意到作为晶体的冰所具有的结构特性,而更多是从水的具体存在的方式去进行观察与欣赏,例如水平如镜的湖水与俯冲而下的瀑布,它们在冰冻的状态下呈现出来的形象,更容易引起人们关注的热情和欣赏的兴味,这跟雪花的六角形不容易让人看到的情况,确实是大相径庭了。冰与雪确实还有一点小小的区别,雪看起来是白色的,而冰本身是无色的,但随着水质的不同,人们眼中的冰也就有了不同的颜色,清澈见底的水结成的冰透明光亮,给人晶莹清新的美感;带有水草树叶的冰含有绿色的杂物,看起来就像嵌镶着花纹的玻璃;而含有泥沙的冰块就有点儿混浊不堪的样子,让人产生几分迷乱的感叹。

  人们在很早的时候就对冰的成因与作用有了相当深入的认识,并且懂得把冬天结的冰储存起来,这样做不但可以用于食物的保鲜,还可以在夏天酷暑时把冰放置在室内,用它融化吸热的原理起到降温的作用。中国是世界上最早使用冰的国家之一,人们希望把冬天的寒冰一直保存到炎热的夏天,让其成为降温解暑的宝贝。古人就是利用冰的这一特性,来保持食物新鲜而不会变质。把冰用于为饮食降温的历史可以追溯到《周礼》和《吴越春秋》的相关记载,而出土文物中还确实有一件类似于现代冰箱的用具,这是从战国时期曾侯乙墓中出土的青铜冰鉴。这座青铜冰鉴是件组合器,有内外两层,外面一层的叫青铜鉴,里面是一个方壶,叫青铜缶。鉴与缶之间有很大的空间,夏天的时候,人们在鉴和缶之间装上冰,就可以喝到冰镇的美酒了。到了冬天,则在鉴和缶之间注满热水,于是这个冰鉴就变成温酒器了。可见,青铜冰鉴在中国古代既是可制冷的冰箱,又是可加热保暖的保温箱。这座青铜冰鉴铸造工艺精细、镂纹光滑流畅、形体华美壮丽,它不仅是中国古代使用冰的实物确证，也是中国运用"失蜡法"制作青铜器的典范之作，堪称国宝重器。

那么，古人是如何用冰来降温和保鲜的呢？古代不可能有人工制冰的技术，所以只能在冬天取现成的天然冰保存起来。北方的天然冰一般来说都比较厚，人们在解冻的河面上直接捞取漂浮着的冰块；南方的天然冰相对来说都比较薄，人们把冰打成碎块，然后驾着船儿将它运到事先挖好的地窖或者覆盖着厚厚的稻草的大棚中，人们把这类草棚称为"冰厂"。冰块保存在这样的地窖或冰厂里是不会融化的，需要的时候就可以拿出来作为海鲜的保鲜剂，还可以放在室内直接用来降温。浙江省宁波市甬江东岸有一条冰厂路，因为过去在这条路的旁边有一大批用稻草盖成用来储藏天然冰的冰厂。二十世纪六十年代的冬天，还有人专门从事捞取与运输冰块的活计。他们从河中或冰田（冬闲的农田特意灌上水让它结冰）上捞取冰块运到冰厂保存起来，用到夏天有降温需要的地方，或者用于渔民捕获的鱼虾蟹贝的保鲜。直到大型冷库建成和家用电冰箱普及后，冰厂完成了它的使命而彻底消失。不过"冰厂路"这个地名现在还继续沿用着，这应该是对我们中国人使用天然冰的一个历史记忆的表现吧。

文学作品是社会生活在作家头脑里反映的产物。作为诗的国度，在最早的诗歌总集《诗经》里，"雨雪"二字常常被合在一起使用，如"今我来思，雨雪霏霏""北风其凉，雨雪其雱""上天同云，雨雪雰雰"等，却几乎看不到"冰雪"这个词语。根据不完全的考证，"冰雪"这个词语最早可能出现在《庄子·逍遥游》中，"藐姑射之山，有神人居焉，肌肤若冰雪，绰约若处子。"《后汉书·西羌传论》中有这样一段话中："（段颎）被羽前登，身当百死之陈。蒙没冰雪，经履千折之道，始殄西种，卒定东寇。"唐代的诗歌中绝大多数诗人还是把"冰"和"雪"分开来使用，并列在一起的还是很少见。杜甫的《人日》诗之一有"冰雪莺难至，春寒花较迟"，《题张氏隐居》诗之一有"涧道馀寒历冰雪，石门斜日到林丘"。这在当时虽然还是凤毛麟角的语言现象，但说明人们对于冰雪的内在联系已经有了较为准确的认识。

与此同时，文学作品中开始用冰雪的纯净洁白来形容道德文章的高洁清新。唐代孟郊的《送豆卢策归别墅》诗,有"一卷冰雪文,避俗常自携"。同一时期的贾岛在《酬栖上人》中写道:"静览冰雪词,厚为酬赠颜。"唐代末年李咸用的《览友生古风》则有"一卷冰雪言,清泠泠心骨。分明古雅声,讽谕成凄切。"三位诗人都用"冰雪"一词来形容"文""词""言"的高雅清净。而隋代江总的《入摄山栖霞寺》诗:"净心抱冰雪,暮齿逼桑榆。"唐代高适《酬马八效古见赠》诗:"奈何冰雪操,尚与蒿莱群。"南宋文天祥在著名的《正气歌》中写:"或为辽东帽,清操厉冰雪。"明代吴肃公《江氏双节妇》诗:"海水亦何深,明月亦何皎,两两冰雪心,天地无终老。" 清代桐城派大家姚鼐在《旌表贞节大姊六十寿序》中有"能以艳阳桃李之年,而有冰雪风霜之操"的文字。这些诗文都讴歌了澄明透亮的浩然气节和坚贞不屈的人格操守。此外,冰雪还被用来形容肌肤的洁白滑润。《云笈七签》卷六四:"夫妇之颜俱若冰雪,探幽索隐,每亦相随。"元代诗人萨都剌的《鹭女谣》:"闭门爱惜冰雪肤,春风绣出花六株。"这些都说明古代中国人对于冰雪的感性形式,早已有准确的把握和热情的肯定了。

还有一点需要指出,就是人们对于冰的坚硬的认识表现出一定的复杂性。冰的硬度跟水的纯度与气温密切相关。在同样的气温条件下,水的纯度越高,结成的冰硬度越高,如果是纯水冻结的冰,比不纯净的冰要更硬一些。而从环境温度的角度来说,气温越低,冰的硬度越高,当温度下降到零下50摄氏度时,冰的硬度可以超过铁的硬度,可以跟最硬的花岗石相媲美了。

人们对于事物的坚硬持有两种不同的态度,既有赞美事物和人的意志品格的褒义词语,也有描述顽固不化、冥顽僵硬的贬义词语。前者如 "坚如磐石""金石之交" "强弩硬弓""安如泰山"等成语,《道德经》有"碌碌如玉,珞珞如石",《孔雀东南飞》有"磐石方且厚,可以卒千年",现代京剧《沙家浜》选段中也有一段唱词:"要学那泰山顶上一青松,挺然屹立傲苍穹。八千里风暴吹不倒,九千个雷霆也难轰。烈日喷炎晒不死,严寒冰雪郁郁葱葱。那青松逢灾受难,经磨历劫,伤痕累累,瘢迹重重,更显得枝如铁,干如铜,蓬勃旺盛,倔强峥嵘。"这里虽然没有出现一个"硬"字，但把在芦苇荡中养伤的战士们钢铁般的硬骨头精神表现得淋漓尽致。后者则有"硬声硬气""生搬硬套""横抢硬夺"等带有贬义的词语，人们还用"带着花岗岩头脑去见上帝"的说法，来斥责那些抱着错误的思想观点死不改变的顽固分子。我们还经常可以听到"坚冰已经打破，航道已经开通"的话，这里被打破的坚冰，也是属于阻碍事业发展和社会进步的反面力量。可见，人们对于坚硬事物的情感态度取决于该事物的实用功能与审美价值。

如果从实用功利的角度来看冬天的冰冻，在正常的气象条件下可以通航的河流和海洋，水体结冰会把载人运货的舟楫封锁在港口码头，这就给人们的生活生产带来很大的困难，所以争夺不冻港也就常常成为交通运输和军事斗争的焦点。即使海洋已经解冻，但大块的冰山漂浮在海上，仍有可能跟航行的舰船发生碰撞。曾经世界上体积最庞大、内部设施最豪华的"奥林匹克级"邮轮泰坦尼克号，号称"永不沉没"的巨轮，便在处女航中与一座冰山相撞，造成一次惨绝人寰的海难事故。这就要求我们必须对冰的坚硬有足够的认识和高度的警惕，让冰的"坚硬"成为带给人们安全、利益和乐趣的天使，而不是引发灾难的恶魔。

中国有关数九寒天的谚语说"三九四九冰上走"，江南还有"三九四九，绞碎捣臼"的说法，都是说每年的1月下旬到2月中旬是一年中最冷的时候，"三北"地区的江河湖海都会结成坚冰，长江流域一带如果不是暖冬，也会见到江河冰封的景象。这是冰最为坚硬的时候，人们都可以在冰面上走路或滑行了。然而，冰面的硬度并不是简单地取决于时间，还跟很多相关的事物有复杂的关系，所以仅凭谚语所传达的一般经验，乃至肉眼的观察和个人的判断，都是无法保证在冰面上行走与玩耍的安全性。而要准确判断能否踏上冰层，首先要看它的厚度。气象科学通过对冰的硬度所做的力学分析的结论是：冰层厚度达到15厘米以上，成年人就可以放心地通过冰面走到对岸去，滑冰玩耍当然也就不在话下了。因此，相关方面就做出过明确的规定，露天冰场的冰层达到15厘米以上才符合对外开放的安全要求。只有在保证安全的前提下，冰在给人们造成严寒考验的同时，才能因为通行省力和快捷给人直达畅通的美感。

由于冰是水的固态化存在形式，冰的另一个特点就是表面的滑润，这是人们在跟冰打交道的漫长历史中获得的常识。但是冰为什么很滑，针对这个复杂而深奥的问题，很多科学家提出了好几种不同的观点，但至今未能揭示真正的奥秘。然而，人们都喜欢在冰面上滑行，因为在快速前进的过程中，不但能够享受到流星赶月的飞驰之乐，还能感受到自身通过良好技艺的充分发挥，实现了自由驾驭冰这一美丽的梦想。由于能够在速度的享受、技艺的发挥和梦想的实现这三个层次上获得精神的愉悦，所以滑冰成为人们普遍喜爱的冬季户外活动。这样的活动对人的力量提升、技艺优化和意志磨炼产生了有益的作用，因此在活动形式和内容得到不断规范的发展中，它逐渐成为国际竞技体育的重要项目，冰雪运动也就水到渠成地成为冬季奥林匹克运动会的主角。同时，科学技术的发展实现了人工制造冰雪的梦想，也为这一运动创造了新的广阔天地。

第三章

雪腾冰飞

第三章 雪腾冰飞

冬奥会就是冰雪运动会,是人类面对寒冷彻骨的冰雪世界,通过一步一步的试探,一次又一次的实践,逐渐了解冰和雪的脾性,掌握跟它打交道的方法,并找到利用它们的途径。于是,人们开始发现冰雪特定的实用价值和审美意义,使原本只会给人造成诸多麻烦甚至灾害的冰雪,开始转化为人类能够抵御的天气现象,并更进一步升级为值得赏玩的运动对象,因而在防止它形成灾难性后果的同时也解除了心理上的紧张与敬畏,转而产生了欢迎与喜爱的肯定性情感。这就是冰雪运动能够进入奥林匹克神圣殿堂的文明发展进程与文化心理基础,它之所以能够享受到这样庄严隆重的待遇,受到如此热情洋溢的欢迎,就在于相比传统的夏季奥林匹克运动会,冰雪运动对人的生命风采的展示,具有一些独特的功能和绚丽的价值。

一、工具助力

在冰雪中运动,人们普遍享受着成功驾驭大自然的快乐与自豪。在与大自然和同行们的奋勇拼搏中,用最大的决心、最强的意志和最精湛的技能,去争夺璀璨夺目的荣誉,同时还尽情展示着生命向着勇敢无畏的新高峰奋勇攀登的生动与精彩。这就是奥林匹克运动最根本的精神,也是竞技体育对于人的生命的内在意义与基本内容,或者说这就是冰雪运动的人学意蕴之所在。然而,在登上世界奥林匹克竞技运动的历史舞台近一百年以来,冰雪运动仍然能以方兴未艾的态势在世界竞技体育发展史上放射着耀眼的光芒,并且能够持续不断地抒写出华丽的新篇章,最根本的原因就在于它在某些方面超越了夏季奥运会的文化心理内涵，这些就是冬奥会所具有的特殊的人学意蕴。

1. 雪上神器

人的身体在许多方面跟动物的本能不能相比，但人却可以把大自然各种各样的事物作为学习的对象，特别是运用各种工具使自己具有超凡的本领与能力：人生下来不能游泳，却可以通过学习掌握游泳的能力，而且可以通过制造船舶和潜艇，在海洋上游弋，在深水中潜行；人不能像鸟儿那样在天空中展翅高飞，却可以乘坐自己制造的飞机、火箭遨游蓝天和太空。正因为人类已经从大自然那里获得了一定的自由，就必然要把营造安全舒适的生活条件作为一种自觉的追求。更为重要的是人类在工具制造和使用方面的日新月异的进步，充分显示了人的本质力量的伟大进步：从上古时代只能依赖面对面的交谈，到今天的电脑、互联网和智能手机的使用，以及电视、网络视频的现场直播让人们可以直接看到当下发生在地球各个角落的文艺演出、体育比赛、政治活动及灾难救助情况，还可以通过卫星传输和太空站进行视频对话；从最简陋的石刀、石斧及石铲，到移山填海的挖掘机、盾构机乃至可以建造整幢房子的3D打印机，神话中半神半人的英雄也不一定具备这种移山填海的本事；从依赖感官的生理机能的直接感知事物，到智能手机的问世使千里眼、顺风耳从远古的神话成为普通人都能享受的信息获得和相互交流的工具。就这样，通过运用自己的聪明智慧、丰富联想和精湛技艺，创造活动使人类从原始落后的生活状态发展成为今天灿烂辉煌的"人造世界"。

冰雪运动的所有项目运动员需要使用特定的器材，参加各种滑冰比赛和其他冰上项目，如冰球、冰壶的运动员，冰鞋是他们最基本的装备；而滑雪板、滑雪靴和滑雪杖，就是滑雪运动的生命线。如果没有这些最基本的器材，人们只是依靠双脚去面对冰面雪地，连最简单的行走都十分困难，左右腿的交替变得无所适从，身体的重心很难保持，小心翼翼地迈开步子，摇摇晃晃地前进几步，不是向前扑倒，就是仰面朝天摔个大跟头，偶尔还会哧溜一下滑出去老远，摔得轻一点是鼻青脸肿，严重的便是头破血流了。正是因为吃了无数次这样的苦头，人们认识到在冰雪面前不能让这样的窘困状态无休止地持续下去，必须把人类独有的探究潜能挖掘出来。于是人们就尽最大的努力开动脑筋，用自己的智慧深入了解冰雪的特点，把它拿来和自己已经熟悉的泥土、石头和流水进行比较，细致分析冰雪妨碍行走的具体原因，反复尝试寻找克服冰的滑溜和雪的松软的方法。

　　正是通过这样的思考和探索，人们慢慢找到了一些有效的应对措施：如脚上穿的鞋靴要有粗糙的纹理，例如用草鞋、麻鞋这类植物的根茎藤蔓编织的鞋子，因为它们能够在和冰的接触中产生较大的摩擦力，人穿着这样的鞋子在冰上行走，就不会那么容易滑倒摔跤。又如通过不断地思考和积极地试验，人们认识到刚刚积起来的新雪十分松软，所以脚就很容易陷进去，如果脚下绑上一块面积大一点的木板，行走起来就会轻松得多。如果积雪在持续的严寒中不但没能融化，反而变得像冰一样坚硬，那就采用对付坚冰的办法来对付这种积雪——通过增加鞋底的摩擦力来保持身体在行走时的平衡，运用不同的方法使人的行动更好地适应不同类型的冰和雪特点，这样就开始获得冰雪上行走的自由，摔跤的频次就大为减少了。如果说这是征服冰雪的第一步，第二步就是要能够利用冰雪的特性为我所用，用人的智慧和努力把冰雪的滑溜，转化为加快行进速度的有利因素，这就是滑冰、滑雪起源的最早动力，也是人类驾驭冰雪的水平得到不断提高的具体表现。能够在冰雪上面运用的灵便的特殊器材的发明、制作和使用，肯定经历了一个漫长的过程，而这一过程就是人类通过制造和使用工具这一重要途径，实现延伸与增强身体功能的根本目的。可见，能够动手制造工具的技术、展开积极思考的聪慧头脑，两者在积极的互动中极大地提升了人的本质力量，于是人们在冰雪面前就不再是胆战心惊的恐慌，而是自由驰骋的豪爽。

　　冰雪运动起源的历史告诉我们，冰雪运动作为现代冬奥会的比赛项目，跟其他奥林匹克运动一样，最终目的都是通过锻炼和比赛来提高人的生命力的现实水平。传统奥运会最基本的项目就是从增强人最基本的生存手段出发的：跑步就是为了使腿脚的肌肉更加发达，双腿交替的频率更快，迈开的步子更大，这样就能够使人在劳动或者战斗时跑得更快。短跑考验人的爆发力，让你在打猎时追逐野兽或战斗中追击敌人乃至遇到危险逃命时，能够用尽生命的全部力量发起冲刺；

长跑考验的是人的忍耐力，看你在长距离的奔跑中能否在"再坚持一下的努力之中"，咬紧牙关克服体力不济、步履踉跄、呼吸急促以及整个人近乎虚脱的巨大痛苦，在超越生理极限的残酷磨炼中，把长距离奔跑的能力发挥到极致。冰雪运动就是起源于这样的打猎或战斗需要——完成追击或者实现脱逃的任务，获得胜利的成果或保护生命的安全。

就拿滑雪来说，人类之所以需要掌握这项技能，就是为了在雪地狩猎时不至于因为行走的步履维艰，眼睁睁地让近在咫尺的猎物逃走而一无所获。因为人类的双腿在行走、奔跑及跳跃方面的能力，实际上比很多四肢落地的动物要弱得多，所以完全依靠自身体力去追击猎物也就有望尘莫及之无奈。为了实现维持生命这一最基本的要求，人类必须迫使自己运用探究和建造的本能，通过工具的制造和使用，也就是用智慧和技术来延伸与扩展有限的体能，这样就有机会超过动物那些与生俱来的本能。然而，动物本能的作用是固定的，适用的范围也是有限的，而且自然界还不准许它们有任何发展变化。可见，人类在进化中获得的学习本能，就远远地超越了动物适应生存环境的能力，为自己在各个方面的发展奠定了永恒的基础。

考古发掘和研究已经证实，最早的滑雪器具就是由中国新疆阿勒泰地区的先民们创造发明的，他们开始使用"皮毛滑雪板"的时间，距今已有1万多年。2005年在阿勒泰市汗德尕特乡墩德布拉克河谷东侧坡面的巨石洞穴里发现了一幅冬季雪地打猎的岩画。这幅彩绘岩画生动而细致地刻画了一组猎人正在以滑雪的方式进行狩猎的场景，画面上绘有10个人物，每个人都表现出了弯腰屈膝、抬头撅臀的姿势，他们用力挥动手中的长杆，脚下蹬着短小狭窄的滑雪板，在雪地上向前行进。画面左边有4个人物的形象尤为清晰，他们的滑雪动作与现代滑雪运动基本相同：整个队伍从左到右有序排列，形成了一条下凹状的弧线。在这条弧线右上方的洞穴顶部，还绘有一个人物，他正面而立，脚蹬滑雪板，头上戴着羽冠，一手叉着腰，一手握着狩猎工具并正指向前方。从他的装饰与姿态来推断，他应该就是这支10人滑雪狩猎队的领队。他指挥着这支狩猎小分队对野物进行围捕，此时他正居高临下地俯视着山下，注视着将要成为捕杀对象的20只野牛野马。打猎小分队从一座低矮的山梁迅速滑向谷底，然后再凭借俯冲的惯性跃上另一座更高的山头，以这种飞快向前的速度，用迂回包抄的战术把前方的猎物围住。而在这群猎物的后方，又出现了4个脚踩长滑雪板的猎人，他们正拿着狩猎工具迅速跟上，这时的山野一下子形成了围追堵截的半包围态势。只见这20多只野生动物翘起尾巴，张大嘴巴，奋蹄逃窜而又走投无路。这幅岩画真实地描绘了惊心动魄而又从容有序的滑雪狩猎的生动场景。

阿勒泰冬季漫长，通常自11月到翌年4月长达半年的时间都是雪的天地，雪下得早，雪期又长，虽为当地提供了得天独厚的冰雪资源，但又给人们的出行与狩猎等生活生产带来了不少困难。人们在厚厚的积雪中行走，既不能看清道路上下高低的变化，又不得不在雪地上深一脚浅一脚地摸索前进，即使对积雪下面的路况比较熟悉，虽然不至于产生迷路或掉进沟壑的危险，但积雪所造成的阻力已经令人举步维艰，更不要说造成严重的伤害，那种苦难的情形对于古时候的老百姓来说就是一场无法忍受的煎熬。如果没有得到及时与精心的治疗，受伤者甚至还会残疾，对后来的生活造成不可估量的打击。更重要的是，漫天皆白的冰雪时节本是打猎的好时节，然而人在雪地上即使拼命奔跑，无论是速度还是耐力，也都是无法跟猛兽走禽相比的。而在旧石器时代的原始社会，狩猎和采摘是获得食物的主要渠道，如果不能捕获猎物的话，维持生计也就成为一句空话。岩画所反映的运用滑雪的方式驱赶猎物，就说明人类在那个时候已经把滑雪用到了生产过程中，这对于生活在副极带的人的生存状态具有决定性的意义。

国内外岩画学、考古学尤其是滑雪运动史学的专家们，经过不同角度的长期研究之后，得出这样一个结论：这是迄今为止发现的世界上最早表现滑雪场面的岩画作品，它以生动的形象刻画、准确的形体动作和天气特征，充分证明了人类的滑雪活动起源于中国新疆的阿勒泰地区。2006年12月15日，阿勒泰市在北京人民大会堂举行新闻发布会，并庄严地宣告"中国新疆阿勒泰是人类滑雪最早起源地"，并宣布每年1月16日为"人类滑雪起源地纪念日"。2015年1月18日，分别代表亚洲、欧洲和美洲的几十位中外专家齐集阿勒泰，他们高度认同中国专家的研究成果，再次重申了"中国新疆阿勒泰是世界上最重要的古老滑雪地域"的共识,并在现场用中、英两种语言发布了《2015阿勒泰宣言》。

《文献通考》对古代阿勒泰人使用的滑雪器材有这样的记载:"国冬雪,恒以木为马,雪上逐鹿。其状似楯而头高,其下以马皮顺毛衣之,食毛著雪而滑,而著履履,缚之足下;若下陡走过奔鹿若平地,履雪即以杖刺地而走如船焉;上陡即手持之登。"这就是说,那个地方雪下得大而且积雪的时间长,为了解决在雪地上行走、奔跑的困难,生活在那里的人们就用木板作为出行的工具,就像骑马一样在雪地上追逐梅花鹿等小动物。被人们踩在脚下的器材形状像盾牌,前头高高翘起,木板的下面则装上顺向的马皮。穿上这种带有皮毛的鞋子,就容易在雪地上滑行,下坡时就能轻易地超过飞奔着的鹿;如果在平地就用木杖戳地向前行进,就像船上的橹杆和竹篙一样;上坡时就把蒙着皮毛的木板解下来拿在手上,用自己的脚向上攀登。

阿勒泰人认为现代人用的滑雪板"又短,又软,又平",在大雪覆盖着的山野中滑雪,不但很难达到"御风而行"那种风驰电掣的效果,而且会有脚下不够稳重导致摔伤等危险。而毛皮滑雪板在雪上滑行的那一面,整个儿为动物皮毛所覆盖。当地的人们用来制作滑雪板的一般是马腿部的毛皮,坚硬而密实,马皮上的毛的朝向都是一致的,因此向前滑行时顺着皮毛的朝向,就能增加滑行的速度;如果向后倒退,逆着的马毛就起到相当于刹车的作用,能够有效地防止滑雪板产生向后倒滑及偏侧所造成的颠覆与摔跤。阿勒泰人使用单杆滑雪杖,既便于猎人空出一只手来持刀,或者在有需要时能够快速地引弓放箭,随时准备捕杀猎物,又可以在向下滑行需要紧急刹住时,迅速地把滑雪杖插在地上,同时双手紧紧握住,滑雪杖马上就与人的双腿构成了一个稳固的"三脚架"。正是由于单杆滑雪杖使用的便利与用途的多样,阿勒泰人把它当作人的"第三条腿",这是人们对力学稳定性的准确把握与直观理解。智慧的头脑和娴熟的技能,使那里的人们在滑雪时获得了保持平衡和把握方向的自由。此外,用顺直的落叶松及其他小树制作的滑雪杖,还可以作为刺击猎物、抵挡猛兽攻击的武器。生活在副极带的阿勒泰人世世代代乐于与冰雪为邻,并且在长年累月和冰雪打交道的过程中,慢慢地熟悉了冰雪的脾性,逐渐适应了在冰雪严寒中自得其乐的生活方式,而且能够在充分

第三章 雪腾冰飞

发挥探究力的同时，以愚公移山的精神和矢志不移的毅力，创造出能够让人驾驭冰雪的工具，并且通过从粗糙到精致、由简单到复杂的过程，在满足实用功利的同时，让这些发明创造成为让人获得精神享受和心理满足的游戏和运动的器具。

　　从阿勒泰古代岩画中所描绘的猎人滑雪的形象，到当今国际上最先进的滑雪器材，最基本的要件就是滑雪板、滑雪杖和滑雪鞋，其他如服装、眼镜、手套等用具都是为了更加完善地保护雪上运动员的安全。由于雪的质地比较松软，每个人的鞋的底部面积总是和个人脚板面的大小相吻合的，人们只有穿上合脚的鞋，才能够使脚的功能在行走跑跳中得到最好的实现。物理学把物体所受压力的大小与受力面积的比例关系叫作压强，这一概念用来衡量压力产生的作用，压强越大，压力的效果越明显。在受力面积不变的情况下增加压力，或在压力不变的情况下减少受力面积，都可以达到增大压强的效果；而在受力面积不变的情况下，减少压力或在压力不变的情况下增大受力面积，就能够实现减少压强的目的。由于雪的表面无法承受人的体重与脚底板的面积所产生的压强，所以双脚直接在雪地上行走就会陷进雪里去，至于跑步或跳跃所产生的压强比走路还要大，脚就会在雪中陷得更深。为了解决人在雪地上艰难跋涉的困境，人们尝试着运用"压力不变而增大受力面积就能够减少压强"的力学原理，通过增大受力面积来减少压强的方法使双脚保持在积雪的表层而加快行走的速度。脚的大小因为是先天生成的，不可能随意改变，鞋底大小又必须合脚也无法增大，所以只能通过特制的人工器材来实现减少压强的目的，而在鞋底绑上一块坚固而轻便的板材，就成为最好的选择了。同时，由于人在走路或奔跑时，两只脚是交替前进的，这块板材的宽度就需要和脚的宽度基本保持一致，这就只能通过板材两端的延伸来增大受力面积并最终减少压强，于是狭长的形状就成为滑雪板最科学、最实用的表现形式了。人们在长期的实践过程中，又发现它的前端若做得向上翘起，可起到减少阻力的作用，让人们在雪地上的行进尽量变得轻松灵便。

　　冬奥会推动了冰雪运动的发展，同时有力地促进了滑雪板的设计和制造水平的不断提高。为了尽量满足不同类型使用者的需要，又能适应特定的地形地貌的特征，还为了让使用者能够灵活完成滑雪运动中的各种动作，现代工业设计在先进的材料科学、运动力学和制作技术所形成的合力作用下，各种类型的滑雪板表现精彩纷呈，不但满足了专业运动员训练和比赛的需要，而且还进一步为更多的业余爱好者参与到这项运动中来创造了良好的条件。今天，滑雪板家族已经开始形成，主要的类型有以下四种。

Racing 竞赛滑雪板：它的特点是腰部窄，转弯时切换板刃快。用在小回转动作上的滑雪板显得短一点，转弯时的半径也就比较小；用来做大回转的滑雪板就要长一些，它的转弯半径自然要比小回转的大。这种可以用作竞赛的滑雪板性能当然优异，还十分适合在压雪车压过的雪道上滑行。

Carve 滑雪板：它在造型上表现出板头宽、板腰窄、板尾宽的特点。从平面的角度看，板刃是一段圆弧，所以滑雪者可以像使用直板那样，依靠一侧腿用力就能进行转弯，只要把身体重心转移到板刃上，就会自然地滑出一条圆弧，这就可以使初学者直接学习平行式转弯，而不再需要把犁式滑行技术的掌握作为学习转弯的基础，可以缩短学习的时间而迅速掌握滑雪技术。

Skicross 追逐赛雪板：这种滑雪板结合了大回转和小回转的特点，它的腰部得到了加宽，因而在滑行时表现得更加稳定，转弯半径也较为适中。这一款式的滑雪板，还可以使滑雪者体验到飞驰的激情，充分享受强刺激带来的快感。滑雪场地追逐赛是一项新兴的比赛项目，几个选手可以同时从起点出发，在争先恐后的拼抢中冲向终点。根据雪道地形的具体特点，这一比赛设有转弯和障碍的穿越，这就要求滑雪板必须有优越的性能、适中的转弯半径。

Freeride 野雪板系列：这个系列是为了在雪地公园中使用而专门设计的，它的整个造型都比较宽，以防止初学者陷入深雪之中。因为腰部宽，转弯半径也就比较大，高高翘起的前端适合松软的雪质，滑野雪会很舒适。你还可以做很多酷炫的动作，例如腾空、旋转、跳跃及穿越障碍。这个系列的滑雪板一般是双板头，没有板尾，也就是两头都翘起，所以既可以正滑，也可以倒滑。它们通常轻而短，很容易转弯和旋转，使用起来非常灵活。这个系列的滑雪板还具有多功能的特点，也就是各种类型滑雪板的特点它都有一点，而对于场地的要求也比较低，适合在滑雪场或其他非滑雪道的场地上滑雪，在压雪车压过的场地滑行也很舒服。

如今的滑雪板可以说是类型齐全，除了上面提到的几种之外，还有 Park & Powder 花样滑板、Women 系列等，充分满足了不同的人群、适应不同的场地和更完美地展示滑雪技艺的需要。这是器材的精工细作促进了功能的细化，对冰雪运动的发展所提供的积极作用，也是人类自由自觉创造的本质力量，通过工具的制造和使用在竞技体育中大放异彩的生动表现。

滑雪运动中另一个不可或缺的器材就是滑雪杖。

滑雪杖是发力前进、维持平衡、引导转向与支撑身体的重要器材，它既能通过手臂对地面的反作用力为滑行提供动力，又能在支撑、收拢、挥动等不同的动作中稳住身体的重心防止发生侧翻、摔倒的危险，因此除了跳台滑雪、空中技巧滑雪、单板滑雪之外，其他的滑雪项目都需要使用雪杖。雪杖主要是由握柄、握柄带、杖杆、雪轮、杖尖等部件构成，1万年前阿勒泰岩画中的雪杖是由小树干制作的，而现代铝合金雪杖也已经不算最先进的了。因为制作工艺成熟、价格便宜，业余滑雪者普遍使用铝合金雪杖，专业运动员所用的雪杖大多也是铝材质的，但在强度上有所不同，它们的共同点就是在受到不正常的外力作用下都会弯曲，这仍是铝合金雪杖的基本缺陷。比赛用的铝材质雪杖，不但重量轻，而且弹性适中，在操控上还不会产生重手的感觉。随着科技的进步，碳纤维的雪杖受到使用者的青睐，它的质地坚硬而不会弯曲（但有时会断裂），再加上纤细的外形，不少顶尖高手都采用这种材质的雪杖，但它的价格当然要比铝材质雪杖更贵。由于受制造工艺的影响，有的碳纤维雪杖的重量过重，就会影响操控上的轻便灵活。近年来出现的玻璃纤维雪杖，开始受到滑雪爱好者的欢迎，其外形跟铝制材质的相似，同样具有不会弯曲的优点。

滑雪杖包含着丰富的生物人类学的哲学意蕴，除了作为工具的制造和使用显示着人的本质力量进步的一般意义之外，还有更为丰富的人学内涵，主要表现在以下几个方面：

雪杖的使用在特殊的条件下，体现了手脚分工的辩证法。由于一代又一代地在树枝上攀缘，类人猿的前肢渐渐变成了拇指朝向一边、其余四指朝另一边的"手"。在进化的过程中，手指变得越来越长。而肌肉、筋腱和皮肤的进一步发达，使得抓紧、捏牢各种事物的能力得到了极大的提高，身体就能够在手的帮扶下站立起来，最终促使后肢具备了保证身体直立的支撑功能和行走、跑跳的能力。而且由于生长相关律的作用，手和脚的分工还提高了各自的灵活性，不仅手仿佛获得了一种魔力，在各种各样的操作中展示出无比准确精细、敏捷快速的灵巧，脚也通过着力点的变换、双腿交替频率的适当控制和腿部肌肉的合理调节，使整个身体能够以站如松、行如风的姿态，展示出矫健与灵活的风采。

雪杖的使用还体现了人对肢体的控制的高度自由。希腊神话中的"斯芬克斯之谜"，问什么东西早晨用四条腿走路，中午用两条腿走路，晚上用三条腿走路，这实际上揭示了肢体使用的具体方式与人的不同生命阶段之间的内在联系。雪杖则是短时间内具体表现了这种内在联系的丰富性——在特殊的情境中手与脚的分工及其变化，就是一种对立统一的关系：作为手的延伸，雪杖的使用实际上让人暂时回到了四肢落地的方式，因为身体与雪地的接触面积得到了增加，压强由此减少，从而保证人在雪地上能够轻松自如地滑行。这既是对手脚分工的短时间的否定，又是人对肢体使用达到自由境界的生动表现：在正常情况下脚负责身体的站立、跳跃与奔跑，手通过运用掌握的技艺进行具体的操作活动，而在滑雪这样的体育运动中，手通过特定的方法掌握着雪杖，它的操作就是为了让身体在雪地上站立、滑行。通过手对雪杖的灵活精准掌控，以及手、脚与身体其他部位的分工协作达到了完美的境界，人们就能以身轻如燕的灵活、流畅快速的飞驰与跳跃腾挪的变化，实现雪上运动中的自由的质的飞跃。

滑雪运动还有一件不可或缺的器材——滑雪靴。

人的双脚若直接在地面上行走容易受到沙砾的磨损与荆棘的戳伤，鞋子就是为了保护双脚而被发明出来的。跟人类所使用的其他工具一样，鞋子也发挥着拓展身体能力的作用，它们不但起着保护双脚的作用，让脚获得更长的使用时间，而且还能使脚在行走、奔跑与跳跃中产生更好的效果。当然随着使用功能的细化，各种不同的鞋子还能帮助双脚更好地发挥专门化的作用，以便尽量满足各种活动的具体需要，使人们能够在轻松省力的舒适中完成各项任务。

滑雪靴就是为了保障滑雪这一特殊的运动而设计制造的，它最基本的特点就是适用和保暖。也就是说，穿上滑雪靴的双脚，既要充分感受到暖和柔软的舒适与称心如意的满足，在运动的过程中，脚的力量释放也能够对靴子做出准确而灵活的支配，哪怕是很微小的重力变化，都能通过滑雪靴传递到滑雪板上，使滑雪者对滑行姿态的控制能力得到了最大提高，在滑行中似乎可以体验到一种"从来也不用想起，永远也不会忘记"的快感。这样的滑雪靴仿佛已经具有生命的活力和自动化运作的高水平，运动员就能在随心所欲的自由中高质量地完成滑行动作。

滑雪靴之所以能具有这样的功能，就是人们在深入研究人体工程学原理的基础上，根据特定的竞技项目在力量使用上的具体要求，甚至依照运动员脚的尺码、形状、功能及用力习惯，专门为他们设计制造完全个性化的运动鞋。那些在运动鞋的制造和销售上取得巨大成功的公司，在产品的设计制造上所表现出来的创新方面的高度自觉与艰苦努力，给人们留下了深刻的印象。人称"鞋狗"的美国耐克公司老板菲尔·奈特，对体育运动有着疯狂的热爱，因此耐克公司为运动员们提供了一双双能更好适应奔跑、射门、投篮、挥拍与滑行的运动鞋，为促进竞技体育不断突破生理极限、创造更加优异的运动成绩做出了重大贡献。耐克公司也在2016年全球品牌价值百强榜上排名第24位。耐克公司的巨大成功还体现了材料科学研究新成果的不断涌现，天然材料处理上的高新科技，合成材料的新发现、新发明，使得运动鞋的设计制作左右逢源，性能更佳、使用更为便利的运动鞋不断涌现，滑雪靴就是在这样的大环境中，创造出光芒闪耀的骄人成就。这一事实还为我们更加深入认识体育比赛的丰富内涵带来新的启迪：竞技体育不仅是运动员个人在体能、智慧、技术和意志上的比拼，也是世界各国科学技术发展水平的竞赛，更让人们积极探索客观世界的奥秘，以集体智慧、社会心理和奋斗精神所达到的新水平，生动展示着生命的风采。滑雪运动就是顺着这一潮流，充分发挥器材在身体延伸中的重要作用，这项运动的生物人类学哲学内涵也就由此得到了深刻的展现。

2. 冰刀锋利

工具对于人的身体的延伸，在滑冰运动中也有生动的表现。然而跟滑雪运动在器材上的复杂性有所不同，冰的坚硬和润滑的特点，使其既能承载身体的重量及身体在运动中产生的动力，又能通过特制的鞋子进行滑行，所以滑冰主要就是装有冰刀的鞋子即冰鞋在发挥着器材特殊的作用。考察冰鞋的起源与发展，能够让我们看到人类在恶劣的气候条件下，是如何把被动消极的自然环境，通过工具的制造和使用，因势利导地转化为积极有用的存在；而智慧、毅力和技术的相互结合，又是如何在滑冰器材一步步完善的过程中发挥引导作用。

现代冰鞋是在特制的鞋靴底部装有钢制的冰刀或滑轮，而欧洲的滑冰运动所使用的器材经历了几个很有意思的发展阶段。书上有关滑冰的记载，最早是在936年，那一年有位荷兰滑冰爱好者在冰上遇难，生命的逝去使人们长期保持着清醒的记忆。而在1572年前后，荷兰人曾运用滑冰技术从水、陆两路击败西班牙人。当时西班牙舰队与荷兰舰队在海上相遇，因寒潮突然降临，海面结冰，两支舰队的舰船都被海水封冻，无法行动。荷兰舰队迅速组织了滑冰部队向敌方发起突然袭击，西班牙人想不到对手还有这样的本事，猝不及防而遭受惨败。还有一次是荷兰的步兵使用滑冰小分队向驻扎在冰上的西班牙人发起攻击，西班牙士兵不会滑冰，面对如天兵突降的荷兰人穿梭飞驰的刀锋束手无策，结果全军覆没无一幸免，当时荷兰步兵已经采用铁制的滑冰工具了。

考古挖掘曾在伦敦出土古人滑冰的遗物——雪车上的滑木。经研究证实，这是12世纪英国人使用过的车辆滑行装置，而北欧人则把骨制的滑行装置绑在脚上，利用兽骨的坚硬与滑溜在冰面上滑行。13世纪中叶，荷兰人开始使用镶嵌在木板上的铁制冰刀。到了1572年，苏格兰人用上了整体都为铁所制的冰刀，器材的革新不仅使速度滑冰运动发生了一个飞跃，同时也为花样滑冰的诞生奠定了基础。早期的冰刀是用皮条绑在脚上的，后来，冰刀就插进鞋子预留的夹缝之中，或用带子穿过刀背把它捆扎在鞋上。1902年速滑史上发生了一件里程碑式的事件，挪威人阿·鲍尔森和哈·哈根经过反复的试验，终于成功地制造出新型的"刀管式"冰刀，这一发明大大提高了冰刀的技术含量，速度滑冰的运动成绩也跃上了一个新的水平。现代冰鞋上的冰刀或者是直接和鞋底一起制成的，或者是通过拆卸螺栓固定在冰鞋上的。由于冰刀的滑行受到冰面的限制，喜爱滑行的人们为了在陆地上也能开展这项运动，于是就用轮子取代冰刀，发明了在硬质地面上使用的旱冰鞋。旱冰鞋有两种：一种类似小车，四个小轮子分别置于鞋底四角的称为双排轮旱冰鞋；另一种的轮子呈纵向排列，叫作单排轮旱冰鞋。

如今滑冰运动所使用的冰刀，根据结构和运动特点可以分为三大类：速滑冰刀、花样冰刀、冰球冰刀。这三种冰刀在具体造型及细节上有不同之处，但基本结构及滑行时所做的蹬冰动作却是基本相似的。

速滑冰刀也叫"跑刀"，可分为大跑道速滑冰刀和短跑道速滑冰刀，是由刀刃、刀身管、前小刀托、前大刀托、前托盘、后刀托与后托盘等部分组成。现代高级速滑冰刀的刀刃多由优质高碳钢制成，其他部分一般是由轻合金制作的。大跑道速度滑冰注重的是速度快，所以它的速滑冰刀的刀体很长、刀刃和冰雪接触面积大、转向少，适于长距离尤其是直线滑行。短跑道速滑冰刀的特点是刀体短，适于短距离滑行，刀刃底部有弧度，与冰面接触面积很小，便于在弯道时滑弧线前进。现代高级专用短道速滑冰刀的刀托是可移动的，运动员可根据比赛项目与个人的习惯，将刀管、刀刃向左或向右移动，调整到适合自己的位置。

花样冰刀的刀刃前端有齿，它的刀刃较厚，刀体则较短。花样滑冰运动中，跳跃、旋转的动作占主导地位，因此，它与其他冰刀的不同之处在于刀刃前端有刀齿，这样做是为了保证冰刀在前倾10°时最下一齿仍能接触到冰面，使运动员能更好地完成起跳、蹬冰和落下、旋转的动作。冰刀的逐步完善，就是通过工具的精益求精，有力地促进花样滑冰技术的发展和进步。花样冰刀还可以按照冰上动作、刀齿及刀体形状的不同，分为自由花样冰刀、规定图形花样冰刀与冰上舞蹈花样冰刀三种类型。

冰球冰刀又分为守门员冰刀和球员冰刀。这是因为在比赛时,手持曲棍的球员既需要快速滑行,又需要急停、转弯与拼抢。因此,冰球冰刀必须具有较高的强度。同时,为了挥杆击球时迅速有力与灵活便捷,它的重量又要适中,刀刃的厚度一般为2.8毫米,刀刃呈圆弧状,而中间直线的长度不能小于80毫米。

3. 创造伟力

随着材料科学与制造业水平日新月异的发展,人们爱好冰雪运动的热情,促使他们自觉运用新的科技成果去发明新的工具,创造新的冰雪运动项目。在这一过程中,我们可以看到这样几种情况:(1)对原有运动器材进行改善和优化,并由此生发出新的冰雪项目,为冬季竞技体育运动大家庭增加新的成员,相应地扩大了冬奥会的规模;(2)把传统的运动项目移植到冰雪上面来进行,并且根据这些项目的原有特点,对单一的滑雪、滑冰工具改造,通过工具在使用上的细化,使运动器材更加适合冰雪项目的运动特点,并由此增加了比赛的对抗性、趣味性与观赏性;(3)运用新发明的机器进行造雪制冰,用人工技术复制自然现象,这样就打破了老天爷定下的结冰下雪的时间和空间的局限性,无论是在热带地区还是在炎热的夏天,都能够运用机器制造冰雪的新技术,这为在世界各地开展冰雪运动提供了最基本的条件。压雪机更是建造滑雪场的重要设备,它不但可以用来压雪,无论是自然降落,还是由造雪机中吹出来的雪花都比较松软,将雪花压实就能够通过增加压强的方式便于运动员的滑行,而且还可以用来打碎那些不规则的雪块及地上的薄冰。此外,它还能把建造雪道时留下的不平整的地面压平,以及将滑行中被带到雪道下方的雪推回到高处,这就为赛道的后期维护带来了很多便利。工具的改进与优化在不同的运动项目中具有不同的方式,例如在冰壶比赛与冰球比赛中运动员穿的冰鞋,既跟速滑的冰鞋有较大区别,而冰壶、冰球两者之间也有很大的不同,因为我们在后面还要对其进行分析,这里就以单板滑雪为例,看看工具也就是运动器材的改进对于比赛所产生的重要作用。

单板滑雪与雪橇、雪车的出现,让人们看到了冬奥会在滑雪工具使用上的新气象,雪上项目也在新工具的使用中得到了拓展。单板滑雪就是雪上项目的创新成果，它最显著的特点就是把传统的双板滑雪，改成两只脚站在同一块滑雪板上滑行，或者在指定的山坡滑道上回转滑降，或是在专门的U型场地的两侧由高到低地滑行，而且能够凭借惯性的力量超过U型槽边沿的高度，并在空中表演各种跳跃、腾挪及抓板等高难度动作。这一运动产生于20世纪60年代的美国。1965年，美国人谢尔曼·波彭受到冲浪运动的启发，突发奇想地把两块滑雪板并排合成一块，在雪上滑行时双脚以前后分列的姿势，踏在这块特别的"滑雪板"上。谢尔曼·波彭在偶然中创造了单板滑雪这一新的滑雪项目，因为这个项目具有很强的表演性，能够更充分地展示年轻人的生命活力与阳光气概，所以很快就受到青年一代的热情欢迎而迅速风行全世界，并且成为城市的街道广场、大学校园里一道道亮丽的风景线。单板滑雪选手主要是利用身体重心的移动和双脚在用力上的不同来控制滑行的方向，并完成各种空中动作。动作的惊险刺激强有力地吸引了青少年的广泛参与，这就为它进入国际竞技体育领域奠定了基础。1994年国际滑雪联合会将单板滑雪确定为冬奥会正式项目，1998年在日本长野举行的冬奥会上，首次举行了单板滑雪的正式比赛。

单板滑雪项目的诞生给了我们这样一些启示：对于传统的东西、人们习以为常的生活方式，有时需要用新的眼光、从新的角度进行审视，尤其是通过大胆的尝试对使用的工具进行革新，就有可能创造出有价值的新生事物。同时，对于偶然的思想火花和突发的奇思异想，不要随便放弃，更不要轻易否定，因为偶然性往往是必然性的表现方式，只要抓住头脑中的瞬间闪光，就有可能抓住灵感的恩赐，做出不同凡响的大事来。并且要有坚持就是胜利的信念，对新生事物要通过不断的完善和改进，使其努力适应和符合社会需要。只有坚持不懈地改善与适应，才能最终得到社会的承认，从而实现征服的目标，这其实就是"适应—征服"的辩证法。

笔者是在浙江宁波出生并长大的，虽然每年冬天基本上都能看到雪，但是一般来说下个两三天，积雪也就在红日蓝天中融化了。也有极个别年份，雪还下得挺大，需要政府发出全民抗雪的动员令，当然这只是绝无仅有的偶然事件了。由于在江南这样的暖温带环境中生活，小学六年级时读到曲波的《林海雪原》，才知道东北人有滑雪这样奇特而高超的本领，尤其是小说所描写的小分队进驻夹皮沟，在帮助穷人搞生产闹翻身的同时，组织学习滑雪技术。这次滑雪大练兵由刘勋苍、李勇奇两位滑雪高手做教练。经过十天的勤学苦练，小分队的成员除了打进威虎山的杨子荣和前去取情报的孙达德，其他人个个都成了雪上的飞行大侠，他们能够穿越茫茫林海，自由自在地飞驰在雪原上。滑雪本领的熟练掌握，使小分队的战斗力得到了如虎添翼般的增强。而因公错失了这次学习机会的孙达德，在雪地里行军时仍然像一个陷进稀泥塘的苦行者，这条腿刚拔出来，那条又陷进去，到后来越拔越没力气，简直就要累死在雪地里了，当然在消灭座山雕匪徒之后，他必须补上滑雪这一课。

在《林海雪原》小说的基础上改编的现代革命京剧《智取威虎山》，把小分队滑雪进剿威虎山的情节用精彩的京剧舞蹈加以表现：舞台上一群手握虚拟雪杖的战士们，一会儿排成整齐的队形，一会儿又分散穿插；既有努力向前的飒爽英姿，又用旋转、翻筋斗、穿越等动作表现滑行中转向、跌倒与攀登的艰难；白色的披风就像展开的翅膀，小分队就是一群威猛凌厉的雄鹰在雪原上翱翔，又像是从山岭上俯冲下来的雄狮，势不可挡；而在平地上的滑行，却有着翩翩起舞的优雅柔美，急速前进的行军就成为"兄弟姊妹舞蹁跹"的美妙情景。这段以京剧武打身段为基础的戏曲舞蹈，把滑雪过程中匀变速直线运动的刚毅激烈，以及穿越障碍、惯性俯冲中的舒畅灵活，都表现得酣畅淋漓、尽善尽美。根据笔者有限的图书阅读与影视观赏经验，这段戏曲舞蹈可以说是迄今为止最早、最生动、最精美地反映滑雪运动的表演艺术作品，对当代中国冰雪运动的开展起到了极为重要的推动作用。

二、异彩绚丽

冰雪既是大自然给予人类的恩赐，也是大自然对人的生命力的严峻考验，在这种充满矛盾张力的环境中开展竞技体育运动，不但需要深入关注、认真

第三章 雪腾冰飞

钻研冰雪世界的本质特征，全面了解它们的脾性，积极创新使用的器材，坚持不懈地增强和提高自身的体质与技能，还需要有敢于挑战冰雪的坚强决心，有不畏冰雪扑面而来袭击的坚定的意志，还要有积极应对、妥善处理各种意外情况发生的技术能力和心理准备。只有具备了这样一些条件，运动员才能以驾轻就熟、游刃有余的表现，挥洒自如、得心应手的发挥，进入大匠运斤、炉火纯青的高妙境界，勇敢的胆魄、矫健的动作、精湛的技艺、优美的姿势与潇洒的心态融会而成的生命风采，就能使冰雪运动放射出独特、奇异而又震撼人心的绚丽光彩。

冰雪运动虽然是竞技体育的后起之秀，它在具有一般体育运动审美价值的同时，还必然表现出跟夏季奥运会竞赛项目不同的美，这就是矛盾的普遍性与特殊性的辩证关系的体现。毛泽东在《矛盾论》中指出：

> 由于特殊的事物是和普遍的事物联结的，由于每一个事物内部不但包含了矛盾的特殊性，而且包含了矛盾的普遍性，普遍性即存在于特殊性之中，所以，当我们研究一定事物的时候，就应当去发现这两方面及其互相联结，发现事物内部的特殊性和普遍性的两方面及其互相联结，发现事物和它以外的许多事物的互相联结。①

这就是说，我们必须通过认真关注、深入研究具体事物的特殊性，才能更准确、更深刻地把握客观事物的普遍性，才能真正把握事物的本质特征。所以我们要通过对冬奥会作为奥运大家庭的一个组成部分的特殊性的了解与关注，达到更好把握现代奥林匹克运动本质特性的

---

① 毛泽东：《毛泽东选集》第一卷，人民出版社，1991，第320页。

目的。而冬奥会最根本的特点就是冰雪运动,我们以此为切入点,对冰雪运动的具体展开方式及其内在的审美特点进行一些必要的分析,以便在理性认识的层面上把握它的特点,为如何让更多的人深切热爱并且积极参与到冰雪运动中来,提供一些思想的启迪。

1. 线性轨迹

冰雪运动的各个项目有一个明显的特点,就是运动员在比赛的过程中,身体的运动都必须以冰面或雪地上的滑行为前提:无论是高山滑雪、越野滑雪、跳台滑雪、自由式滑雪、冬季两项、雪上滑板滑雪,还是速度滑冰、短道速滑、花样滑冰,或者是俗称"滑旱冰"的轮滑,滑雪运动员的双脚不但要穿上滑雪靴,而且必须使用滑雪板才能在雪地上飞腾。而滑冰运动员的冰鞋只有安上冰刀或轮子才能驾驭冰面。滑雪运动员手持滑雪杖、足踏滑雪板在雪面上进行滑行运动,这项运动的基本特点就是滑雪板在雪地上留下了条条"线"痕,可见滑雪运动过程是以线性的方式展开的;而跑步、竞走则是两只脚交替落地,它是以"点"的方式作为运动的轨迹,当然这些"点"在一个接一个的延续中就成为现实生活中的"虚线",但跟滑雪所形成的实线相比较,两者还是有这样一些不同:

(1)"线"的展开与延伸是连续不断的。用木材、金属材料和塑料混合制成的滑雪板,既能通过压强的减少使身体不至于陷入雪窝,使人的双脚在运动中的姿势基本保持不变,又能以非常适当的压力持续不断地在雪上滑行,除了像在滑降等个别动作中雪板会偶尔脱离雪面,所以滑雪所形成的线性运动轨迹,就具有更快的速度和更大的惯性;而在跑步与竞走中,脚是通过跨越的方式前进的,需要以抬腿、前伸、踩踏等一系列动作来加以完成,这比站立在滑雪板上相对固定的姿势要复杂得多。然而,滑雪中脚的动作确实相对简单,但是它需要手的帮助,滑行时从肩膀、肘部、腕部直到手指,都需要通过肌肉的紧张而发力。这几个部位都有着灵活转动的关节,它们会根据雪地上的具体路况或赛场如光似电的瞬间变化,用手的灵活性来弥补脚被相对固定的缺陷,并且在两者天衣无缝的结合中显示着滑雪动作的另一种复杂性。这种复杂性跟走路跑步中主要由脚体现出来的动作复杂性是不同的,而这两种动作各具特色的复杂性之间所存在的差异,最终成为滑雪与跑步在运动方式上的根本差异。这种差异体现在具体的动作形式上,"线"的伸展显得更为流畅舒展、婉转柔美,而"点"的接续往往有整齐一律的统一之美,但也有一些分散间隔、零碎断续的遗憾,这就是冰雪运动比跑步竞走在动态审美上略高一等的具体表现。

(2)在滑雪的过程中,雪杖的使用不但在功能上提供滑行的动力,而且发挥着保持身体平衡与控制行进路线的重要作用,还通过手对脚的帮助,在滑雪动作的形式上有着特别的表现——左、右两支雪杖的顶端对地面的支撑,同样产生了一个接一个的"点",并且随着滑行的过程而持续出现,如果把这些"点"连接起来,就成了一条虚线。它跟跑步时脚踩地面的"点"连接而成的虚线相比较,前者不但两点之间的间距更大,而且还与滑雪板形成的两条实线始终保持着平行的状态,不管是一泻千米的直线,还是弯曲转向的弧线,滑雪杖在雪地上支撑而形成的虚线,始终与两条紧挨着的实线相伴而行,虽然有一定距离的间隔,却始终不离不弃,犹如主将左、右两边的贴身护卫,使滑雪运动的轨迹形成了点线和合、虚实相生的特殊格局,并且以视觉可以感受到的存在方式,呈现出恢宏大气的审美效果。而跑步时产生的虚线一般来说是想象的产物,其实就是虚拟的虚线,正因为虚上加虚,就很难成为视觉审美的对象,只能在审美想象的范畴中获得一些存在的机会,因此很难跟滑雪有痕而留下的以实带虚、由虚衬实的线条组合相媲美了。

(3)滑雪运动的线性表现,其实就是通过工具的使用,在特殊的环境条件下暂时改变或者说优化了人的行进方式。无论是站立、行走、跑步、跳跃、跨越等徒步的具体方式,还是在竞技体育中的跑步、竞走等竞赛项目,以及在各种球类比赛中,都是依靠腿脚乃至整个身体所拥有的强劲力量、灵活变化、敏捷动作及持久耐力。尽管脚能够很好地适应一般情况下身体的运动,但是在行进过程中两个脚板的移动具有一定的局限性,更不要说碰到大雪铺天盖地这样恶劣的气候了。当人们掌握了滑雪这一技能,能够在雪地上以线的流畅勇往直前,这是因为手脚的密切配合、身体的充分协调达到了很高的水平,尤其是在器材的运用上达到了熟能生巧、巧能生华的完美境界，似乎已经成为身体的有机组成部分的时候，滑雪就像《水浒传》里双腿拴上了"甲马"的神行太保戴宗，以飞毛腿的魔力在雪地上驰骋，何等爽快，何等风光，比起徒步行走或奔跑简直有天壤之别。滑雪者依靠勇气、力量和技术征服了万里雪飘的特殊气候，必然会为自己具有高强的本事而感到自豪，个体生命的自我实现在心理上获得了巨大的满足，这样的精神愉悦在一般的徒步活动中是无法感受到的。

2. 冰痕花簇

滑冰运动对于器材的要求没有滑雪运动那样复杂多样，它只需要在滑冰靴的底部装上一把俗称"冰刀"的钢制刀状物。冰刀的刀刃很薄，长度最多在前后两端超出冰鞋鞋底几厘米，即使是刀刃最长的速滑刀，与冰面最大的接触面积也不到 10 平方厘米。由于滑冰时刀刃在冰面上产生很大的压力，使冰的熔点降低了很多，于是冰刀在与冰的接触、摩擦中把冰熔化成水，这就使得冰刀与冰面之间的摩擦力降得更低，当然就更有利于人在冰面上的快速滑动。这样，技术娴熟的人就能在冰上轻松潇洒、随心所欲地滑行了，各种行进、停顿、跳跃或旋转的动作，滑行中路线的直与曲、节奏的快与慢，都体现了技能的娴熟。当需要停下来的时候，既可以采用戛然而止的急停，也可以是余韵袅袅的渐停。由于冰刀的长度有限，即使是最长的速滑刀，刀尖超出鞋尖八九厘米，刀跟超出鞋跟五六厘米，这样的冰刀不但能够保证滑行速度，同时也有助于滑冰运动员以各种高难度的动作展示人在冰上活动的灵活多变与精湛奇妙，既能呈现出"爥如羿射九日落，矫如群帝骖龙翔"的震撼人心的场面，又能给人"舞低杨柳楼心月，歌尽桃花扇底风"的雅致与舒心。这是冰刀对人身体功能的延伸、拓展与优化，生动体现了器材为滑冰运动朝更难、更快、更美的方向发展所做的贡献。

2018 年平昌冬奥会闭幕式上表演了"北京 8 分钟"，这次令人惊艳的表演体现了演员和人工智能的完美结合，以新颖的形式和奇妙的构思，充分展现了欢迎全世界的朋友们参与北京冬奥会的主题。当象征着第 24 届北京冬奥会的 24 名轮滑演员，引导着 24 个带透明发光屏幕的智能机器人上场时，融会着当代高新科技和精彩表演艺术的 8 分钟，强有力地吸引了现场和电视

第三章 雪腾冰飞

机前的观众。高科技呈现出的影像变幻透露着神秘的光彩，轮滑少年娴熟而优雅的滑行动作赏心悦目，而更让人们感到惊喜的是透明的屏幕中跳着华丽舞步的机器人，它们在灯光模拟出的结冰湖面上翩翩起舞。这时，光影中成群的鱼儿在清澈的湖水中畅游，犹如大自然精美的生灵。在轮滑少年滑行的同时，"冰屏"上出现了北极熊、鹿、飞鸟和鱼群的投影，天寒地冻的冰雪运动似乎有了生机勃勃的生命之光。这些生动的影像元素与演员们的滑行轨迹交相辉映，诠释人与自然的和谐相处。滑行的轨迹编织出一幅巨大的中国结。2022年北京冬奥会在中国春节期间举办，这个别出心裁的中国结，展现了中国传统文化所蕴含的团结、友爱和吉祥。一边是轮滑少年们继续用滑行的轨迹编织出来的五彩曲线，一边是冰屏上的影像讲述着中国的故事——中国现代化建设的伟大成就纷纷在冰屏上亮相，向世界展现新时代中国发展的累累硕果。

这时，从空中航拍的镜头可以看到，他们的滑行轨迹从五彩曲线，逐渐变成一条五彩斑斓的中国龙，接着又描绘出一片色彩妍丽的凤凰羽毛。在龙飞凤舞的欢乐和吉祥的气氛中，"龙凤呈祥"的美丽图案寄托了中国人民对北京冬奥会的由衷期盼和美好祝福。而后24个智能机器人渐渐围成一个圆圈，中央出现了地球蔚蓝色的美丽形象，透明屏幕上是五大洲儿童们纯真而欢乐的笑脸；这个同心圆的外围是由彩带、橄榄枝和梅花组成的花环，五彩缤纷、花团锦簇，在绚丽灿烂中展示了奥林匹克运动的喜庆、和平，尤其是冰雪运动特有的"三九严寒何所惧，一片丹心向阳开"的坚贞与高洁。地球村、笑脸、橄榄枝、梅花组成的花环簇拥着奥运的五环标志，轮滑者用滑行轨迹描绘出北京冬奥会会徽"冬梦"的形象。这8分钟的表演精彩新颖，用轮滑的轨迹和现代高新科技，把中国人民决心办好第24届冬奥会的美好愿望，努力促进奥林匹克冰雪运动发展的拳拳之心予以精彩的展示和生动的诠释。

冰上运动由于充分发挥了冰刀在力学上的科学而奇特的功能，所以依靠双脚就能在坚硬的冰面上，把力量的强大、动作的矫健与造型的优雅、线条的柔美发挥到登峰造极的境界。在冰面上，双脚所具有的站立、滑行、跳跃、旋转等功能得到了最完美的展现，而且还在力量与灵巧性方面努力争取超越人的生理极限，不断向着"更快、更高、更强"的目标发起冲击。滑冰运动最主要的就是人的腿和脚的动作在起作用，以蹲踞的姿势为例，首先要把身体的重心放到蹬冰的腿上，而暂时不用力的那条腿（在滑冰术语中称为浮腿），让大腿带动着小腿和脚离开地面；要使头、膝、脚三点在一条垂线上，身体先自然而然地向左倾斜，与地面形成75°—80°的夹角，感觉几乎要跌倒时，那条承受着身体重心的左腿就要马上开始蹬冰，当蹬冰的腿接近完全伸直时，身体的重心才能转换到原本的浮腿上，而腿的蹬地和上身的移动便能同时完成。这时，浮腿、臀、上身同时移动，身体的重心才能落在那条浮腿上，而浮腿在承受体重的同时马上落地，原来支撑身体的那只脚就快速地离开地面，向上抬起并做收腿动作放到后位，承担体重的双腿相互靠拢，身体就是这样在冰上滑行。

　　穿着冰鞋的双脚直接接触冰面，脚的动作在滑行中起着把控细节、保证动作臻于精准完美的作用。人的脚是由骨骼、肌肉、韧带、血管及神经组成的，可以分为脚跟、腰部和前掌三部分，也有人把它细分为脚弓、脚面、脚背、脚掌与脚跟五个部位。脚跟由7块骨头组成，它直接承受身体的重量，人的全部体重有一半以上是落在脚的跟部。脚弓有5根长骨，它是连接前掌与后跟的桥梁，以便把身体的部分重量传递到脚掌上去。脚的前掌由14块小骨头组成，它的主要功能就是承受体重、平衡身体及抓着地面使身体不至于倾倒。为了更稳妥地支撑起整个身体的重量，脚底形成了若干个拱形，这样既能使前脚掌与脚后跟在相互协作中更好地发挥承重作用，同时又有一定的灵活性，其中比较发达的是脚的内弓，它大而强劲。在滑冰运动中，腿的力量通过脚的内弓传递到前掌，并由此完成滑行、转弯、急停等动作。

　　滑冰运动主要是通过腿和脚对冰鞋及冰刀的协调用力与灵活控制来完成各种各样的动作，这是冰鞋、冰刀这样的器具在人体力量的作用下所创造的奇迹。滑冰的过程似乎又使人们回到手脚分工的平常状态中，脚仍然承担着站立、行进、奔跑、跳跃、跨越的任务，而手只能在滑行中通过双臂的摆动与挥舞，起到协调身体平衡、助力滑行动作的辅助作用。虽然我们不能完全否定这种作用的意义,失去双臂的残疾人运动员在滑行中的困难,完全可以证实手在滑冰运动中发挥的作用是不容否定的,但是,承担着自由自觉创造这一根本任务的双手,又是人的本质力量的重要表现——人的建造能力的担当者,就像俗话所说的"哪一条道路不是我们开,哪一座高楼不是我们盖",在人类生活的"人造世界"中,手的作用确实是无处不在的,手的功劳也是怎么说都不会过分的,那么若手在滑冰运动中只能起到一些辅助作用,就有大材小用之嫌了。因此,不能让这双伟大的"手"处于边缘化的地位,更不能把它闲置起来,让运动员做个"甩手掌柜",而是应该积极开动脑筋让手在滑冰运动中也能大有作为。

正是在这样的背景下,为了突破滑冰运动只有在速度上竞争的局限,从19世纪末开始,滑行轨迹形成的图案的美观性也成为竞赛的内容,滑冰运动从此跟艺术表演形成了有机的联系。而作为艺术表演的比赛,当然不能只停留在滑行轨迹规定动作的层面上,一种新的滑冰比赛项目在竞技体育创新精神的指引下应运而生,在不断的磨合与锤炼的基础上,这个新项目——花样滑冰就逐渐成形。而它的竞赛重点主要体现:人的身体在滑行中的跳跃、旋转等高难度动作的精心编排与高质量的完成,并要求从中展现出姿势的优美、身段的灵活、仪态的华丽与气质的高贵;项目有明确的规定动作,这是观察运动员在完成同样的动作中表现出来质量的高低,而在自由滑中得分的关键就在于编排的新颖、动作的高难度、表演的精美以及服饰、音乐的精彩及其与动作的高度融合。这种新型的滑冰竞赛,当然要比单纯着眼于速度的比拼,显示出为比赛内容锦上添花的利好,动作的观赏价值也因此变得更为丰富多样。这是冰上运动一个新的项目,它通过高难度的技巧动作与高水平的艺术表演的紧密结合,为冰上运动从速度向审美的转型开了先河。

这个项目起源于18世纪的英国,此后相继在德国、美国与加拿大等国家和地区迅速地开展起来。1872年奥地利首次举办花样滑冰比赛,1892年在瑞士成立的国际滑冰联盟,为这一项目制定了相当规范的比赛规则，花样滑冰就像报春的花儿在国际冰雪运动中鲜艳绽放。然而，或许是为了增加花样滑冰的难度与观赏性，又或许是一对如胶似漆的年轻夫妻，热切希望在比赛中尽情展示合二为一的天衣无缝的密切配合，1882年，奥地利花样滑冰选手弗列依和他的妻子在维也纳冰场手拉手跳起了双人舞，由此诞生了双人滑。原来的单人滑的双手只局限在摆动、伸展、挥舞、回环等简单的动作，而双人滑彻底突破了这种局限，从最简单的男女牵手、扶持，到相互拥抱；男运动员的托举、环抱与抛跳，女伴的支撑、把握与伸展；在双人旋转以及螺旋线、捻转等动作的完成中，两个人的手就不再像单人滑那样基本上处于无用武之地，而是伴随着脚下滑行的速度与节奏完成各种动作，这些动作无论是作为力量的展示，还是艺术表演的组成部分，都是双人花样滑冰不可缺少的内容。如果没有男女运动员双手的灵活敏捷和坚强有力，那么双人滑既不可能在冰面上滑出起承转合、精彩纷呈的特别图形，也无法完成托举、双人旋转等高难度的动作，而男女运动员在默契的配合中表现出来的心相印、情相连的美好以及令人惊艳的艺术风华也就更无从谈起。气贯长虹的力量和炉火纯青的技艺，在蹁跹多姿、激情洋溢的舞蹈艺术的表演中得到了升华，竞技体育的审美价值就得到了质的飞跃，而脚下的冰刀不但用精彩的滑行轨迹将花样滑冰提升到新的高度，而且为体现着力的强劲和美的魅力的双手提供了艺术审美的新天地。这就是奥林匹克运动内在的美学价值在冰上项目中实现的创新成果，当然也是冰雪运动可持续发展的新动力。

3. 人间奇迹

冰雪运动必须在寒冷的环境中进行，千里冰封、万里雪飘的气象条件就是这一运动的最爱。然而，从人类的生存要求来说，低于冰点的气温是不可能让人感到舒适的。对于这一点，人体舒适度指数就是人们用来衡量人体舒适与否的一种方法，它揭示了人在大气环境中活动对身体的自我感受。所谓舒适，就是外在环境符合人的生理要求，让人感受到内在生命正好和外来刺激相吻合，因此表现出快乐的接受，并由此获得一种肯定的体验。如果外来的刺激超过了身体的承受能力，身体首先会感到不适，并且会做出特定的应激反应。这个时候如果没有采取及时的防护措施，就会感觉痛苦乃至受伤患病。从气象实况的构成要素来看，气温、气压、湿度、风速这四个要素对人体感觉所产生的影响最大，特别是这几个要素在特定条件下相互影响，就更容易使天气出现偏差或走向极端，而恶劣的气象环境必然会对人体的舒适度构成挑战甚至带来危险。一般来说，冬季天气阴冷潮湿时，空气中相对湿度较高，身体的热量容易被水汽吸收。而身上的衣服在潮湿的空气中也会吸收水分，使机体的散热变得更快，人就感到寒冷难受。如果气温低于体表的温度，风就能进一步加快机体散热。气象科学的研究表明，风速每增加1米/秒，人的体感温度就会下降2摄氏度至3摄氏度，风越大，散热越快，人就越感到寒冷不适。

顾名思义，冬奥会的比赛项目就是要在严寒的天气中进行，即使是科技发达的今天，冰雪已经能够通过人工的手段制造出来，但是冰雪运动尤其是雪上项目需要的是广阔的原野，人们对雪的喜爱还包含着对磅礴千里的气势和漫天皆白的自然美的尊重，由于人造雪所形成的面积相当有限，当然不可能满足人们的精神追求和审美需要，所以雪上项目的竞赛还是要放在冰天雪地的野外举行。冰上项目的比赛现在一般都安排在室内，比赛所用的也不是天然冰，因此不是滴水成冰的冬天也可以开展冰上运动。但是国际奥委会还是把冰上项目和雪上项目安排在冬奥会上进行，这不但体现了冰、雪这两种自然现象的紧密联系，还使每一届冬奥会的竞赛项目显得更为充实，而且这样的时间安排能使运动员和观众们感受到场馆内外气温的一致性，天气的寒冷与冰池的凛冽形成一种和谐状态，也就把冬天的氛围营造得更加浓郁，这也是冬奥会具有更大挑战性的原因之一。

寒冷的冬天，即使处在室内的冰场上也会有寒气逼人的感觉，更不要说在天寒地冻、风雪弥漫的野外，身体简直就是在冰窟中受罪。因为人体的热平衡机能、体温调节能力、内分泌与消化系统等生理功能，都会受到寒冷的冲击与伤害，雪虐风饕的天气给人带来的刺激跟人体本身所需要的舒适截然相反，这种时候身体就会通过应激反应以抵御这种异乎寻常的入侵与袭击，例如以颤抖的方式使肌肉在运动中产生热量，这在一定程度上可以减少严寒对身体的伤害。当然这种应激反应既是被动的，效果又很有限，它只是人体对寒冷的本能性抗御。

风雪酷寒严相逼的气候,对于参加冰雪项目比赛的运动员来说,就是一个严格的考验——他们必须要有强壮的体格,才能经受住恶劣天气带来的种种考验,更需要有泰山压顶不弯腰的坚强意志和敢于压倒一切敌人的大无畏气概,才能战胜自然环境造成的压力与危害。毛泽东说过,"人是要有一点精神的",这个精神就是生命力的内在支柱,它体现了人的本质力量在个体身上所达到的水平。冰雪运动本身就是人类敢于和客观世界进行博弈的方式,也是人类能够发挥自己的主观能动性,积极挑战外在环境中不利于自己生存的消极有害的对象。这是因为人类已经摆脱了动物被动地受制于自然界的本能性的生存桎梏,因此不再完全受周围环境的控制,不再像动物那样,按照自然界预先设定的生存方式完成自己的生命历程。虽然动物的某些生理本能可能超过人的能力,但这种本能只是简单地服从自然界安排的结果,它既无法得到发展,也不可能成为整体能力上升的基础。马克思曾经把动物跟人的生命活动进行对比,他说:"动物和它的生命活动是直接同一的。动物不把自己同自己的生命活动区别开来。它就是这种生命活动。人则使自己的生命活动本身变成自己的意志和意识的对象。"[①]

德国生物学家、社会心理学家阿尔诺德·格伦围绕着人与动物最根本的区别,提出了一系列重要概念,其中像人类的"匮乏性"和"非特定化"两种生存特征,对于认识人类的基本特性,都具有重要的理论意义。[②]"匮乏性"主要是指人类不像动物那样能够从大自然中获得各种本能性的生存技能,鱼会在水里游,鸟儿会在空中飞,许多动物生下来就会跑跳、游泳,深秋的时候很多动物会长出毫毛以抵御冬天的严寒,到了暮春这些毫毛又会褪去以便度过炎热的夏日。人生下来除了吃奶什么都不会,走路、讲话都要经过训练才能学会,而游泳这种更为高级的技能则需要系统训练才能掌握,如果不

---

① 马克思、恩格斯:《马克思恩格斯全集》第42卷,中共中央马克思恩格斯列宁斯大林著作编译局编译,人民出版社,1979,第96页。

② 欧阳光伟:《现代哲学人类学》,辽宁人民出版社,1986,第122—129页。

具备特定的条件，不少人一辈子都不会游泳。人类之所以出现这种"匮乏性生存"的状态，就在于从猿到人的进化过程中产生了一个巨大的飞跃，正是在否定了那些本能性的生存技能之后，才获得了另一种具有决定性意义的本能——学习的本能。这就是人类通过学习所掌握的本领跟动物有限的本能的根本区别。"非特定化"的生存方式，就是人类生活发生着日新月异变化的根本原因。这种"非特定化生存"的重要成果使人类在不断实践的过程中逐步获得掌握客观世界的自由，正是依靠着这种自由，人类的一切创造活动才成为可能。因此，可以说人摆脱自然界的控制，否定本能性的生存状态，就是人类本质力量的深层内涵，而敢于向自然界发起挑战，就是"非特定化生存"的具体表现方式。

　　冰雪运动的本质就是人类"非特定化"的生存方式对严寒天气的挑战，这是人的本质力量所赋予的能力和胆魄，但是这种挑战还需要个体生命的坚强意志作为主心骨，把人所具有的潜能变为现实的能量，并且在遇到困难、遭受挫折的时候，能够以"不管风吹浪打，胜似闲庭信步"的坚定与从容坚持到底。生命的精神力量就是在愈挫愈奋的斗争中变得更加充实更为强大，这是个体自我实现的必然途径。生命在于运动，在冰雪中开展运动更是让生命在艰苦环境中经受锻炼的大好机会。我们常说的"艰难困苦，玉汝于成"，就是人类对自己挑战艰苦环境的人学内涵的深刻理解与高度自信。这样的理念并非心血来潮的思想火花一刹那的闪光，一方面是冰雪严寒的客观存在决定了人们的意识，也就是环境造就人；另一方面它又显示了人对环境的主动适应和积极改造的坚强信念，大自然既然已经赐予我们"非特定化生存"的权利，这样的优越条件不但不能轻易放弃，而且应该紧紧抓在手中，既把它当作锻炼身心、增长才干的重要途径，又体现了敢于把苦难化为享受的雄心壮志和强大的实践能力。冰雪运动之所以受到人们热烈的欢迎，就是因为有这样深厚的文化心理内涵在发挥特殊的作用。

　　当然，人对客观世界的挑战从来都不是赤手空拳的蛮干，也不是塞万提斯小说中自以为是的堂·吉诃德，而是具有打败豺狼虎豹的强壮体力，还有克敌制胜的神机妙算和出神入化的百般技艺，更重要的是有应有尽有的十八般武器。人们在冰雪运动中所使用的滑雪板、滑雪杖与冰鞋、冰刀，这些器材作为身体的延伸，就是人类在挑战寒冰皓雪时须臾不可或缺的工具与武器。除此之外，人们还需要用特殊的装备对付那种导致身体不适的极端天气，而且这些装备既要有良好的保护功能，又要让人在运动中不受束缚，在挥洒自如的行动中表现出技艺的游刃有余。这些装备代表着高新科技发展的最高水平，能够在各个不同的领域自由地运用新的科研成果，这同样是人类自由自觉创造的本质力量的表现。冰雪运动中不但需要那些具有工具性能的器材，下面这些装备所发挥的重要作用也是不能轻视的。

　　滑雪运动是在野外进行的，它的装备必须具有良好的保暖性能和便利的使用功能，使运动员在避免严寒侵袭的基础上能完成各种高难度的动作。历史上人类曾经用皮毛、麻葛、棉絮及羽绒等材料制作服装，这是因为"非特定化"生存方式的优势，使人能够从自然界发现更多更好的材料以遮羞护身。随着社会的发展，人们向服装的设计和生产提出了新的要求，不但要求服装具有更高的实用价值，便利人们在日常生活和劳动生产中活动，而且要求服装更好地展现并提升人的精神气质，同时成为审美观赏的对象。作为特定活动的专用服装，滑雪服在保暖舒适的基础上尽可能满足运动中肢体动作、体位姿势充分展开的需求，材料的选用、款式的设计与色彩的搭配，就成为衡量滑雪服实用功能和观赏价值的主要维度。因此，保暖性能好、质地牢固、色彩鲜艳的纺织品成为制作滑雪服装的最佳材料。

　　根据使用方式的不同，滑雪服一般分为竞技服和旅游服两大类。前者是根据体育比赛的需要而设计的，它把方便运动员动作的展开与减少滑行的阻力作为设计的重点，以确保运动成绩的提高。后者主要是从保暖舒适、美观实用的角度出发，既能使初学者保持强烈而持久的兴趣，又能给谙熟此道的爱好者提供尽情展示熟练技术的机会，滑得开心，玩得潇洒。滑雪服外层的材料一般选择鲜艳的颜色，这不只是出于审美的考虑，而且是为了保证滑行时的安全——五彩缤纷的服装点缀在洁白的原野上，就像一朵朵盛开的鲜花，把冬天的大地装点得分外娇艳；而鲜艳的服装在高山滑雪中还具有特殊的视觉识别功能，运动员在陡峭的山坡上，或者在离出发地较远的地方，以及在风雪弥漫的天气中迷失方向的时候，鲜艳的服装能够在雪地上形成对比鲜明的图底关系，这种良好的视觉效果对于救援活动来说具有重要的价值。

　　滑雪活动总是在寒冷环境中进行的，因此滑雪服必须具有防水防风雪的功能。人的身体在运动中又容易出汗，为了不使汗水留在内衣上造成皮肤的不适，因此滑雪服就需要有良好的保温透气功能。人工合成的特种纤维具有柔和轻软、保暖吸水的优势。运动员比赛时穿的滑雪服，内衣大多是用丝普纶材料做成的，它的内层是具有单向芯吸效能的化纤材料，这种材料不但本身不会吸水，而且能让汗液透过内衣，由棉的夹层加以吸收，这样的精心设计，就很好地解决了野外剧烈运动时的出汗问题。从服装的款式上看，最常见的滑雪服主要有分身与连身两种款式。分身式滑雪服穿着方便，上衣比较宽松，最好是选用中间收腰并有腰带或抽带，以免滑行时摔倒，雪从脚脖子、手腕、领子等处钻进身体。连身式滑雪服的结构较为简单，穿着也很舒适，滑行时就会感到比较方便，它的防雪功能也比分身式的要好，但穿起来比较麻烦一些。为了防止雪钻进身体，运动员还需要配备长筒护膝、宽条护腕、盔形帽与围巾，有了这样的装备，不管是飞溅到空中的积雪，还是人跌倒在雪堆之中，就都不怕了。此外，晴天雪道上的雪还会产生强烈的反光，滑雪镜不但能够挡住过于强烈的光线，而且能起到阻挡风雪的作用；为了不让双手暴露在凛冽的寒风中，一副面料不会透水、保暖性好的手套也是不可缺少的；有了合脚的滑雪靴，还要有可靠的固定器，这种装置在正常滑行时将靴子牢牢地固定在雪板上，而在滑雪者跌倒时将雪板和靴子就会迅速松开，避免给滑雪者造成伤害。

　　滑雪运动完善的装备体系，既为身体提供从头到脚的保护，又能让人在运动过程中有充分施展本领的便利。智慧和技术的持续发展，为不断提高滑雪这类野外竞技体育的运动成绩拓展了一条宽阔坦途。众所周知，生活的需要就是创造发明的助推器，随着滑雪运动向着新的广度与深度开展，保护性能更好、使用更加轻便、品种更为细化、质量更为精美的器材、服装及配件一定会相继问世。体育运动与工具器材就是在积极的互动中向着更高的层次跃进。

现代滑冰运动同样是在器材与装备的精细化发展中向前推进的。由于滑冰运动大多是在室内进行的，因此，无论是速度滑冰还是花样滑冰，运动员受到的寒冷与冰雪的考验似乎比野外的滑雪运动中的考验要少得多，但毕竟是在零摄氏度以下的空间运动，保暖仍然是滑冰装备的基本要求。同时，不管是速度滑冰还是花样滑冰，动作的展开全部依靠运动员自身的力量，并且这些动作集速度、协调、力量、耐力、柔韧、平衡、灵活、优美、稳定于一身，尤其是结实而有弹性的腰腿部的肌肉，它们发出的力量作用于双脚，脚就根据滑行的具体要求，尽量准确地把力量传递到冰刀上去，因为有轻重缓急、曲直正侧的区别，身体就能在冰上圆满完成行进、跳跃、旋转、站立等任务。正因为滑冰运动具有这样的特点，所以它的服装不但要求保暖，而且还必须保证所有的动作都能灵活进行，并尽量减少行进的阻力。冰球比赛中为了避免由于剧烈对抗、产生冲撞而造成的身体伤害，运动员就像古代的武士披挂一身盔甲上阵，而其他项目中的运动服就必须具有"瘦身"的功能而显得较为紧身。

为了满足这些要求，滑冰运动员的服装就把保暖、轻便与紧身作为设计与制作的指导方针。当今速滑运动员在赛场上穿的服装，都是尼龙做成的紧身运动服或连衣服。特别是连衣服，它把帽子、上衣、裤子与袜子全都连成一体，因此具有较好的轻便、紧身的特点，达到减少阻力并确保运动员动作便捷灵活的目的。然而尼龙服装的保温性能不是最好的，运动员在温度较低的比赛场馆参赛，还须穿上贴身的棉质内衣，尤其是遇到奇寒的天气，还应该戴上质地柔软、弹性强劲的护膝，穿上轻柔贴身的背心。在正式比赛开始前做准备活动时，冰鞋需要套上保温性能好的鞋套，练习时也要穿好保暖服，以防冻伤。

花样滑冰的选手通常会穿紧身柔软的长裤，面料多用弹性大、质地软的氨纶等优质化纤，使用这样的面料，是为了让裤脚能够覆盖整只冰鞋。女选手裙子的长度要盖住臀部；男选手则必须穿长裤，不能穿紧身裤。花样滑冰选手的比赛服装大多比较华美艳丽，因为服装已经成为比赛的重要内容。女选手们在练习时一般穿紧身而柔软的长裤，而在比赛的时候可以穿短裙、长裤或者体操服，但不能穿上下分开的服装，裙装下面还应该穿上不透明的肉色紧身裤或长袜，有时也可以覆盖冰鞋。这样的穿着要求既是20世纪女子花样滑冰运动持续发展的结果，而服装的改进又极大地促进了花滑的运动技术与表演艺术水平的提高。

20世纪初，花样滑冰的竞赛还是在室外举行的，服装的主要功能就是抵御寒冷的天气，可以使用的材料种类有限，款式的设计也显得比较笨重。到了20年代，曾经获得十次世界冠军、三次冬奥会冠军的冰上皇后、好莱坞明星，挪威运动员索尼娅·海妮，以大胆的创新精神，首先抛开了长裙，大胆改革了女子花滑的服装款式，将裙子改短到膝部。1924年在法国夏慕尼，第1届冬奥会花样滑冰女子单人滑的比赛正在进行，可是全场观众和裁判的注意力都在场外练习区一个身材娇小的女孩子身上。这名正在进行准备活动的挪威少女运动员，既没有显赫的运动成绩，也没有美若天仙的容貌，吸引住全场目光的是她的裙子竟然还不到膝盖！在思想保守的20年代，女子当众露腿会被看成有伤风化，所以那时的女选手都穿长裙比赛，因而也就不能做出高难度的动作，而这名挪威少女勇敢地摆脱了落后观念的束缚，轻松优雅地完成了比赛。她这一惊天动地的创举，虽然使她得了倒数第一名，但是也起到了开风气之先的重大作用，有力地推动女子单人滑技术的进步。

花滑比赛要求男选手的服装必须体现体育比赛的要求——着装应该简洁大方；为了表达音乐的风格和特点，允许参赛者设计各自不同的服装。比赛时，男子上身衣着不限，下身则必须穿合体的直腿西服裤，不能穿紧身裤，以及一般都配黑色的冰鞋。对于男运动员在双人滑中的着装，有不少观众提出了自己的质疑：长袖还要配长裤，穿得如此正式，虽然显得比较典雅，然而这种挺括却不轻柔、厚实而又窄小的西服套装，即使在平时也会让人感到拘束，更不要说还要求运动员尽力完成那些高难度的动作。花滑双人舞对于男选手特定的着装要求，可能有以下几个方面原因：（1）由于现代冰上运动是从欧洲起源的，特定的历史文化传统必然会对竞技体育的比赛形式产生潜移默化的影响，服装的典雅考究作为绅士风度的重要表现，在男性形象审美中具有相当重要的意义，这种传统就在花样滑冰这类颇具贵族色彩的项目中自觉不自觉地体现出来了；（2）因为花样滑冰是一项体育与艺术完美结合的运动，运动员的服饰美也就成为打动裁判、感染观众的重要元素，女选手的服装不但十分华丽，而且服装是专门设计的，那么男选手的服装就要显得庄重高雅，两种不同的服饰美在多样统一中相得益彰；（3）花滑毕竟属于竞技体育运动，男运动员很正式的着装，确实会对其完成高难度的动作带来一定的影响，但是如果能在这种不利的条件下表现出坚强的自信和精湛的技艺，就会产生成功冲击生理极限的震撼性效果，生命之花就是在经过艰难攀登站上高峰的生理喜悦中得到美丽的绽放。事实上很多优秀的男运动员在花滑双人舞的比赛中，不仅动作十分优美，而且还在翩翩风度中尽显高雅气质。

花样滑冰在20世纪得到了长足的发展，已经以积极开放的姿态，融入了体操、舞蹈、技巧等项目中适合在冰上进行的动作。多姿多彩的"花样"、精益求精的编排、锦上添花的音乐，使比赛以令人目不暇接的动作和别出心裁的创意，成为最受欢迎的冰上项目。正是在这样一个背景下，花滑双人舞把技术的突破与艺术的精美，作为并驾齐驱的目标奋力追求。因此，服装设计必须通过色彩、款式、图案及风格的创新，以及跟音乐的旋律、节奏、风格等思想内容与形式要素达成高度的审美统觉，最终实现烘托动作的舒展顺畅、新颖别致、惊险紧张、强力震撼的生命风采美的升华。这就需要花滑的服装设计者，以高度的智慧和奇特的灵感，对运动员形体美的把握、自由滑的编排的艺术特色和音乐风格的领悟，在妥善处理保暖与表演相反相成的辩证关系的基础上，努力把服饰艺术的审美潜力发挥到最高的水平，从而顺理成章地使服装成为花样滑冰达到完美境界的重要组成部分。

冰雪运动以奇特的气象条件为基础，以激发人的探究力和想象力为起点，通过发挥人类积极适应环境和驾驭环境的巨大潜能，充分展示了人类不畏寒冷，敢于挑战冰天雪地的恶劣气象，并努力运用在社会实践和科学研究中积累起来的经验和知识，用最大的力量把自然界的不利因素转化为喜爱与玩赏的对象,在拼搏中享受生命的精彩,在艰苦磨炼中提升人的本质力量,这就是冰飞雪腾的冬季奥林匹克运动深刻而生动的人学意义与审美价值,也是我们以高昂的激情对冰雪运动充满关注和热爱的深层原因。

第四章

白雪红梅

第四章 白雪红梅

　　滑雪运动是冬奥会的半边天,人们对雪的晶莹洁白充满了热烈的喜爱之情,又用无所畏惧的气概战胜了雪的寒冷,在堆雪人、打雪仗的赏玩、娱乐的基础上,逐渐掌握了在雪地上滑行的技能,并且用这一技能为生活生产服务。滑雪对人类来说,开始成为具有实用功能的重要本领。由于人类所掌握的技能都是自由自觉创造的成果,它们受人类生存方式的影响,也就能够从实用功利的桎梏中脱颖而出,对人类的社会生活发挥更为多样的积极作用。滑雪就是在这样一种历史背景下,从行走的障碍反过来升华为锻炼身体的手段,并且在人类争强好胜、不甘落后的精神力量的鼓舞下,又开始作为体育比赛的内容。它不但使人们享受到竞技体育的巨大乐趣,而且在摆脱了使用功能的限制之后,尤其是在现代奥林匹克运动的激励下,就像一棵大树在发枝散叶中显示出一派生机勃勃的茂盛景象,形成了雪上竞技项目的宏大体系。滑雪项目以大范围的运动时空、大开阔的身体动作、大起落的竞赛态势带给观众强烈的刺激,生命在比赛的激励中获得力量的充实、情感的活跃、审美的奇异与人生境界的升华,它就像绽放在皑皑白雪中的朵朵红梅,以一片丹心向阳开的激情把冬季奥林匹克运动会装点得分外妖娆。

一、多向拓展

　　古代新疆阿勒泰人的皮毛滑雪开创了人类在雪上滑行的先河,但作为竞技体育而列入冬奥会比赛项目的现代滑雪运动,则是起源于北欧的斯堪的纳维亚半岛。斯堪的纳维亚半岛的西部离北极圈较近,多雪的冬天使这里形成了两个冰雪之国——瑞典和挪威。早在8世纪到11世纪，瑞典和挪威都进入了人称"维京时代"的全盛期，而特殊的地理环境和纯正的维京血统，使这两个国家的人民十分崇尚勇敢无畏和大胆冒险的精神，孩子们从小就受到这种文化氛围的熏陶，因而在孩提时代就养成了敢于向困难发起挑战的英雄气概。斯堪的纳维亚半岛冬季漫长，降雪又十分丰沛，所以非常适合开展滑雪运动。在长期和冰雪打交道的过程中，这里的人们普遍掌握了滑雪的技能，并且使它逐渐成为斯堪的纳维亚半岛北欧人的看家本领和拿手好戏。然而，挪威、瑞典的国土中，有很大一部分是高原、山地与冰川，缺乏像阿尔卑斯山那样的崇山峻岭，高山滑雪也就很难得到普及，更不可能发展成全民性的体育运动优势项目。不过，这样的地理环境为越野滑雪和跳台滑雪的开展提供了良好的条件，于是要求在开阔而有高低起伏的山野中滑得飞快的越野滑雪，和要求能够从高处跳得更远的跳台滑雪，就成为斯堪的纳维亚人最喜爱的两项雪上运动，并且在普及与提高的良性循环中得到了持续的发展。这两个项目也逐渐成为北欧几个国家在冰雪运动中的强项，因而被称为"北欧两项"，也有人把它叫作"北欧全能"。越野滑雪与跳台滑雪这两个项目的比赛，要求运动员熟练掌握各自不同的技术特点，既要有跳台滑雪的勇敢胆魄和准确的动作，又需要有适应越野滑雪翻山越岭的强壮体能，这两个方面正是常年居住在这里的人们在心理和体质上的优势，因此，在冬奥会的比赛中，北欧人自然而然地成为"北欧两项"的奖牌大户。

1. 源于生活

现代滑雪运动起源于斯堪的纳维亚半岛，这一说法同样得到来自中国、挪威、瑞典、芬兰等国家的30余位滑雪历史研究专家公认。然而这似乎与他们在联名发表的《阿勒泰宣言》中确认阿勒泰是人类滑雪发源地的结论产生了矛盾。其实，这两种观点都有其内在合理性：（1）两者都是从历史事实中得出的结论，因此都是真实可信的。新疆阿勒泰的皮毛滑雪已经在当地延续了上万年，而斯堪的纳维亚人擅长的越野滑雪与跳台滑雪，也有好几千年的悠久历史，这就说明滑雪起源于中国新疆阿勒泰地区或者斯堪的纳维亚半岛，都具有不容置疑的准确性。（2）对于这个问题的认识，需要注意到事物的矛盾特殊性，也就是这两个源头的深层次内涵，实际上是有所区别的。

阿勒泰人开创了驾驭冰雪的早期探索，并且把这样的实践行为坚持到今天，这是人类在把握了雪的特性的基础上，运用就地取材的办法驾驭冰雪的先驱，但是保留至今的皮毛滑雪就跟中国人发明的火药一样，没有得到进一步的开发，千百年来仍旧停留在早期的形态上；而斯堪的纳维亚人以与时俱进的战略眼光，抓住第一次工业革命的发展机遇，在滑雪器材的革新上具有敏锐的眼光和积极实践的行动，把日常生产生活中的滑雪行动上升为体育运动项目，并且成功地让它登上奥林匹克的光荣殿堂。（3）在人类生活中，确实有不少事物的起源，常常呈现出复杂的多样性，也有可能以后的考古挖掘还会发现跟阿勒泰差不多年代的滑雪活动的遗迹。因为人同此心心同此理，同样的环境为人们提供了大致相同的生活生产条件，也就是环境造就人，而人们在这种基本相同的条件下产生的改造自然的活动，或许会有细节上的差异与时间上的先后，但是在深入认识事物客观规律的基础上，积极开展自由自觉的创造，却是不同地域、不同民族及不同时期的人民群众的共同心愿和实际行动，虽然成功的概率和具体的路径会有所不同，但都是人类在合规律性与合目的性相统一的努力中，改善生存环境、提高物质生活和精神生活质量的共同追求。

滑雪运动的起源就是在人类文明发展中，世界各地下雪多的地方，人们不可能面对大雪阻塞道路所造成的交通困难无动于衷，那种只能以有限的体力在大雪中艰难跋涉的被动局面，也不能让它继续下去。生动的想象、积极的尝试，可能经过千百次的失败甚至牺牲，直到有一天找到了切实有效的办法，人类终于实现在雪地上自由滑翔的梦想。这种梦想反映了不同地域的人们了解雪、驾驭雪，努力实现与雪和谐相处的共同愿望。由于不同文明的交流水平在古时候还相当有限，不同地方的人们积极尝试在雪上滑行的信息还没有可以互相沟通的条件，所以各自都以自己的智慧和实践进行多边的科学实验，滑雪的起源也就表现出多元并进的特点。

2. 积极开拓

现代冬奥会的滑雪竞赛，已经发展成为拥有10个大项的国际顶级赛事，包括自由式滑雪、冬季两项（越野滑雪、射击）、越野滑雪、跳台滑雪、北欧两项（越野滑雪、跳台滑雪）、无舵雪橇、有舵雪橇、钢架雪车（俯式冰橇）、单板滑雪、高山滑雪。2018年7月18日，在瑞士洛桑举行的国际奥委会执委会会议通过了有关北京冬奥会项目设置的方案，并同意新增7个小项。这7个小项包括短道速滑混合团体接力、女子单人雪车、跳台滑雪混合团体、自由式滑雪大跳台（男子、女子）、自由式滑雪空中技巧混合团体和单板滑雪障碍追逐混合团体。这些新增的雪上小项目，使雪上项目的阵容进一步扩大，让运动员们有了更多的获奖机会。还有很重要的一点，就是新增加的女子单人雪车和自由式滑雪大跳台中的女子组，是专门为女运动员设立的，而其余5个都是混合团体赛，这就为更多的女运动员参加雪上项目的比赛敞开了新的门扉，从而使选手的男女比例进一步趋向平衡。另外，新增这几个小项的重要作用与意义，还表现在对于雪上竞技运动的拓展产生有力的推动作用。

雪上竞技项目形成了一个宏大的体系，不仅是竞技体育兴旺发达的重要标志，而且还蕴含着十分丰富的文化内涵，主要体现在以下几个方面：

首先应该归功于奥林匹克运动对于冰雪项目的接纳与扶持，正是1924年以来举办的历届冬奥会，使冰雪运动登上了世界竞技体育的最高舞台，也使它成为名正言顺的体育盛事。孔子在《论语·子路》中说："名不正则言不顺；言不顺则事不成。"冰雪竞技项目戴上了"奥林匹克"这一庄严华美的桂冠，这个"名"头具有悠久的历史和巨大的影响。古希腊奥运会伟大的开端虽已遥远，但它对生命的关爱而留下的火种永远在人们心中燃烧，最终在19世纪末重回人间。现代奥林匹克运动所放射出来的璀璨夺目的光芒，成为社会各界热情支持冰雪运动的强大动力。

其次，雪上项目能够在冬奥会上持续增加，深刻反映了人类对于客观世界的积极探索和艰苦实践，在向新的广度和深度进军的过程中取得新的发现、新的发明，这是作为人的本质力量重要内容的探究力，在奥林匹克精神的激励下得到了积极拓展的具体表现。人类通过应用滑雪板减少压强，开创了在雪地上滑行的壮举，这是掌握雪的特性、把不利的气象条件变为人能够驾驭与利用的事物的大胆尝试并最终取得了成功。然而，客观事物的奥秘是无穷无尽的，摆在人类面前的未知世界也是无边无际的，不要说浩瀚无垠的太空，到目前为止人类对它的认识还只是很小的一个角落，就连下雪这一似乎已经为人类的科学知识所掌握的天气现象，其实也还有很多具体的问题有待进一步的探索——六角形的雪花会有多种多样的形状、地面上的积雪也会有不同的质地、雪与冻雨的联系与差别，这些问题都跟滑雪运动的进一步发展具有一定的内在联系，而其中最为重要的问题就是如何应对特定的地形地貌对滑雪运动的影响。人们希望把滑雪运动推向一个更广阔的天地，能够不受地形地貌的限制，在保证安全的前提下以严谨求实的态度和勇敢无畏的气概大显身手，在征服高山峻岭、断崖陡坡、树林荒野、阡陌田野与堤坝道路等不同的雪野的过程中，更充分地彰显滑雪运动的巨大魅力。于是，挪威、瑞典境内因为没有高山，滑雪运动只能局限在"北欧两项"，而阿尔卑斯山脉这一名闻遐迩的高山地貌，就成为滑雪运动员挑战的目标。西欧的阿尔卑斯山脉周围的法国、意大利、奥地利、德国与瑞士等国家，就后来居上成为高山滑雪项目的强国。正是在向不同地形地貌的积极拓展中，特定地形的滑雪比赛项目逐渐增加，冰雪运动成为宏大的体育竞赛体系，也就是自然而然的事了。

　　再次是人们的滑雪技能不断提高，能够从容应对不同地形及不同雪质的滑行要求，并且在滑行的基础上展现一些高难度的惊险动作，使滑雪运动通过"更难"的动作，进一步实现奥林匹克精神的根本目标。自由式滑雪就是这方面一个十分杰出的典型。自由式滑雪可以说是一种特技表演，滑雪板和滑雪杖作为滑行的工具，从一条又高又陡的雪道俯冲直下，然后依靠强大的惯性冲向空中，脚上套上滑雪板，手上拿着滑雪杖，在空中完成一系列的规定和自选动作，稳稳落地后向前滑行一段距离。这一雪上竞技项目是由空中技巧、雪上技巧与雪上芭蕾三个独立的单元组成，运动员在空中表演的后跳、踢腿、旋转与翻滚等惊险动作，就是把滑雪的技能发挥到令人难以置信的极致水平。这是以极端的高难度动作，充分显示运动员们通过极为艰苦的训练，使自己具备强大的体能，能够在空中下降的过程中完成一连串神奇的动作，而且一落地就能以清醒的头脑、稳健的姿态继续滑行，这样的比赛为滑雪运动新项目的拓展增添了一种异想天开而又神乎其神的魔力。

最后一点是社会生产力尤其是科学技术水平的提高、相关产业基础的夯实，成为冰雪运动积极拓展的有力推手。人造雪的成功就是一个很好的范例。这是人类凭着与生俱来的学习本能，通过不断的探索和深入的研究所取得的重要成就，也是雪上运动向新的广度拓展的基础。在科学家们孜孜不倦、坚持不懈的努力下，人类不仅完全掌握了雪的形成与降落的原理，知道大气层中的水蒸气，在温度下降到一定程度时，就会由气体变成极细微的小水滴。如果温度持续下降，小水滴会凝结成微型的冰晶。而大量的冰晶集结在一起，并且达到一定重量时就会落向地面。在坠落到地面的过程中，空气持续处于低温状态，就成为我们看到的雪花。参加北极科考活动的科学家们发现，当气温降低到零下50摄氏度，就连人们口中呼出来的水汽，都会直接凝结成非常细小的雪花。这个发现给人们提供了一个非常重要的启示：如果能够用人工的方法去创造水汽凝华结晶的条件，人们便不必完全依靠老天爷的恩赐，自己也能够造出美丽轻盈的雪花来。就是在这种异想天开的大胆想象的推动下，人工造雪就从营造适宜的条件开始，把水和空气在低温中合成为雪花。那些急需雪而老天却没有下雪的特定时间和空间，只要有了人工造雪的技术，问题也就迎刃而解了。人工造雪是需要造雪机这种专门的工具来实现的，造雪机的工作原理是先将水注入一个特制的喷嘴或喷枪里，水在喷嘴或喷枪里和高压空气相融会，高压空气用强大的压力，将水流分成细小的粒子后，把它喷到外面寒冷的空气中，这些小水滴在落到地面之前就已凝固成冰晶，这就是我们原本在冬天才能看到的雪花。

大自然本来安排在特定的时间和条件下下雪，但人类以伟大的创造力打破了这种规定性，不管是冬天还是夏天，或者是在南方还是在北方，当人们需要开展雪上活动的时候，只要开动造雪机，就能够在室内空间造出一片雪的场地，无论是套上滑雪板、拿起滑雪杖在人造雪地上欢快地滑行，还是在雪上尽情地玩耍，都能够得到很好的满足。人造雪地虽然在空间上有一定的限制，但它满足了人们在体育锻炼方面的需要，或者是在跟雪的亲近中感受创造的伟大，并且从更深的层次领略到我们向大自然学习的重要性。

人造雪的诞生为冰雪运动的广泛开展带来了极大的便利，由此衍生出来的需求为冰雪产业的形成奠定了良好的基础。近年来中国冰雪产业得到了较快的发展，企业的数量呈现出明显的上升趋势，仅在2020年这一年，中国的"滑雪"类企业的数量，就已经超过了2016年包括冰雪度假、冰雪主题乐园、冰雪赛事与冰雪节庆四种类型的冰雪企业数量的总和。这些企业数量的增多，有效地促进了中国冰雪运动的发展，而更多的人参与到冰雪运动中来，又为这一产业的兴旺发达提供了市场需求。就在这样一种良性循环中，中国冰雪产业的规模不断扩大，覆盖的范围也进一步拓宽。相对应地，冰雪运动的国产器材中，名牌产品已经开始崭露头角。例如作为滑雪运动的重要设备——脱挂式架空索道的建设正以方兴未艾之势向前推进，2015年只有个位数的增长，2020年的增长数量就已经达到26条。国产造雪机以良好的性能和相对廉价的优势，受到了雪场经营方的欢迎，已经开始取代国外的进口产品，逐渐成为人工造雪的主力机型。这一事实说明科技对于中国冰雪运动的促进作用是十分明显的，虽然与国际上滑雪产业较为发达国家相比，中国在户外雪场的整体规模上确实还有不小的差距，但是从室内滑雪场的发展势头来看，到2020年底，国内已有36家室内滑雪场馆开业经营，这个数字在世界上遥遥领先。管中窥豹，略见一斑，装备制造技术的进步，为达到3亿中国人参与冰雪运动的宏伟目标打下了扎实的基础。此外，信息产业日新月异的发展，使热情关心冰雪运动的网民队伍达到了空前的规模。从2016年开始，"滑雪"这一主题在网络平台上讨论的频次，跟前五年相比有了十分明显的增加，在网上"寻友组队"已经成为许许多多滑雪爱好者新的需求。而对于冰雪运动尤其是中国运动员以往取得的成绩及存在的不足、北京冬奥会为冰雪运动创造的挑战与机遇、普通民众如何积极参与这项颇感新鲜又很有乐趣的运动的心得体会等话题，正在网上成为众声喧哗、百家争鸣的主要内容。这从一个侧面反映了对于中国人来说曾经显得较为陌生的滑雪项目，正在赢得广大网民的高度关注，而在北京举办的第24届冬奥会，正在全国掀起关注冰雪运动、热爱冰雪运动的热潮，雪上竞技项目自然会在十几亿人民充满激情的目光注视下，获得蓬勃发展的生机和出类拔萃的成绩。

随着冰雪运动的不断普及，雪上项目的拓展还表现出新的突破。这就是大胆打破雪上滑行固有范畴的束缚，有的是在滑行动作的基础上增加新的竞技内容，有的虽然仍旧把滑行作为比赛的基本形式，但决定胜负的依据已经不是在高山原野的纵横驰骋了，而是运动员在滑行中所做的高难度动作的完成质量，并带有明显的技巧表演的元素。这两个特色鲜明的项目就是冬季两项和单板滑雪。前者是把越野滑雪和射击这两种不同类型的运动形式结合在一起进行的比赛项目，这既是竞技体育向最早源于劳动生产的历史渊源的致敬，又是不同运动形式在新的组合中所产生的一加一大于二的精彩效果的展示。后者则是改变双脚分开滑行的传统做法，运动员两只脚前后分开站立在一块滑雪板上，在规定的山坡路线上快速回转滑降，或在特设的U型场地内凭借滑坡起跳，在空中完成腾空、转体等各种高难度动作。单板滑雪的比赛包括平行大回转、障碍追逐、U型场地技巧、坡面障碍技巧与大跳台等小项，还设有障碍追逐混合团体赛。单板滑雪的动作具有很强的技巧性与表演性，把运动员在雪上滑行的艰难险阻与动作的潇洒优美这两个对立的方面统一起来，充分显示了人类在体质的强健与审美上追求的热切，这就是作为竞技体育的滑雪项目在积极的拓展中斩获的新成果，而时代前进的步伐必然会把滑雪运动持续不断地带到更新颖更丰富的新境界中去，世界上一定会有更多的人在积极参与、热情欣赏的过程中，更充分地体验到这项运动在力与美的紧密结合中所带来的令人惊艳的美感享受，更充分地领悟到生命之花在热烈绽放中达到的奇异境界。

二、精彩纷呈

冬奥会雪上运动不仅有竞技项目的蔚为大观，而且从各个大项到众多的小项，都以勇敢者的气概和惊险而精湛的技艺，在大自然赐予的天然雪与科学技术的杰出成就——人造雪的映衬下，以白雪红梅坚强与高洁的品格，呈现出各自的璀璨辉光，它们在向着奥林匹克精神前进的征程中，竭尽全力展现生命在雪上项目中的无限精彩。为了进一步了解不同项目的运动特点与观赏重心，笔者尝试对一些特色鲜明并具有一定代表性的雪上项目进行初步的探讨与阐释，希望能够帮助在赛场上为冰雪健儿加油喝彩的现场观众，或者使在广播电视与网络终端收看、收听比赛实况的广大受众，增进对这些项目的文化内涵、运动精华与审美表现的理解。毛泽东同志曾说："我们的实践证明，感觉到了的东西，我们不能立刻理解它，只有理解了的东西才更深刻地感觉它。"[①]笔者的探析可能还比较肤浅，但相信读者朋友们能够以自己的睿智，对冬奥会上的雪上项目所蕴含的内在本质与比赛过程中运动员的生龙活虎般的生动表现，有更深邃的理解和更深刻的感受，并且举一反三，在观赏冬奥会各项冰雪项目的比赛时，在享受异常丰盛的视觉盛宴时，能够获得丰富的精神愉悦和思想升华。

雪上运动的悠久历史使它形成了一个颇具规模的竞技运动体系，北京冬奥会设置了自由式滑雪、冬季两项、越野滑雪、跳台滑雪、北欧两项、无舵雪橇、有舵雪橇、单板滑雪、高山滑雪等比赛。这些项目在运动的开展方式、竞争的核心内容与审美的观赏价值上，既有共同性又有个别性的实际情况，所以要对所有项目进行深入细致的分析就显得比较烦琐了。因此，笔者决定选择一些特色鲜明、个性突出的项目加以讨论，通过对这些项目产生与发展过程中的重要节点的回顾，努力揭示它那引人入胜的焦点之所在，并介绍我国运动员在该项比赛中的表现，以鼓舞广大读者对中国运动员在雪上项目的比赛中取得优异成绩的热情期盼。

为了使挑选出来的项目具有一定的代表性和言之有据的可靠性，避免由于个人喜好而产生的主观随意性，笔者通过采用"拿来主义"的方法，自觉分享相关方面对雪上项目的认识成果，并在此基础上进行适当的微调。这个简单的方法，就是以中国邮政2018年11月发行

---

① 毛泽东：《实践论》，载《毛泽东选集》第1卷，人民出版社，1991，第287页。

的《北京2022年冬奥会——雪上运动》的纪念邮票为依据，把这套邮票图案所表现的4种雪上运动项目——越野滑雪、高山滑雪、冬季两项和自由式滑雪，作为分析与阐释的主要对象。这是因为纪念邮票的图案设计，一方面体现了冬奥会雪上运动专家对特定项目重要性的认识，另一方面又反映了邮政部门对集邮市场进行科学评估的结果。可见，这一选择的科学性与群众性应该是有充分保证的。

1. 越野滑雪

越野滑雪起源于北欧，又称北欧滑雪。根据历史记载，1226年的挪威正处于战乱的灾难之中，年仅2岁的哈康四世国王遭到企图推翻他的叛军的围堵与追杀。正在千钧一发之际，幸亏有两名俗称"桦木腿"的挪威侦察兵，他们把小国王藏在怀里，以飞快的速度滑雪翻过大山，把追兵远远地抛在后面。雪地救王的士兵拥有的"桦木腿"，其实就是用木材制作的滑雪器材，尽管当时的滑雪板、滑雪杖还都比较简陋粗放，但滑行的速度比起雪地上徒步行军还是要快很多。在这两个侦察兵立下的巨大功劳中，滑雪器材发挥了至关重要的作用。为了表彰两个士兵在幼主身陷险境的危急关头挺身而出的壮举，也是为了彰显滑雪的技能可以帮助危难之中的人们死里逃生，挪威现在每年还举行越野马拉松滑雪赛，滑行的距离约56千米，这就是当年侦察兵救助国王时所滑行的路程。后来，挪威、瑞典、丹麦和俄罗斯等国家的人民群众，不但在日常生活和劳动生产中广泛地运用滑雪这一技能，而且这些国家还都组建过滑雪部队，这些部队能以行军的迅疾起到迅雷不及掩耳的突袭作用，在相当一段时间里成为军中的奇兵与骄子。据记载，1522年瑞典国王库斯塔普·伯萨在与芬兰的战争中失利，在芬兰军队穷追不舍的困厄情势下，瑞典国王和将士们运用滑雪的方式，以最快的速度撤向挪威境内，由于瑞典军队保存了实力最终反败为胜。从1922年起，瑞典每年都要在1522年国王滑行过的这条85千米的路线上，举行名为"瓦萨罗佩特"的越野滑雪公开赛，这可以说是挪威越野马拉松滑雪赛的姐妹篇，两者有着相当强烈的异曲同工之妙。

越野滑雪在比赛中需要经过上坡、下坡、平地三种不同的地形，三者各占全程的三分之一。因为越野滑雪最初是作为狩猎与出行的基本技能为人们所掌握的，而山岭与平地的绵延交错的地形正是冬季狩猎的好去处，这种地形在挪威以及其他很多国家都十分常见。可见滑雪运动是在维持生计和便利交通等实用功能的需要下催生与发展的，而随着时间的推移、技能的熟练与器材的改进，人们发现这是一种很有效的锻炼方法和很有趣的娱乐行为，且玩耍所带来的欢乐与激情，又在力争上游的荣誉心的驱使下慢慢地变成相互之间的比赛，使越野滑雪最终成为一项重要的体育竞技项目，在15至19世纪，越野滑雪作为滑雪项目之一，成为欧洲一些国家体育比赛的内容。这一古老的冬季运动项目，在1924年法国夏慕尼举办的第1届冬季奥运会上，就开始被列为正式的比赛项目。到了1973—1974赛季，国际滑雪联合会组织了男子世界杯越野滑雪锦标赛，比赛把每一年的年终与翌年的年初作为一个赛季，先在几个指定的分站进行比赛，然后根据运动员在各站比赛的积分来确定总决赛的名次。从1978—1979赛季开始，国际滑雪联合会又举办了女子世界杯越野滑雪锦标赛。这样，越野滑雪就获得了参加两项世界大赛的机会，成为名声显赫的冬季运动项目，并且为进一步的普及与提高赢得了极好的机遇。

到了19世纪50年代，使用两根滑雪杖的传统滑雪方式，被确立为越野滑雪比赛的正规动作，竞赛规则的逐步完善召唤着更多的人参加到这项运动中来，运动员数量的增加为顶尖选手的成长创造了极为有利的条件。这样一种鼓舞人心的大好形势，使一些冰雪运动强国开始强化运动员训练方法的科学性，无论是耐力训练，还是技能的传授，或者是战术的运用，选手们开始学习生理学、心理学、地理学、气象学与体能训练等知识。知识就是力量，科学知识的掌握与运用，使运动员的技能与意志都得到了很大的提升。同时，工业革命的深入发展，也为滑雪板技术含量的提高做出了重要贡献，从材质的选择与强化，到板材造型更加符合人体需要，以及鞋子与滑雪板之间固定的便利牢靠，都体现了新的科技对滑雪运动提供的帮助。就是在这种多方面的助力下，越野滑雪的运动成绩自然产生了突飞猛进的跃升。

20世纪80年代以后，芬兰和美国两国运动员在越野滑雪比赛中相继创造了类似速滑运动蹬冰动作的滑行方法，为越野滑雪带来了技术上的革新。这种滑行方法因为动作更为简单、更有力量，受到广大运动员的普遍欢迎，很快就风靡全球。1988年国际滑雪联合会将这种新的滑行方法定名为自由技术，而将前后蹬动的旧方法称为传统技术，并且规定包括冬奥会在内的所有赛会的越野滑雪项目中，传统技术和自由技术必须各占一半，同时对男女接力的团体项目也做出了相应的规定。

北京冬奥会就是根据这一规定，在越野滑雪这一项目中设置了这样一些小项：男子15千米（传统技术）、男子双追逐（15千米传统技术、15千米自由技术）、男子个人短距离（自由技术）、男子团体短距离（传统技术）、男子50千米集体出发（自由技术）、男子4×10千米接力；女子10千米（传统技术）、女子双追逐（7.5千米传统技术、7.5千米自由技术）、女子个人短距离（自由技术）、女子团体短距离（传统技术）、女子30千米集体出发（自由技术）、女子4×5千米接力。

越野滑雪是在低山丘陵地带展开的长距离滑行，虽然没有高山滑雪那种气吞山河的磅礴气势和旋风横扫的凛凛威风，也没有自由式滑雪的腾空雄起的生猛壮观，还能让人在目不暇接的惊叹中萌生几分提心吊胆的恐惧。但是，建立在日常生活生产实用功能基础上的长途滑行，平安顺畅原本就是它的底色，而你追我赶的生动赛况更使比赛充满了悬念。赛场的雪道在坡度和曲线的布置上，如果从空中鸟瞰，滑行路线在沿着山势蜿蜒展开的延伸中，无论是直行的长度还是转弯的弧度，都要在充分保证安全的前提下，为运动员创造最好成绩提供了大显身手的最佳平台。在张家口崇礼区太子城东南侧山谷的国家越野滑雪中心，比赛用的雪道是由国际滑雪联合会的顶尖专家现场踏勘确定的，这样做虽然增加了施工的难度，但专家对工程高度精准的决策与指导，能够把国际滑雪联合会制定的最高标准与崇礼赛区的具体地形予以完美的结合，这样就在工程质量上体现了精益求精的自觉追求。总长9.7千米的越野滑雪赛道先是在山间以曲线的形式向前伸展，形成了类似蝴蝶在花丛中飞舞的轨迹，这样的自由曲线之美使运动员在比赛的紧张之中还能在潜意识层次得到美的感染。这条赛道根据山体和植被的走向布置了上坡与下坡的路程，又紧邻明长城遗址，来自世界各地的运动员在这样的场地滑雪，就像在林间小道穿梭,特别是在古老的长城脚下比赛,既能感受到历史与现实的生动对比,又能体验到中国改革开放的伟大成就与绿色奥运的先进理念,优美的环境一定能够让参加越野滑雪各项比赛的中外运动员产生美好印象,鼓舞比赛斗志。

此外,因冬季往往天黑较早,这就需要妥善考虑长赛道的照明和赛事转播的灯光问题。国家越野滑雪中心在赛道两旁设有59根白色灯杆用作照明,这既可以满足电视转播对灯光的高标准要求,又可以兼顾晚间竞赛的照明。高亮度的照明系统使国家越野滑雪中心在夜间也能亮如白昼,山林间蜿蜒曲折的赛道的亮度,不但可以满足夜间比赛和电视转播对照明的需要,而且还能呈现出火树银花不夜天的美丽夜景。此外,张家口赛区还建有一条璀璨夺目的"冰玉环",这是一条"C"字形的廊道。整条廊道在冬奥会期间全被白雪覆盖,很自然地嵌入到周边山体中去,犹如一条晶莹剔透的玉环,它不但将崇礼冬奥场馆群的核心区域串连起来,还以新颖而独特的造型、完善而便利的功能,成为人们交口称誉的人文景观。

越野滑雪的审美价值还表现在运动员的滑行动作上。上坡应该是最为艰苦的历程,需要咬紧牙关不停攀登,每向上一步都需要投入生命的全部力量,在这样的地形上滑行犹如逆水行舟不进则退。英雄主义的本色、心智的强大、技能的高超、战术运用的高明,形成了一种平凡而又非凡的精神之光与力量之美。下坡时的滑行应该比较轻快,紧张过后的放松就会给人"轻舟已过万重山"的快感。毛泽东曾经把解放战争比作爬山,他说:"解放战争好像爬山,现在我们已经过了山的坳子。最吃力的爬坡阶段已经过去了。""后30个月叫作'传檄而定',那时候我们是'下坡',有的时候根本不用打仗,喊一声敌人就投降了。"① 爬山本身就是先难后易,滑雪比赛中下坡自然就会

---

① 李颖:《牢记"两个务必" 永葆斗争精神》,求是网,2019年3月6日,http://www.qstheory.cn/dukan/qs/2019-03/16/c_1124241400.htm.

产生"传檄而定"般不战而胜的豪情，而这时候不费吹灰之力的轻而易举，恰恰就是建立在上坡时举步维艰中砥砺前行的基础之上，充分表现了胜利的喜悦和豪迈，这是欢欣鼓舞的成功之喜，又是令人心旷神怡的优雅之美。到了平地上，一马平川的地形不再有大的坎坷，在坦途上滑行，既没有上坡时拼尽全力的艰辛，又不需要下坡时轻松之中的小心谨慎，有唯恐因速度过快而发生摔跤受伤的祸事。所以在平地上的滑行，就会呈现出畅行无阻的通达之美及和舒展顺心的运动之乐。而冲刺阶段运动员们在最后的拼搏中不敢有丝毫的放松，而是以拼命三郎的毅力闪耀着生命激情的光辉，这是人在社会实践具体行动中尽力争取最后成功的生动表现，是一种壮怀激烈、奋斗不息的壮丽之美。

美国著名作家、诺贝尔文学奖获得者海明威写有一篇短篇小说《越野滑雪》。我们看看这位大作家对这项运动是怎样描写的：

> 大雪给风刮得严严实实地积在车道上。冲刷高山裸露表层的狂风把向风一面的雪刮成一层冰壳。尼克正在行李车厢里给滑雪板上蜡，把靴尖塞进滑雪板上的铁夹，牢牢扣上夹子。他从车厢边跳下，落脚在硬邦邦的冰壳上，来一个弹跳旋转，蹲下身子，把滑雪杖拖在背后，一溜烟滑下山坡。
>
> 乔治在下面的雪坡上一落一起，再一落就不见了人影。尼克顺着陡起陡伏的山坡滑下去时，那股冲势加上猛然下滑的劲儿把他弄得浑然忘却一切，只觉得身子里有一股飞翔、下坠的奇妙感。他挺起身，稍稍来个上滑姿势，一下子又往下滑，往下滑，冲下最后一个陡峭的长坡，越滑越快，越滑越快，雪坡似乎在他脚下消失了。身子下蹲得几乎倒坐到滑雪板上，尽量把重心放低，只见飞雪犹如沙暴，他知道速度太快了。但他稳住了。随即一搭被风刮进坑里的软雪把他绊倒，滑雪板一阵磕磕绊绊，他接连翻了几个筋斗，然后停住，两腿交叉，滑雪板朝天翘起，鼻子和耳朵里满是雪。

第四章 白雪红梅

乔治正屈起双膝滑下山来：两支滑雪杖像虫子的细腿那样荡着，杖尖触到地面，掀起阵阵白雪，最后，他一腿下跪，一腿拖随，整个身子就来个漂亮的右转弯，蹲着滑行，双腿一前一后，飞快移动，身子探出，防止旋转，两支滑雪杖像两个光点，把弧线衬托得更加突出，一切都笼罩在漫天飞舞的白雪中。

在这几段文字中，海明威写了生活在雪乡的人们在冰天雪地的严寒中的快乐与豪爽，细腻刻画了两个年轻人娴熟的滑雪动作，既有风驰电掣的痛快，又有失手摔跤的滑稽。他把人们日常生活中的滑雪运动，写得细致入微而又有滋有味，充分展示了作家的大情怀和大手笔。

越野滑雪在世界上60多个国家和地区开展得比较好，欧洲的挪威、瑞典、芬兰、俄罗斯、意大利等国在这个项目上的运动水平始终处于领先地位。2017年11月挪威越野滑雪传奇女将比约根，以25分7秒6的成绩获得女子10千米间隔出发古典技术项目的冠军，这是她个人在世界杯分站赛上的第107个冠军，真的堪称滑雪女神。亚洲国家在越野滑雪这个项目上，大多数还处于中游或中下游水平。中国的越野滑雪运动由于缺乏群众基础，专业选手的起步也较晚，所以在这个项目上取得的成绩也不是很理想。迄今为止中国选手在冬奥会的越野滑雪项目上取得的最好成绩，还要算2006年都灵冬奥会上的女子接力第13名。2017年11月在芬兰卢卡举行的越野滑雪分站赛上，3名中国选手出战，U23组别的哈萨克族选手恩特马克名列第104，尚金财为107名，王强为114名。2018年2月16日，中国运动员孙清海在平昌冬奥会越野滑雪男子15千米自由技术项目中获得第98名。为了实现北京冬奥会"办赛要精彩，参赛也要出彩"的目标，中国越野滑雪队一直在进行刻苦的训练。对于目前中国越野滑雪运动在国际上的水平与状况，国家队教练李智辉表示："越野滑雪项目起源于北欧，在国内发展相对较晚，但是近些年我们在不断地努力追赶，发展得特别好也特别迅速。在去年世界杯的比赛中，我们的运动员已经能达到十几名的成绩。越野滑雪队下一步在奥运会上的目标是能够站在50千米的领奖台上，因为这几年国家队也一直在备战长距离越野滑雪项目，50千米是在闭幕式领奖台上颁奖，所以我们非常期望我们的运动员能站在冠军奖台。"①我们衷心希望中国越野滑雪队能够乘北京冬奥会的东风，把站上领奖台的希望之梦化为现实，给全国人民一个大大的惊喜。

2. 高山滑雪

高山滑雪是雪上项目中的重头戏，运动员以滑雪板、滑雪杖和雪鞋为主要器材，依照插着旗帜的路线从高山向下滑行，这个项目具有较高的难度系数，需要娴熟掌握并巧妙运用滑降、转弯、滑行及急停等复杂的技术，才能以速度的迅捷获胜。高山滑雪起源于阿尔卑斯山脉，也被称为"阿尔卑斯滑雪"，是越野滑雪为适应高山地形而逐步形成的。这一雪上运动的重要项目，具有历史悠久、气势磅礴的特点，因而受到广大观众的高度青睐。

高山滑雪项目是在越野滑雪的基础上，通过技术上的不断改进和提高逐步形成的。1850年挪威泰勒马克郡的滑雪者尝试了在滑行中改变方向和紧急停止的旋转动作。1868年被后人称为挪威滑雪运动奠基者的诺德海姆等人，在奥斯陆举行的滑雪大会上表演了侧滑和"S"形快速滑降技术。到了1890年，奥地利的茨达尔斯基发明了适合阿尔卑斯山地形特点的短滑雪板及其滑行技术，1905年他又在维也纳的利林费尔德表演了回转障碍滑降技术，这是高山滑雪史上的第一次，具有极为重要的开创性意义。而冰雪运动界一般认为高山滑雪这一项目诞生于1907年，标志是这一年世界上第一个高山滑雪运动组织——阿尔卑斯滑雪俱乐部的创立，尽管这个俱乐部是由英国人创办的。1910年，奥地利军人比尔格里上校创办了带有军事性质的高山滑雪学校。几年之后，英国人阿诺德·卢恩爵士和奥地利人海因斯·施奈德共同提出了现代高山滑雪比赛的技术纲要和组织办法。1922年，卢恩在位于瑞士与荷兰交

---

① 郭尚林：《国家越野滑雪教练李智辉：希望中国运动员站上冠军奖台》，白银文明网，2021年1月25日，http://b.bynews.com.cn/content/20210125/Articel03005a.htm.

第四章 白雪红梅

界的山巅小镇慕伦，在海拔约 1650 米高的雪山上组织了滑雪史上第一次高山小回转滑雪比赛。从 20 世纪 20 年代开始，高山滑雪比赛在阿尔卑斯地区纷纷举行，各类高山滑雪学校相继建立，培养了更多高水平的高山滑雪运动员。1931 年起，国际滑雪联合会每年都举办世界高山滑雪锦标赛，这一赛事有力地促进了高山滑雪运动的迅速发展。在 1936 年德国加尔米施·帕滕基兴举办的第 4 届冬奥会上，高山滑雪首次被列为冬奥会的比赛项目。但当时只有男女快速降下和回转障碍降下这两个小项，直到 1952 年，高山滑雪才有三个比赛项目，即大回转障碍降下、回转障碍降下和快速降下，以后逐渐发展到十个竞赛项目。目前，冬奥会设高山滑雪男、女全能（1936 年列入）、速降（1948 年列入）、回转（1948 年列入）、大回转（1952 年列入）和超级大回转（1988 年列入）。北京冬奥会除了这 10 个小项之外，还新增加了混合团体，共有 11 个竞赛项目，33 枚奖牌。

速降：也称滑降，是高山滑雪中偏重于速度的重要项目，这是一项充分体现速度与技巧完美结合，融磅礴气势与优雅曲线于一体的雪上运动项目。这个项目要求运动员以迅捷的速度从山上向山下滑行，并且在滑行的过程中必须严格遵循指定的路线，也就是要穿过赛道两旁插着的旗帜所构成的"门"。男子比赛插红色旗，女子比赛插红、蓝两色旗。旗门的宽度为 4—8 米，上下两道旗门之间的距离一般为 30 米左右。速降滑行的路线长度要在 2000 米以上，山体的坡度为 5°—30°，平均必须在 20°以上。比赛规则还对速降的垂直高度差做出了具体的规定，男子要达到 800 米以上，女子则是 450 米以上。以滑降两次的时间来计算成绩和决定名次。当运动员从山峰上沿着陡峭的雪坡从山顶向山脚滑行，坡度本身的势能和运动员为了创造优秀成绩而勇敢俯冲造成强大的冲击力，很容易给滑行造成一定的隐患与风险，所以在速降的路线上就不能让运动员为了速度而飞驰直下，必须让他们在滑行中穿过旗门，因为这是给运动员指引的一条安全的路线。这样，滑行过程中通过方向的转换，既增加了运动安全的保险系数，又使运动的轨迹有了更丰富的变化，起到了增加观赏性的良好作用。

为了在确保安全的同时，能够以最快的速度完成比赛，运动员需要掌握各种高难度的技巧和复杂的动作，其中直降、横渡和转弯就是三种最基本的动作：

所谓直降，就是从垂直差800米以上的雪山上直接滑下来，这样的动作就像歼击机俯冲而下，带着无所畏惧的威猛勇气，以雷霆万钧的力量和气吞山河的气势令人震撼。对运动员来说，如果没有这种排山倒海的大无畏勇气和气壮山河的凌云之志，就会在陡峭的雪坡面前畏葸不前，那么首先就在气势上打败了自己。当然，直降滑行的每一个动作都要做到万无一失，这就必须在技术上对自己有精益求精、冲破极限的坚强决心和严格要求，容不得半点的含糊与疏忽，只有达到了运斤成风的顶级水平，才能够在比赛中获得优异的成绩。此外，运动员在比赛中还要懂得速度控制的辩证法：在力量使用高度有效、滑行态势顺利流畅、前进路线准确无误的时候，就要信心百倍勇往直前；但是，这种顺水行舟、径行直遂的时刻，有时候也会让人产生春风得意的飘飘然感觉，似乎胜利就在眼前并且唾手可得，于是急于求成的迫切心理与一举成功的轻率态度涌上心头，滑行速度持续加快，力量的使用更猛更凶。然而，欲速则不达的老话也就会在这个时候得到无情的印证，因为头脑稍有发热，动作就会变形，身体就会失衡，结果不是摔跤受伤，就是错过旗门而受罚，最后当然只能和胜利失之交臂。这就是说，冷静的头脑、慎重的态度，是直降滑行中运动员合理控制速度中不可缺少的科学态度，当然也是确保速降比赛取得圆满成功的巧实力。

横渡的动作则是在坡度比较平缓的山地上运用，因为滑降毕竟不是小朋友坐滑梯，"哧溜"一声就从高台上滑到地面，重力加速度的力学作用、雪地和滑板之间较小的摩擦系数，以及运动员为了获胜而全力以赴的滑行，即使没有任何危险的状况发生，直通通的下滑过程也会让比赛失去原有的乐趣。清代的袁枚在《随园诗话》中说，"文似看山不喜平"，是指好的文章就像高低起伏的群山那样，层峦叠嶂、奇峰绵延，富有生动的变化，绝不是平坦无奇。在高山滑雪的速降比赛中，如果滑行是在一贯到底的直线上，那就只能使整个比赛给人平铺直叙的无趣。参加比赛的运动员和广大观众，也可能会由于比赛的路线与过程的简单而兴趣索然。所以必须通过横渡这一方式，让运动员由直降转到近似于水平线的雪道上滑行，这是对直降的缓冲，也是运动员在剧烈俯冲之后的调整与放松，体现了运动方式有张有弛的变化。从滑行的具体动作来说，作为从高山下降到平地的一个组成部分的横渡路段，它不可能是一条严格意义上的水平线，而是几条弧线组成光滑圆润的连接弧，就像盘山公路为了车辆能安全翻越陡峭的山岭，必须建成多个"之"字形的连续弧，使上山的道路变得较为平缓。速降项目中的横渡，跟爬山公路的"之"字形的路段颇为类似。当然，运动员在横渡上的滑行，因为坡度上比直降要小，一般就不需要用势如破竹的俯冲，但这并不意味着用力的减少，因为安全系数有了更大的保障，此时正是滑行中提速的良机，所以运动员必须用最大的力量加速前进。这就使力量的大小成为运动员在横渡阶段取胜的决定性因素，而力量使用形态的变化既是技术全面性的体现，又是运动过程的丰富性和连续性的具体展示。

而转弯是在向下滑行时使用得比较多的动作，它一方面使坡度很大的山势，通过滑行路线的变化得到改善，为运动员充分展示滑行技能的灵巧性提供了大好机会。运动员对于滑雪杖、滑雪板有精巧掌握与灵活运用，就能以敏捷准确的动作对身体姿态加以及时调整，这里需要的是丰富的经验和高超的技能。另一方面，转弯是速降过程中两种方向的衔接，它所呈现的弧线既要体现滑行的连续性，又要处理好离心力与向心力的矛盾斗争，运动员在力量使用上的重心，应该在手和脚的左右两侧得到及时的变换，使身体随时保持动态平衡。还要认真关注滑行高度的降低与方向的转换的统一性与差异性，让着力的重点跟雪道在转弯中的弧度相吻合，如此就会使流畅的运动轨迹呈现出曲线的柔和与优美，这跟以力量和速度取胜的速降项目在审美中的主要表现——崇高风格形成相互补充的关系，因而产生了交相辉映的效果，两者在相反相成的对立统一中形成更丰富更深邃的美学意蕴。而直降、横渡与转弯这三个动作所表现出来的技能的娴熟与精湛，就会在比赛规则的严格要求之下，形成合理分布的总体格局，这是高山滑雪以纵横捭阖、所向披靡为重点，而又能以刚柔相济、精巧灵活相辅助，运动的审美精华就在这里获得了全面施展的机会。

高山滑雪比赛除了速降之外,还包括三个跟"回转"相关的小项,它们是:回转、大回转和超级大回转。三个回转在滑行速度上依次递增,旗门的密度也依次降低,而滑行的速度与节奏则逐次加快。从滑行的基本动作来说,这三个小项就是把速降中的动作放到较为平缓的山坡上进行,并把直降、横渡和转弯这三种动作尤其是后两种动作有机地联结在一起,并以更大的动作幅度、更美的身体姿态、更精的滑行技能在山野雪原上展示自己的强大实力,争取创造优异的成绩去赢得比赛的胜利。

回转:高山滑雪比赛的小项目之一,也称回转滑雪或回转障碍。从1948年第5届冬季奥运会开始,回转被列为比赛项目。运动员在滑行过程中左右盘旋,强大的动力以曲线的形式展开,柔和优雅而连续延伸的转弯弧迹,具有壮美与儒雅相映成趣的审美特色。这一项目在力量的威武雄壮中更有动作的灵活自由和心智的机敏,因而赢得了广大观众的欢迎,这一小项也就在高山滑雪中占据了举足轻重的地位。

回转比赛的速度最慢,平均时速仅30千米,赛道高度差为140—220米,赛道中通常会设置40—75个门,门宽4—6米,上、下两个旗门间距为0.75—13米。运动员从山顶沿着指定的路线在连续转弯后需要穿越旗门迅速下滑,因为旗门密集,运动员就没有办法滑得太快。路线上设置多种形式的旗门,组成障碍。旗门由2根回转标杆和2面门旗组成,旗门宽4—6米,旗子则由红、蓝2种颜色组成。旗门的设置包括与路线方向垂直的开口旗门、与路线方向平行的闭口旗门,以及由3—4个旗门组成的"旗门组",男子为55—75个,女子有45—65个,这些"旗门组"可能会有蛇形门、螺旋门、三角门、菱形门等不同的形式,而2个连续旗门之间的最短距离为0.75米,最长的则有15米。运动员在滑行时若碰倒旗杆不算犯规,而漏过门或2只脚分别在旗杆内外两侧的"骑杆过门",却要被判为犯规动作,不能计入成绩。回转比赛是在覆盖着积雪的山坡上进行的。路线坡度一般为20°—27°,部分路线的坡度可以小于20°或大于30°,长度方面男子为600—700米,女子为400—500米,宽度至少要达到40米。比赛规则对起点到终点的垂直差有明确的要求,男子要在180—220米,女子为140—180米,回转比赛的成绩以在 2 条不同路线各滑行 1 次的成绩相加。

大回转：大回转的速度要快于回转，赛道高度差为 250—450 米，赛道中设置 46—70 个旗门，门宽为 4—8 米，上、下 2 个旗门间距不少于 10 米。回转项目所插的旗帜是三角形的，而大回转的旗帜是四角形的。大回转比赛场地起点与终点的高度差，男子为 350—400 米，女子为 260—350 米。在大回转比赛中，运动员必须以"之"字形的滑行方式通过标注旗门，并以超快的速度滑下斜坡。跟滑降与超级大回转这 2 项速度比赛项目不同，大回转需要进行 2 轮比赛，并且根据第 1 轮比赛的成绩，30 名之后的参赛者都要被淘汰，只有前 30 名可以继续参加第 2 轮比赛，而且是以倒数的次序方式进行，也就是第 1 轮比赛中第 30 名的选手，在第 2 轮反而最先出发。

超级大回转：这个项目需要用超快的速度滑下斜坡。与大回转相比，超级大回转的斜坡更为陡峭，比赛场地的起点与终点的高度差，男子为 500—650 米，女子为 350—500 米。超级大回转也要用"之"字形的滑行通过标注的旗门。旗门宽度，开口旗门最少为 6 米，闭口旗门为 8—12 米。旗门间距的宽度在 25 米以上。男子比赛时，必须通过 35 个以上的旗门；女子则为 30 个以上。在比赛过程中，需要进行 2 次跳跃。与回转、大回转有所不同，超级大回转是以速度为竞赛的重点，不像技艺的展示那样可以重复进行，选手们成绩的好坏只看一次滑行的表现。这种一锤定音的比赛，如果一不小心出了差错，就没有弥补的机会了。因此，要在超级大回转的比赛中取得好的成绩，不但需要在平时的训练中练出硬功夫，而且要养成迅速适应新的比赛环境的能力，包括善于应对特殊天气的干扰，尽快把握比赛场地的地形地貌特征，尽量了解对自己形成激烈竞争或者产生严重威胁的对手。在知己知彼、先适应再征服的基础上，才能滑出更快的速度，获得更好的成绩。超级大回转是在 1983 年的世界杯赛季被首次列为官方比赛项目，1987—1988 赛季才被列入世界锦标赛和冬奥会的正式比赛项目。在冬奥会上，超级大回转项目通常设置在与速降项目相同的场地，但起点的高度比速降项目要低。

高山滑雪的小项还包括全能比赛和混合团体赛。

全能比赛是将高山滑雪中两个不同类型的项目合在一起进行比赛，也就是既要比速降，也要比回转。设置这个项目主要是为了让运动员全面掌握和拥有高山滑雪的基本技术、优秀体质、强大胆魄以及由这些要素形成的综合素质，展示人类在征服高山雪原时的坚强决心和多项本领。全能比赛的第一轮是速降，第二轮是回转，将两种比赛的成绩相加起来即得出最终结果。

混合团体赛是由16个国家或地区队在资格赛出线的基础上进行的决赛。这是由男女运动员共同组成一个团队参赛，每个团体由2名男子和2名女子组成。它使用大回转的旗门进行平行的比赛，旗门的间距要比回转小项稍长，却比大回转要短，赛道长度为250—300米，16支团队以淘汰赛的方式排出名次。

高山滑雪运动具有深厚的文化意蕴和审美内涵，这首先表现为人类对高度的崇敬以及对登高的热切期盼。生活在地球上的人们总是对头上的蓝天充满了飞升的幻想，"可上九天揽月"自古以来就成为各国人民的强烈追求。中国古代有嫦娥奔月的神话，这个美丽的故事至今仍能给我们带来很多神奇的想象。"嫦娥曳霞帔，引我同攀跻""好是照身宜谢女，嫦娥飞向玉宫来"，这些歌咏嫦娥奔月的诗句，其实就是对隐藏在人们心中的登高飞升的永恒向往。古代巴比伦有建造通天塔的神话传说，其实就是人类希望运用自己的建造能力，造一座能够通向天堂的巨大的建筑。这个神话故事的集体心理原型，正是人类通过建造巨型建筑以显示自己具有伟大建造力的共同梦想。高可通天的巨塔当然是无法建成的，但是人类对于高度的敬畏与攀高的实践却永远不会停止，而且通过以下两个实际的途径把这种向往逐步变成现实。

首先是建造摩天大楼这类巨型建筑的伟大实践。依靠材料力学、结构力学与先进装备的创新成果，建造壮丽伟岸的巨型建筑获得了空前的成就——从1889年的埃菲尔铁塔到20世纪纽约的世贸大厦，再到2010年阿联酋迪拜建成的高828米的哈利法塔，都是当时世界上最高的建筑。埃菲尔铁塔刚建成时曾经遭到不少法国著名人士的反对，有的人把它视为钢铁怪物。但巴黎世博会的总经理乔治斯·伯格尔认为，科学技术使这个社会上升到一个新的高度,"我们从黑暗的年代就开始攀登陡坡,现在我们已经到了顶峰,我们的后辈将在这里眺望未来。"[1]这是人类通过越来越发达的建造能力,尽情表达着攀登新高度的神奇幻想,实际上是把高度作为新的图腾,并且在为之不懈奋斗的实践中不断创造着新的历史奇迹。可见,登高既是人类实现"无高不可攀""山高人为峰"的雄心壮志的表现,又是进一步探究未知世界新的出发点,也是"巨人肩膀"这一内涵的延伸与拓展。

其次是制造火箭、发射人造卫星探索外太空。飞向无垠的太空的实验最早是在中国明代付诸实施,人称"万户"的陶成道,在功成名就之后尝试着用火箭把自己送往太空,虽然他的飞天实验以失败告终,但他作为尝试利用火箭飞天的第一人,以大胆的想象、科学的思路和勇敢的牺牲精神,为人类探索太空未知世界做出了重要的贡献。今天,人类已经拥有大推力的火箭,成千上万的人造卫星和空间站在环绕着地球飞行,探月工程、火星探测都已经取得了史无前例的成功。太空已经从一开始人数极为有限的宇航员的踏足之处,逐渐成为人类新的旅游目的地。向新的高度飞升的伟大实践已经揭开了人类探究未知世界的新篇章。

然而,人类渴望飞向新的高度的愿望,又总是跟脚踏实地、安身立命的心理紧紧连在一起。因为即使登上了再高的空间,也只有在安全回到大地母亲的怀抱时,才能感到心理上的安宁。高山滑雪虽然是站上有限的高度,但是要在大雪覆盖的山上飞快地滑向地面,它的难度虽然跟宇航员返回地球有天壤之别,但是在运动员的手上和脚下,分别只有十分简单的滑雪杖和滑雪板,完全是靠躯体的灵活机动和手脚操作的精准利索,是用肉体生命跟大雪以及被它覆盖的坚硬的岩石、陡峭的山崖和曲折的路线展开的搏斗,它所显示出来的意志的坚强、

---

[1] 金兹堡:《风格与时代》,中国建筑工业出版社,1991,第36—37页。

胆量的强大、技能的精湛和聪慧的睿智，从更深层次的文化心理内涵上来说，运动员从雪山上滑到地面，也是可以跟宇航员返回地球的行为相媲美，而这两种行为所具有的共同美就是崇高。

崇高作为重要的审美范畴，是指对象以其严峻粗粝、硕大沉重或者喧嚣嘈杂的感性存在形式，使人的身心受到惊吓，然而由于这样的对象不会让人遭受实际的危险，痛感就会转化为震撼与激越，进而引起人们的敬畏与赞叹，并由此拓展人的精神视野，提升人的思想境界。跟其他的审美范畴相比，崇高与优美相反，而与悲剧相近，它不是以优雅精致、柔和细腻的形式特征，给人"清风流花语"的心理抚慰和"润物细无声"的情感滋养，而是首先以"危楼高百尺"那种体量巨大且自身充满对抗性矛盾的事物，给人退避三舍的下马威。但这种霸气外露的事物，作为审美对象不会给人造成实际的危害，尤其是在社会实践中艰苦奋斗过的人，他们能够以博大的胸怀和广阔的视野，把跌宕起伏的心灵震撼作为夯实精神支柱的有益刺激，动态调适心理健康的重要途径，乃至牺牲生命的伟大价值，就像枚乘在《七发》中所描绘的"千仞之峰""百丈之溪"那样的景物，"白刃硇硇，矛戟交错"那样的战斗，在激越心智的过程中使灵魂得到升华。

高山滑雪的崇高蕴含着丰富的内涵：（1）面对冬季严寒的天气，白茫茫的大雪，人们不是在安乐窝中为炭火、暖气伺候着，却在刮着凛冽寒风的山野雪地上受冷挨冻，这是老天爷的威严，是大自然对人们的考验。（2）高山的伟岸与险峻，德国古典哲学家康德曾经把崇高分为"数学的崇高"与"力学的崇高"，雄伟壮丽的山峰、横无际涯的湖泊、满目苍凉的戈壁荒漠、仰之弥高的摩天大楼等，都属于"数学的崇高"。去高山上滑雪，先要面对山的体量对人占据的压倒性的优势，就像信徒们走进高耸入云的哥特式教堂，内部空间似乎在向上升腾，建筑空间所具有的独特的神秘气氛和强有力的艺术感染力，似乎强化了神对人的控制与引导，高山的崇高就会让人产生类似的感受。（3）运动员敢于用自己的勇气、力量和技能对高山和大雪的双重压迫发起挑战，虽然在滑行中会遇到一定的危险，如垂直差的险峻、穿越旗门的难度、转弯时速度与曲线的冲突，但运动员以毫不畏惧的气概去战胜这些困难，心中的恐惧就化作胜利的喜悦和无比的自豪，人生境界因为本质力量的增强而实现了新的飞跃。这就是高山滑雪在审美上的崇高，它对于运动员或广大观众来说都是带有苦味的心灵参汤。

北京冬奥会高山滑雪比赛在新建的国家高山滑雪中心进行。赛场位于北京西北的延庆小海坨山，7条雪道是根据山势地形设计建设的，垂直落差为800—900米。正是由于小海坨山落差大、坡面长的地形特点，它成为国内第一座符合奥运标准的高山滑雪赛场，也是当今世界上难度最大的高山滑雪赛场之一。山顶出发区在海拔2190米的小海坨山的最高峰，这里的景色非常优美，视野十分开阔，很有"会当凌绝顶，一览众山小"的豪放诗意。当运动员在这样的高度，以每小时130千米的速度冲下山去，他们肯定会不由自主地萌生一种慨当以慷、锐不可当的激情。整个赛场，就像一条盘旋在雪原上的游龙，在蜿蜒曲折中呈现出崇高的气势。整个看台可以容纳8000名观众，也是十分壮观。

中国运动员在高山滑雪这个项目还处在刚刚起步的阶段。2017年2月19日，在瑞士圣莫里茨进行的高山滑雪世锦赛上，黑龙江的张晓松和吉林的张洋铭完成了男子回转比赛，分别获得第68名和第69名。2019年3月20日，高山滑雪国际滑雪联合会积分赛男子速降比赛在法国奥龙滑雪场举行，张晓松和解放军运动员丛亮参赛并顺利完成比赛。这是中国运动员在冰雪运动史上首次登上速降项目的国际竞技舞台。结果张晓松以1分36秒91的成绩排在第45名，并获得了国际滑雪联合会认可的积分87.26，离参加北京冬奥会的资格只有不到10分的差距。丛亮最终成绩是1分41秒24，名列第57。2017年2月22日，参加第8届亚洲冬奥会男子大回转比赛的中国选手，虽然拼尽全力，但毕竟跟一些冰雪强国的选手还有不小的差距，结果丛亮以2分28秒5获得第12名，徐铭甫以2分29秒6的成绩获得第13名。

女子项目的成绩比男子的显得较为出色。1980年在美国普莱西德湖举行的第13届冬季奥运会上，中国运动员王桂珍获得了高山滑雪女子小回转项目第18名，这是当时中国运动员取得的最好成绩，也是中国选手在冬奥会舞台上的首次亮相，意义十分深远。在萨拉热窝举行的第14届冬奥会的高山滑雪女子小回转比赛中，中国选手金雪飞和王桂珍分别名列第 19 和第 20。2015 年 12 月 8 日至 11 日，国际滑雪联合会在张家口崇礼云顶滑雪场举办高山滑雪积分赛，中国运动员夏丽娜以 4 分 46 秒 10 的成绩，获得了女子大回转比赛的冠军，这是一次突破，具有一飞惊天的重大意义。

虽然在这几年的训练和比赛中，尤其是北京要举办 2022 年冬奥会的喜讯的激励下，中国运动员还是取得了一些令人欣喜的进步。但是由于高山滑雪这项运动在中国还是缺乏广泛的群众基础，专业运动队的起步也比较晚，因此跟世界顶尖水平相比仍有较大的差距。但是，能够在家门口和世界名将较量，既是学习锻炼也是力争超越的好机会。相信几年之后，中国高山滑雪运动员一定会以奋力拼搏的精神，在这些具有重大影响的雪上项目中崭露头角，为崛起的中国争来金灿灿、银晃晃的奖牌。

3. 冬季两项

冬季两项跟越野滑雪一样，也是起源于挪威。它是由越野滑雪和射击这两种不同类型的竞技项目结合起来的户外运动，是雪上运动较有特色的项目，也是冬奥会的正式比赛项目。这一项目的产生，应该跟人们在冬季狩猎活动有关，无论是中国新疆阿勒泰的岩画，还是挪威、瑞典等斯堪的纳维亚国家的历史传说，都证明了滑雪是古人为了满足生产劳动和日常出行的需要而逐步发展起来的生存技能。冬奥会设置了这样一个项目，不但体现了竞技体育与生产生活实用功能之间的深刻联系，同时还包含着对人类以滑雪、射箭（射击的前身）为代表的生活生产活动，在工具的制造与使用中所显示出来的创造发明的伟大意义，向古人献上现代人的崇高敬意。特别值得注意的是，冬季两项中的射击比赛，跟夏季奥运会上的射击、射箭有很大的不同，最主要的是比赛场地有野外与室内、比赛时间有夏季与冬季的差异：冬天的雪地上常常北风卷地、雪雾弥漫，还有皑皑白雪发出的强烈反光。射击运动员需要的是柔和的光线、清晰的视野和宁静的空间，还要在一定的时间内让剧烈跳动的心脏缓和下来，达到静如止水的平和宁静。然而，在冬季两项的射击比赛很难具备这些条件。但就是这样的环境和心态，却更加接近人们冬季狩猎的实际情况，这也是对在林海雪原飞速驰骋、飞快出枪击中猎物的历史记忆，奉上一声遥远的历史回响。

在冬季两项运动的比赛中，运动员要在最短的时间内完成由动转静的剧变，在动如猛虎下山的疾速滑行中，一到指定的射击位置，不但要求有戛然而止的敏捷与干脆，而且还要马上进入老僧坐禅般的高度专注，迅速地从力量拼搏的紧张激烈，转变为技能发挥的沉着冷静，并且以凝神屏气、心无旁骛的精细操作高质量地完成射击任务；当打完规定数量的子弹，又必须在一瞬间放下对射击成绩的思虑所带来的满意或担忧，马上挥动滑雪杖继续滑行，这是由静变动的爆发，要有动如脱兔的迅捷，又像在平地炸响的春雷，迸发出风雷震荡的巨大能量。对于参加冬季两项比赛的运动员来说，就是要有"来如雷霆放震怒，罢如江海凝清光"[1]的张弛自如、从心所欲的大将风范与坚毅定力。因此，运动员必须在个人的思维、情绪和技能等方面，都具有非常强大的自我调适能力。只有在思想、技能和心理状态等各个方面都达到当行则行、当止则止的境界，才有可能在比赛中表现出游刃有余的顺畅与精彩。

冬季两项比赛场地包括设施区和雪道区两个部分。设施区由起点/终点区、射击场、处罚圈、接力交接区等组成。整个场地安排了平地、上坡、下坡等多种自然起伏的地形。路线上的雪面经过机械的捣固或人工的踩踏，至少保持10厘米的厚度。起点、射击场和终点都设置在平坦的场地上，并尽量安排在一个地方。包括滑行和射击在内的全部路线的海拔都不会超过1800米。雪道的宽度要达到5米，而且还要设置雪槽。

参加冬季两项的运动员在比赛时身背专用的小口径步枪，脚穿滑雪板，手持滑雪杖，沿着已经标记好的滑道，按照正确的方向和确定

---

[1] 一般引用杜甫这句诗都为"来如雷霆收震怒，罢如江海凝清光"，笔者认为这个"收"字是错误的，其实"放"字是在早期流传的印刷过程中造成的错误，如果"收"了就根本没有雷霆，更不会有"震怒"的产生了。参见拙著《雷霆岂能收震怒》，《华学》编辑委员会编《华学》第12辑，中山大学出版社，2017，第258—264页。

的顺序滑完全程。每滑行一段就需要进行一次射击，以到达终点的时间来决定胜负。比赛采用越野滑雪的自由式，立射时运动员必须先停稳身子，并将滑雪杖放在地上才能拿枪射击；卧射时，需要将肘部支撑在地上托起枪支才能进行射击。在个人项目和短距离赛中，选手可以选择靶位。在追逐赛和集体出发的比赛中，率先抵达射击点的选手具有挑选靶位的优先权。运动员的射击用枪的口径不得大于8毫米，更不许使用自动步枪和光学瞄准镜。滑雪时枪膛中的子弹要全部退出，只有在进入射击位置后，才能将弹夹装到枪上。

冬季两项在冬奥会上的比赛包括男子5项、女子5项及混合1项共11个项目，并分为个人、短距离、接力、追逐、集体出发共5个小项。男子的比赛项目有：10千米短距离，男子20千米个人，4×7.5千米接力，12.5千米追逐，15千米集体出发；女子项目则有：7.5千米短距离，15千米个人，4×6千米接力，10千米追逐，S12.5千米集体出发；以及女子2×6千米＋男子2×7.5千米的混合接力赛。

个人赛：在这个项目，比赛时，运动员随身携带枪支和20发子弹，每1个目标发射5发。男子比赛为20千米，女子为15千米，选手单个出发，间隔时间为30秒，其中男子每滑行4千米射击1次，女子每滑行3千米射击1次，中间总共射击4次，每次5发子弹。射击姿势及顺序为第1圈滑行后卧射，第2圈滑行后立射，第3圈滑行后卧射，第4圈滑行后立射，第5圈滑行直达终点。如果选手有一发子弹没能命中靶标，最终的成绩将被多加1分钟的时间，到达终点后用时最少的选手为胜利者，而最终的用时包括了滑行时间和射击比赛脱靶的罚时。

短距离：短距离比赛也是采用单人出发的形式，两个运动员出发的间隔为30秒，女子的比赛要完成7.5千米的滑行与射击（共3圈，每圈2.5千米）；男子则需要完成10千米赛程（也是3圈，但每圈约为3.3千米）。整个赛程中运动员要有2次射击，第1次为卧射，接下来就是立射，每次打5发子弹。如果出现脱靶，将被罚加滑一个150米的圈道。到达终点用时最少的选手为第1名，而用时是把滑行时间和加罚的用时合起来计算。

追逐赛：在短距离比赛中排在前60名的选手，将有资格参加追逐赛。运动员在追逐赛中的出发顺序，是依据他们在短距离比赛中的成绩来确定的。

短距离赛的冠军第一个出发，其他人则按成绩的好坏依次出发，出发的间隔时间就是短距离赛中第一名与第二名的时间差。女运动员在追逐赛中要完成10千米（共5圈，每圈2千米），男选手的赛程为12.5千米（也是5圈，每圈2.5千米）。男、女选手都要进行4次射击，每次要打5发子弹，射击姿势为卧射、立射以及一次重复。如果出现脱靶，将被罚加滑150米的圈道。到达终点后同样以用时多少决定胜负，而这个用时的计算包括了正常滑行时间和加罚滑行的用时。

接力赛：接力赛规定每队有4人参加，总的滑行距离为30千米。女运动员每人须滑行6千米，男子每人7.5千米，每人的滑行分为3个阶段：第1圈滑行加卧射，第2圈滑行后立射，第3圈滑行即到达终点，并在标定的接力区必须用手触碰同伴身体的任何部位。接力赛出发时运动员随身携带一支小口径步枪和16发子弹，其中2种姿势一共可以打出10发子弹，6发作为预备弹。每1种姿势规定发射5发子弹，如果有残存目标没有击倒，还能用3发预备弹继续射击。预备弹的使用必须逐发装填击发，直到残存的目标全被击中为止。如果3发备用弹打完后仍有残存的目标，就按残存目标的数量确定加罚圈数（每圈150米）。计算成绩时，以整个团队最后一名队员到达终点的时间，作为该队在接力赛中的总成绩。

集体出发：这项比赛要求女运动员完成12.5千米的赛程，男子则为15千米。获得这个项目参赛资格的都是在个人赛、短距离赛和追逐赛上获得前三名的30位顶尖选手。他们在比赛中需要滑行5圈，男子每圈有3千米，女子每圈为2.5千米。每个选手需要进行4次射击，每次可以打5发子弹。若脱靶一次，就必须接受多滑一圈150米赛道的处罚。到达终点用时最少的即为最后胜利者，而所用的时间同样是正常滑行加上加罚滑行的所用时间。

北京冬奥会的冬季两项比赛在张家口古杨树场馆群举行，这个场馆群是由国家冬季两项中心、国家越野滑雪中心和国家跳台滑雪中心组成的。国家冬季两项中心建有11条标准赛道，赛道不远处还有5个景观湖和成片的森林，设计的创意使整个场地的景观美感得到了明显的提升。射击是冬季两项运动中很有特色的比赛内容，运动员在紧张激烈的滑行间隙，一到靶位就要即刻投入射击比赛，这确实是扣人心弦的拼搏。运动员的射击技能和心理素质在这个节点上形成较量，谁都不敢有一点疏忽，因为射击成绩对最后的胜负起着决定性作用。在冬季两项中心这一竞赛场馆，冬奥会将产生11枚金牌，冬残奥会将产生38枚金牌。

国家冬季两项中心有30个靶位，50米的靶位是用于冬奥会小口径步枪射击的。立射的靶心大一点，卧射的靶心稍小一点，这是因为卧姿射击要比立姿更加稳定。靶场还建有防弹玻璃的围屏，以保证两侧功能用房的安全。冬季两项的比赛主要是在下午进行，冬天的下午天黑得早，再加上比赛有时还会持续到晚上，因此场地的照明跟越野滑雪赛道一样，都显得十分重要。国家冬季两项中心在赛道两侧设置了95根灯杆，完全能够胜任对赛道进行无差别照明的任务，以保证运动员在光线较弱的比赛时间，也能够由人工照明提供清晰的视觉感受。

中国运动员在冬季两项这个项目上取得的比赛成绩，相对于其他雪上项目来说还是不错的。2001年3月18日，在挪威举行的冬季两项世界杯比赛中，中国选手于淑梅在12.5千米的总决赛中为祖国夺得了第一个冬季两项世界冠军。2004—2005赛季，中国运动员孔颖超在冬季两项世界杯上连夺2枚银牌。2009年2月28日，在第24届世界大学生冬季运动会冬季两项女子集体出发12.5千米比赛中，中国姑娘宋朝卿以39分13秒4的成绩夺得金牌。2019年3月5日，国际冬季两项联盟2019—2020赛季IBU杯在白俄罗斯明斯克举行，在女子7.5千米短距离比赛中，中国运动员张兆涵、谌红茹分别获得第34名和第52名。3月12日，冬季两项世界杯锦标赛女子15千米个人比赛在瑞典的厄斯特松德举行，来自29个国家的93名运动员参加了该项比赛，中国国家集训队女子运动员张岩、唐佳琳和孟繁棋都参加了这个项目的比赛，3名运动员在比赛中都有出色的发挥，射击都打出了20发19中的好成绩，最终张岩获得第27名，这是她在本赛季获得的个人最好成绩，唐佳琳、孟繁棋分别获得了第40名和第41名。中国女运动员枪法稳定，射击水平稳步提高，缩短了与国外优秀选手的差距，收获了自信，但是在滑行能力上仍然存在着明显的差距，需要急起直追，以后来居上的信心和刻苦训练的行动改变落后面貌。

中国冬季两项男队的运动成绩也跟女队差不多,在亚洲具有争金夺银的水平,但在世界杯、冬奥会等国际大赛上的成绩不是很理想。如辽宁运动员张庆,在1999年第4届亚冬会上获得了冬季两项10千米、20千米两枚金牌;2004年在首届亚洲冬季两项锦标赛上又夺得2枚金牌。中国运动员王文强,在国际冬季两项联盟2019—2020赛季IBU杯男子10千米短距离比赛中,获得第36名,当时共有74名运动员参加了这一项目的比赛,王文强的成绩就在中游的节点上。

总之,中国运动员在冬季两项的比赛中,跟挪威、荷兰、瑞典等冰雪运动强国的运动员相比,还是初出茅庐的后来者。中国的冬季两项最早是在部队里开展的,已有40多年的历史了。然而,由于中国的冰雪运动还没有得到很好的普及,冬季两项运动在技能上的跨度又比较大,项目的整体水平还处于"潜优势"的阶段。相信在北京冬奥会上,中国的冬季两项能够跃上一个新的台阶。

国际冬季两项联盟还举办夏季世界锦标赛,初看冬季的运动项目挪到夏季来举办,季节上的错讹会令人困惑,但是其实所谓冬季两项的夏季比赛就是以轮滑代替滑雪板,以平坦光滑的公路代替雪道,运动员就在这样的条件下进行滑行与射击的比赛。因为这类项目不受时间、气候与场地的限制,因而具有广泛开展的良好前景;又因为轮滑具有较强的挑战性、趣味性与群众性,受到年轻人的普遍欢迎,于是就成为国际冬季两项联盟正式举办的赛事。中国运动员在冬季两项夏季比赛中有出色的表现,如在白俄罗斯明斯克第24届夏季世界锦标赛上,中国队以3金1银的好成绩满载而归。男运动员张庆在2000年首届夏季"冬季两项"锦标赛上,也取得了越野跑射击6千米和自行车射击两枚金牌。但这些都不属于冬奥会的比赛项目,我们在这里只是顺便提一下,没有必要去进行深入的讨论。

4. 自由式滑雪

自由式滑雪与越野滑雪、冬季两项中的滑雪一样,所使用的工具都是滑雪板和滑雪杖,但是它的比赛方式跟一般的滑雪项目有所不同:

首先，决定胜负的依据并不是滑行的速度，而是根据运动员在完成一系列规定动作时表现出来的技术水平，以及自选动作的难度系数、质量指数与创新特色，在多名裁判现场打分的基础上核算出来的分数，最后按照得分高低排定名次。其次，自由式滑雪比赛必须在专门的滑雪场上进行，这个场地在雪道与跳台的结构、形制、坡度与雪的质地、厚度，都有十分严格的技术指标。还有一点值得注意的是，对自由式滑雪这个项目的内涵不能有望文生义的误解，这里的"自由"不是指动作可以无拘无束，而是要求依靠滑行中产生的力量，在离开雪道极为短暂的时间里，去完成超越一般滑雪运动动作的"自由"。

自由式滑雪是在高山滑雪的基础上，大胆地吸收了其他类型竞技运动的内容发展而成的。或许是在一个偶然的机会，有人在高山滑雪比赛的速降中从高高的山崖上往下跳的时候，做了一个空翻的动作以减轻坠落时受到的伤害，这种急中生智的应急情形，可能激发了运动员拓展滑雪运动的灵感，并且认为这是高山滑雪通过丰富内容、增加难度的方法，最终有可能产生新的竞赛项目的途径。一个偶然的动作就这样启迪了有心人的思想，新的滑雪项目就在不断完善的基础上逐步成型了。当然，这跟高山滑雪这一项目本身的开放性是分不开的。高山滑雪运动员、教练员和研究体育运动的专家们，抓住了从高处向下坠落的这一瞬间，并且把1900年在巴黎奥运会上就开始进入人们视野，1904年、1912年相继成为奥运比赛项目的男、女跳水运动作为学习的参照系。跳水比赛中，运动员在跳台上纵身一跃，向前或向后起跳，然后在空中既要绕横轴翻腾，又要沿纵轴旋转，在离水面3米高的空中结束翻腾并转体的运动，然后伸直身体，高举双臂屈体，以轻盈优雅的动作垂直入水。跳水运动在向高难度、高观赏性的发展中，不断打破人的身体在空中的灵巧性、准确性与柔韧性的极限，以特殊的魅力深受世界各国人民的热忱欢迎。自由式滑雪就是以积极开放的姿态，紧紧抓住跳水运动几个主要特点，并结合滑雪运动自身的特点灵活应用，在高山滑雪的基础上培育了新的滑雪项目，使滑雪运动的类型更加丰富，内涵更为深刻，为这项雪上运动带来蓬勃的生机。这主要表现在运动员利用近似"V"字形的雪道，首先进行由高到低的滑行，并在强大的动能所造成的冲击力的惯性作用驱动下，马上转为由低到高的冲刺，这样就能够把从空中落到地面的距离和时间尽量延长，让自己有更多的时间完成难度更高、更复杂的空中动作。尤其是自由式滑雪的空中技巧项目，运动员冲刺的高度跟其空中技巧水平的高低息息相关。

自由式滑雪其实是很不"自由"的竞技项目。

（1）各种动作都是在脚穿滑雪板急速滑行的前提下进行的艰难挑战。譬如空中技巧的比赛，无论是启动冲刺，还是落地后的站稳前行，都需要滑雪板发挥良好的作用，才能顺利完成其他的运动任务，这确实是不折不扣的"戴着镣铐跳舞"。滑雪工具的重量、长度，都在妨碍运动员做出轻灵精巧的动作，哪里还有什么"自由"，完全就是一种束缚与困厄。

（2）出发过程的严峻艰险。空中技巧项目刚开始滑行就要经受住大坡度雪道的考验，然后又需要用最大力量从底部冲向空中，工具的使用、身体的姿势、运动的节奏，都要一丝不苟地适应雪道的形状，以便通过惯性的作用把身体提升到最大的高度。这跟跳水运动员走上跳板的轻松平静相比简直有天壤之别。跳水项目即使是用头手倒立的姿势起跳的，跟自由式滑雪空中技巧先是在雪道上俯冲，随即又要向空中冲刺的紧张激烈，也是无法相比的，这当然也是很不"自由"的过程。

（3）落地与入水的巨大差异。空中技巧运动员在完成动作之后，要求脚上穿的滑雪板首先在指定的区域内触到压得严严实实的雪道，不能跌倒或翻筋斗，也不能臀部先着地，更不能落到指定的区域之外，这个时候双脚必须承受住地面的反作用力，而且还要迅速站稳后继续滑行。若跟跳水运动员的入水相比，虽然人们常说柔情似水，但是如果运动员的动作不到位，不但会激起大的水花，还会受到水面的冲击而"挨拍"，然而跳水跟自由式滑雪所要求的空中技巧还是不可同日而语的，后者所谓的"自由"也就管中窥豹略见一斑了。

自由式滑雪起源于20世纪60年代的美国。1926年，弗里茨·罗于尔博士撰写的《滑雪板的新潜力》一书在德国出版，书中首次介绍了运动员可以用滑雪板做几种复杂的动作，大胆地提出了滑雪板除了用于滑行还可以有更多用途的观点，给喜爱滑雪的人们带来别开生面的惊喜。1928年，美国滑雪运动员约翰·卡尔顿，给观众们表演了雪上空翻动作，成为世界上穿着滑雪板进行技巧表演的第一人，为滑雪运动开辟了一个崭新的领域。1958年冬天，瑞士滑雪教练阿特·弗尤雷尔在滑跳中完成了空翻和转体，有力地促进了自由式滑雪这一新雪上运动项目的形成与发展。1971年，美国的道·菲费尔在新罕布什尔州组织了首次自由式滑雪比赛，翌年在科罗拉多举行了第二次自由式滑雪比赛。

1975—1980年，国际滑雪联合会多次举办了自由式滑雪世界杯赛。1986年，第1届自由式滑雪锦标赛在法国阿尔卑斯山的蒂恩镇举行。2年后，国际奥委会执委会决定将自由式滑雪纳入冬奥会比赛项目。1992年，这一项目正式成为冬奥会的比赛，并陆续设置了男、女雪上技巧（1992年列入），男、女空中技巧（1994年列入），男、女雪上芭蕾则分别在1988年、1992年成为冬奥会表演项目。2010年，温哥华冬奥会又增设了男女趣味追逐赛。自由式滑雪在运动员、教练员和体育运动专家以自觉的创新精神，经过几十年坚持不懈的努力下，终于成为冬奥会上深受观众欢迎的重要项目，这是滑雪运动自我拓展的积极成果，也是人身体的卷曲与伸展、爆发与平静所能达到高度自由的确证。

自由式滑雪要求运动员在斜坡上自由滑降，并通过空中技巧的表演，比拼动作的难度、完成的质量，并且高度重视表演过程中的艺术性。观众们欣赏着神奇华丽的空中技巧，尤其是看到运动员带着滑雪工具做后空翻、转体等动作，先是担心他们可能发生的失误，然后又为完美无瑕而又令人目不暇接的动作感到惊艳而发出欢呼，因此自由式滑雪也被称为"雪上的杂技"。

北京2022年冬奥会自由式滑雪的比赛项目包括：空中技巧、雪上技巧、U型场地技巧、坡面障碍技巧、障碍追逐和大跳台等小项。各个小项的比赛主要包括这样一些内容：

空中技巧：男子运动员要穿着1.6—1.7米长的滑雪板，女子的为1.5—1.6米。比赛场地分为助滑区（70°）、跳台区、着陆区（37°）和停止区4个区域。跳台根据运动员准备空翻的周数分为一周台、两周台和三周台三种。对于观看比赛的人们来说,自由式空中技巧比赛应该是一场完美的视觉享受。然而,对运动员来说,就要有非常好的弹跳能力、平衡能力和空中控制能力,尽力追求动作的稳、难、准、美。因此,该项目对运动员的身体条件要求极高,必须拥有极佳的身体柔韧性。另外,比赛中运动员必须每一次都要跳得十分完美,这对运动员的心理素质也是极大的考验。

旧的规则规定比赛时每人可以试跳2次,裁判员根据动作完成的质量和表演的艺术效果,按照20%的腾空分(起跳、腾空高度)、50%的动作分(完成姿态和难度)与30%的落地分的比例打分,得到的3项分数之和乘以动作的难度系数,就是一次试跳的得分。将运动员2次试跳的得分相加,得分多者名次高。新规则对比赛胜负的决定方式有所改变,预赛第一跳的前6名可以直接进入决赛,排在前6名者之后的还有机会进行第二轮预赛;第二轮预赛同样取前6名,这样共有12人进入决赛。决赛采用3轮淘汰制,即为12进8,再8进4,最后由4人争夺奖牌,决赛中的两跳动作不可重复,决定晋级的依据就是这一轮的得分。新规则对运动员体力的耐久性、技能的稳定性和心理的自信心,都提出了更高的要求,同时也使比赛能够更真实、更全面地反映运动员的真实水平。淘汰制的采用使比赛更加紧张激烈,也更具悬念。

中国是在1989年正式开展自由式滑雪空中技巧这一项目。1994年2月,中国首次派出2名女选手参加了在挪威利勒哈默尔举行的第17届冬奥会这一项目的比赛,并分获第17名和第18名,这是当时中国运动员参加历次世界雪上项目大赛取得的最好成绩。1998年,中国小将徐囡囡在日本长野第18届冬奥会上以186.97的成绩夺得女子自由式滑雪空中技巧的银牌,为中国实现了冬奥会雪上项目奖牌零的突破。2002年,在美国盐湖城第19届冬奥会上,中国女运动员李妮娜获得自由式滑雪空中技巧的第5名。男队的韩晓鹏是中国第一位参加冬奥会男子自由式滑雪的选手,2006年他在意大利都灵冬奥会的空中技巧比赛中一鸣惊人,获得了这个项目的金牌,打破了西方国家多年来在自由式滑雪空中技巧金牌的垄断。这是中国运动员在冬奥会雪上项目的历史上赢得的第一枚金牌，也是在自由式滑雪项目中的第一枚金牌，更是中国男选手获得的第一枚冬奥会金牌。在迎接北京冬奥会召开的日子里，国家体育总局冬季运动管理中心的单戈说："中国自由式滑雪空中技巧项目现在已经发展到世界领先水平，是世界上比较有实力的国家之一。"我们希望看到中国运动员在这个项目的比赛中发挥出最高水平，给全国人民带来争金夺银的辉煌。

雪上技巧：雪上技巧又称"猫跳"滑雪，这是从奥地利语 Mugel 转化而来，意思是很多的小山丘。所谓"猫跳"，就是要求运动员在布满小雪丘的雪道上滑行和回转，并在滑行过程中完成一次跳跃腾空的空中技巧动作。这个动作是在充分利用滑行惯性的基础上，借助雪丘的倾斜度使身体离开地面冲向空中，并在空中完成技巧表演。比赛进行 2 次，但 2 次不能采用同样难度的动作。比赛规则提供了 5 组 14 种类型的动作供运动员选择，较具代表性的动作有：两臂和两腿同时向左右两边展开，两块滑雪板呈现相互平行的"'大'字跳"；或是身体伸直，两板相互靠紧，同时转体 90°以上的直立转身动作；还有一种是两腿前后分开，两板虽然在不同的位置，但仍然要保持平行的跨跳。雪上技巧是穿着滑雪板、拿着滑雪杖在跳台上起跳，要尽最大努力去利用腾空达到的高度到着陆那么一段十分有限的距离与极为短暂的时间，充分展示身体的屈伸自如与灵敏迅疾，它与体操中的跳马比赛较为相似。对滑雪高手来说，"猫跳"既充满强烈的诱惑又是严峻的挑战，这是运动员无所畏惧的勇气、积极进攻的精神所表现出来的越是艰险越向前的英雄主义的体现。

雪上技巧的比赛使用的场地坎坷不平，布置了好几个复杂而连续的小土丘，滑行的路线有 200 米长，25—35 米宽，并有 25°—35°的坡度。场地的中间还设置了 3 个控制门，它们的间隔为 8—15 米。运动员在比赛中可以自由选择滑行路线，但都必须通过这 3 个门。雪上技巧比赛的主要环节为转弯、腾空和滑行速度，裁判的评分也就看运动员在这 3 个环节的表现。分数按照转弯 50%，腾空 25%，速度 25% 的比例分配。转弯的得分占了整个比赛得分的一半，当然是裁判关注的重点，它主要包括沿着倾斜线下滑时的动作的舒展与路线的顺畅、滑行曲线的弧度呈现、姿势的优美与身体的平衡，还要考察在通过难度较大的路线或陡坡时控制滑雪板的能力等情况。腾空是指利用滑行的惯性所产生的冲击力,借助土丘的坡度使身体冲向空中,并且在空中进行技巧表演时动作的准确到位与和美顺畅。

中国自由式滑雪雪上技巧集训队(下文简称"集训队")于2014年正式成立,当年女运动员宁琴拿到了中国的第一个也是唯一的雪上技巧冬奥会参赛资格。2021年,集训队派出8男9女共17名运动员,参加了在奥地利索尔登举办的公开赛,取得1金3银1铜的成绩。其中,男子组第1次比赛陈康以75.20分夺得男子组铜牌,李牧赛以72.59分位居第4,第2次比赛,陈康以78.58分力压哈萨克斯坦选手雷克赫德夺冠;女子组第1次比赛中国队曹天晴、关子妍、马卓妮、王金获第4至6名,第2次比赛时由于对场地的了解更为深入,小将曹天晴以65.53分获得亚军,王金获季军。陈康还收获了696分的国际滑雪联合会积分,曹天晴拿到的成绩则可换算成756分国际滑雪联合会积分,这是集训队首次登上国际赛事最高领奖台。2014年索契冬奥会后,中国队聘请了曾培养出温哥华冬奥会冠军的美国队前主教练斯科特,他为中国队带来了最新的技术与培养理念。他认为这几年中国队的进步非常明显,但由于中国自由式滑雪运动才开展了三四年,所以距离顶尖水平还有一段路要走。他说:"我相信到北京冬奥会时会有中国运动员进入决赛,这需要我们的运动员付出很大努力。"领队韩晓鹏说:"雪上技巧这一项目在中国起步较晚,后备人才储备不足,在实力上距离加拿大、美国、澳大利亚等强国仍有不小差距。"

U型场地技巧:U型场地俗称U型池、U型槽,这项比赛分为单板滑雪和自由式(双板)滑雪两个项目,每个项目又分为男子、女子两个组别。运动员需要一刻不停地从U型槽的一侧滑向另一侧,还要利用惯性的力量去超越U型槽边沿的高度,在从空中下降到槽的对面一侧所形成的抛物线的瞬间过程中,展示各种跳跃、旋转技巧,如跃起抓板、跃起非抓板、倒立、跃起倒立、旋转等动作。这样的滑行和空中技巧伴随着音乐的节奏与旋律,让观众在欣赏到近乎杂技表演的眼花缭乱中,领略人体的极致灵巧与技能的高度精湛,享受到力量的强劲爆发与动作的尽善尽美。

裁判员用百分制对运动员完成动作的高度、回转、技巧、难度等整体水平进行打分,去掉最高分与最低分,剩下的4名裁判的平均分为选手本轮比赛的最终分数。资格赛时,运动员要进行2轮比赛,根据每人最高分数进行排名,前12名运动员进入决赛。决赛时,运动员需要进行3轮比赛,以3轮比赛中最好的分数排定名次。U型场地技巧的比赛,是以动作的难度与审美价值的高低作为评分的依据,属于裁判主观评分类的比赛,所以不仅要求运动员能够做出高难度的动作,还要求在完成动作的过程中呈现出较高的质量,同时也是对运动员临场发挥能力的严峻考验。因此,除了动作难度的设计与高质量的训练效果之外,还讲究滑行动作的紧凑流畅与空中技巧的创新创意。

中国自由式滑雪U型场地技巧队自2016年4月建队以来,历经几年的艰苦磨炼,已经到了收获的季节,特别是女运动员的表现更为突出。2020年3月17日中国有3名女运动员——张可欣、谷爱凌、李芳慧参加了该项目的世界杯比赛,她们在赛场上无论是技术难度,还是动作的稳定性都有突出的表现。谷爱凌的主项是自由式滑雪坡面障碍技巧,U型场地技巧是她的兼项。在本赛季世界杯首站比赛中,谷爱凌紧随张可欣获得第二名,而在最后一站世界杯比赛中,谷爱凌以"一站双冠"的优异成绩,创下了国际滑雪联合会的新纪录。而张可欣则夺得新西兰站冠军,并以240分的积分获得了自由式滑雪U型场地技巧世界杯总积分第3名。中国自由式滑雪U型场地技巧队还在其他国际赛场上取得了不俗的成绩。谷爱凌和李芳慧包揽了冬季青年奥运会自由式滑雪U型场地技巧的冠、亚军;张可欣和李芳慧在U型场地技巧北美杯比赛中包揽了冠、亚军。如果从这一项目的总体发展水平来看,过去世界上能够在比赛中完成1080°高难度动作的女运动员不到10人,而现在我们中国队就有3名运动员能完成这一高难度动作了。中国自由式滑雪U型场地技巧教练依兰·蔡斯说:"这个赛季我们的队员在提升自己滑行和技巧能力的基础上,学会了如何更好地竞争。"

特别值得一提的是传奇少女谷爱凌,"首战即登台"已经成为当时17岁的中国自由式滑雪运动员谷爱凌运动成绩的关键词,无论是2019年首次出战U型场地世界杯，还是2020年首次出战冬青奥会，谷爱凌都取得了令人惊艳的优异成绩。2021年1月底，在冬季世界极限运动会中，谷爱凌在2天之内就拿下了2金1铜，她第一次参加这一赛会，就在自由式滑雪U型场地技巧比赛中，收获了单板、双板2枚金牌，这不但在中国运动员中是首屈一指的，在世界雪上运动中也是绝无仅有的。

在2021年3月的世锦赛上，谷爱凌又接连拿下了女子U型场地技巧、女子坡面障碍技巧两枚金牌，并以再次收获2金1铜的成绩，成为历史上第一位在单届世锦赛夺得3枚奖牌的自由式滑雪选手，也成为首位在世锦赛上夺得2枚金牌的中国运动员。更令人难以置信的是，谷爱凌2021年3月在世锦赛上是带伤出战。就在大赛前一个月，她右手骨折，大拇指韧带撕裂。但她选择了保守治疗，带伤上阵并取得了辉煌的成绩，她的运动天赋和勇敢精神让人在为其欢呼不已的同时也会有一种意想不到的感觉。

谷爱凌2003年生于美国旧金山，父亲是美国人，母亲是中国人。曾经是滑雪运动员的母亲，从小就高度重视开发女儿的运动潜能，滑雪似乎就是谷爱凌遗传基因中自然而然的爱好。她不但3岁起就学会了滑雪，而且还会自创一些翻滚动作。同龄小朋友还在为摔跤而哭鼻子的时候，谷爱凌就已经在障碍道上练习转弯的动作了。从小就对滑雪有独到理解的谷爱凌，儿童时期就开始拿金牌了。9岁那年她就获得了所在年龄组的冠军，15岁就站上世界杯分站赛的冠军领奖台。谷爱凌认为自己是在8岁那年发现了对滑雪由衷的热爱，"在这个时候，我真正学到了滑雪能带来的自由和创造性。因为一个人做的动作和其他人做的不同，其实这是最好的一件事情。"

2019年6月7日，谷爱凌公布了一个对其今后的人生具有特别重要意义的决定，她宣布自己已正式转为中国国籍，并将代表中国征战2022年北京冬奥会。从此以后，谷爱凌很快进入了中国人的视野，并受到了高度关注。面对即将到来的北京冬奥会，谷爱凌明确表示：就想要拿金牌，但更想要自己做得最好。她还有一个更为远大的目标：希望有更多的青少年特别是女孩子，能够爱上冰雪运动，同时希望能够通过冰雪运动，增进中美两国人民的交流、了解和友谊。我们相信她在北京冬奥会上一定会有超越以往成绩的精彩表现，为她年轻的传奇人生增加更多的奇迹。

坡面障碍技巧：自由式滑雪坡面障碍技巧比赛的场地较为复杂，赛道包括坡面、跳台、轨道、平台等设置，由铁轨、桌子、箱子、墙壁等各种障碍物及跳台构成，还可分为街道障碍区和跳台区。赛道最少由2个不同的地貌和3个跳台组成，设有多条路线供运动员选择。所谓坡面，是指场地的垂直落差要在150米以上，斜坡的平均角度要在12°以上，宽度要求30米。运动员要在坡面上跨越一系列障碍，同时还要连续完成各种花式动作。5名裁判会根据运动员在滑行中的高度、回转、技巧、难度系数等具体表现，分别打出以百分制计算的综合分数，再以平均分数作为比赛结果并排出名次。

中国自由式滑雪坡面障碍技巧国家集训队于2021年参加了在西班牙马德里举行的国际滑雪联合会的积分赛。首场比赛，中国女运动员郝文静夺得冠军，熊文慧获得了亚军。第二场比赛中，中国女运动员刘梦婷获得冠军，黄晓洁获得第三名。男队运动员何金博则在第一场比赛中获得第三名。离北京冬奥会的举行不到3个月时间的11月9日，2021—2022赛季国际滑雪联合会自由式滑雪坡面障碍技巧公开赛在瑞士举行。中国自由式滑雪坡面障碍技巧队参加了本站的比赛，6位参赛的中国选手发挥都很出色，2005年出生的杨如意和队友刘梦婷、熊文慧包揽了冠、亚、季军。何金博获得男子组第8名。此外，冬奥赛季首站自由式滑雪坡面障碍技巧世界杯赛，于2021年11月19—20日在奥地利斯图拜举行，中国传奇选手谷爱凌受到高度关注。

障碍追逐：自由式滑雪的障碍追逐比赛，是由4名选手在以凹凸不平的地形作为障碍的赛道上进行的竞速比赛，这个项目其实就是对运动员在雪上的滑行设置了更多的困难，制造了更多的麻烦，让原本可以一帆风顺的滑雪过程，在高高低低的变化中显得更加艰巨。障碍追逐的专项赛道在长度、坡度、地形特征的设置上没有统一的标准，因此不同赛道上的滑行速度和所用时间也不尽相同。一般来说，难度最大的A级赛道，在整个赛程中需要用60—90秒的时间，其他障碍的设置就没有严格的规定。选手在跨越障碍的滑行中，平均速度可以超过70千米/小时，最高的可以达到90千米/小时以上。在这种更富有挑战性的比赛中，观众能看到参赛者非同一般的勇气和技能。

这个项目不但紧张激烈，还包含着深刻的人生哲理。俗话说，人生不如意事十之八九，生命历程就是战胜一个个障碍的冲锋陷阵，这体现了"沧海横流，方显出英雄本色"的人生哲理。这样的比赛能让运动员领悟竞赛的内在意蕴，以扫清一切障碍的坚强意志和豪迈气概，在竭尽全力的拼搏中去争取比赛和人生的胜利。这是自由滑雪障碍追逐赛的魅力。对广大观众来说，他们的收获也不只是停留在享受运动员们在力争上游的艰苦努力中呈现出来的视觉盛宴，更重要的是你追我赶的紧张拼搏对人的感染与鼓舞，这有助于树立起敢于跨越人生道路上种种障碍的信心与决心。这也是障碍追逐赛一直深受大众喜爱的原因。

障碍追逐是自由式滑雪项目中对于滑行速度的考验，所以又称为雪上双板短道速度滑冰。它对运动员雪上滑行的能力、技术战术综合水平的合理运用，都提出了很高的要求。国际上的发展经验告诉我们，从事这个项目的运动员大多具有高山滑雪的经历，因此在滑雪技能上都有很好的基础。只有具备丰富的经验、坚毅的品格和出众的技能的运动员，才能够准确掌握上下坡及转弯的动作要领，在顺利跨越障碍的同时加快滑行的速度，最终赢得比赛的胜利。障碍追逐采用的是淘汰赛制，按2轮资格赛的成绩，确定进入下一轮次比赛的选手，如果在资格赛中成绩相同，则较晚出发的运动员胜出。获得晋级资格的32名运动员分为8组继续比赛，每组4人一起出发，每组的前2名晋级下一轮比赛，直至决出最后的名次。

中国单板滑雪障碍追逐国家集训队16名运动员，参加了2021—2022年国际滑雪联合会单板滑雪障碍追逐FIS积分赛法国站的比赛，获得了一个冠军和三个第四名，整体成绩还是很不错的。男队运动员叶康佳在首场比赛中成绩排在第九，第二场比赛时他顶住压力发挥出色，经过多轮角逐闯入最后的决赛。决赛中的叶康佳表现强势，刚出发就处于领先位置，再加上路线选择非常合理，始终没有给对手超越的机会，一路领先并最终夺得冠军。另一名男选手王会杨在这次比赛中获得第四名。女选手郭千一和冯贺，分别在第一场和第二场的比赛中获得了第四名。中国单板滑雪障碍追逐国家集训队的运动员们都出生在2000年以后，这支年轻的队伍将在北京冬奥会上接受更大的考验，应该能够取得更好的成绩。

大跳台：参加这个项目的比赛的运动员穿双滑雪板从一个近50米高的跳台下滑，利用滑行的惯性在斜坡的尽头腾跃升空，然后在空中飞行的过程中，完成各种空翻、回转等空中绝技的表演。自由式滑雪大跳台运动员要穿双板，这种滑雪板就是较为常见的两头翘；另外一种"跳台滑雪大跳台"比赛，运动员穿的也是双板，但板型截然不同，跳台滑雪的雪板很长，板底还装有6条雪槽以增加滑行时的稳定性。

北京冬奥会自由式滑雪大跳台的比赛在北京赛区的首钢滑雪大跳台进行，这个新建的赛场与邻近的首钢冷却塔自然衔接，形成了天际线的完美呼应，斜行电梯的轮廓线又与冷却塔的弧线形成小角度的大致对称，体现了对建筑美学的追求。大跳台主体形状的设计，在完全符合比赛的功能需求的基础上，还从人与场地的情感与审美的角度，遴选出最佳的设计方案。首钢大跳台还体现了建筑的民族风格，仿照颐和园的湖面及建筑的设计理念，把大跳台的逻辑结构拓展到首钢园的群明湖中来，使大跳台成为独特的视觉中心，并建造了一些能够引人注目的开放空间，还在群明湖的西北侧打造了亲水平台，以引导观众驻足欣赏大跳台的建筑美感。景观设计师还把游览的路线延伸到水面的纵深，让观众能够近距离观赏大跳台壮丽与柔美兼有的美学特征。此外，大跳台的设计不仅能使观众近距离地享受到竞技体育龙腾虎跃的生动景象，也让运动员在领略建筑艺术美好创意的同时，进一步感受到人与环境的和谐融合对于生命与创造的深层意义。

中国选手在自由式滑雪大跳台项目正处于学习追赶的起步阶段，因为没有较多的机会参加国际比赛，因此还没有取得过较好的成绩。2019年12月13日，沸雪北京国际雪联单板及自由式滑雪大跳台世界杯赛在首钢滑雪大跳台举行，中国选手无缘自由式滑雪大跳台决赛。衷心希望北京冬奥会能够为中国自由式滑雪大跳台带来获奖的春风，使这一项目有一个飞速发展的美好机遇。

总而言之，雪上运动是对运动员的勇气、智慧、技能和体质的全面考验，它以很强的观赏性让人享受到生命之美的真实呈现，又能在与大自然的亲密接触中，让人感受到人与自然、人与社会以及人的内心世界具有的丰富而深刻的情趣理义，使雪上运动如红梅枝头春意闹，如火如荼地绽放。中国这棵雪上红梅虽然成长发育显得稍微迟了一点，开放的鲜花还没有达到如火如荼的灿烂，但也已经到了"一花引来万花开"的时节，相信我们在北京冬奥会上能够看到更多的红梅迎风绽放，雪上运动鲜花烂漫的美好未来正在向我们招手。

第五章

冰上飞舞

第五章 冰上飞舞

我们把滑雪运动看作冬奥会的半边天，那么冰上运动就是冬季竞技体育的另一个半边天。人们最早对冰是有点畏惧的，因为冰是寒冷的产物，当人们直接触碰到它的时候，马上就会感到逼人的寒意向身体袭来。其次是冰的质地坚硬滑溜，经常在结了冰的路上行走的人，大多会有摔跟头的记忆。然而，因为人类能够以避害趋利的态度对各种事物展开探索，对冰的情感态度也就逐步从畏惧害怕转变为喜爱亲近，冰上玩赏也就成为古人休闲与锻炼的节目。北欧人又在这一基础上把冰上的娱乐活动发展成竞技体育活动。这样的竞技体育项目为处在寒冷地区的人们带来对速度与技巧的认真追求，也带来荣誉的光芒和欢乐的笑声。于是，人们继续尝试可以在冰上进行的竞技项目，有的采用移植的方法，把原来在户外操场与室内厅堂进行的体育比赛和文娱活动放到冰面上进行，譬如速度滑冰，就是把古希腊就有的赛跑移植到冰面上进行；短道速滑跟夏季奥运会上的一百米赛跑有很多相似之处；冰上芭蕾，就是运用芭蕾舞基本的舞蹈动作和篇章结构，并且把它的技巧大量使用在滑冰过程中的冰上舞蹈；冰球比赛就是从19世纪下半叶开始由加拿大人根据在欧洲盛行的现代曲棍球"克隆"出来的。当然，随着冰上竞技项目的不断增加，人们对于冰上体育运动的兴趣越来越浓，发散性的思维方法与创新观念的深入人心，就为新的冰上运动项目的诞生创造了条件，并且在量变到质变的飞跃中形成了冰上竞技项目的完整体系，冬季奥林匹克运动会就是在这样的历史背景下应运而生，这一体育盛会已经成为全世界人民热切期盼的灼热篝火。

一、"滑"的奥秘

在与冰的长期接触中，人们对冰的感受经过由表及里、由浅入深的过程，把直接的触觉器官获得的感性经验，逐渐深化为触及事物本质的理性认识。当然理性认识还不是人类把握客观事物的终点，它还需要经过实践的检验以确证其科学性。在思想认识与实践行动的相互转化、循环往复的过程中，事物更深层次的本质就一步步地为人所掌握，冰的神韵就是在这样的认识路径中得到不断的揭示与展现。

1. 以"滑"为本

人们在长期的社会实践中跟冰打交道的机会越来越多，在更加深入的接触中，对冰的直接经验也就变得更加生动、更加丰富，于是就产生了新的收获：对冰的利用开始打破实用功能的限制，把它作为游戏玩赏的对象，并且逐渐学会使用一些简单的工具，从冰上滑行的迅疾之中享受到欢快畅达的美感。冰就这样成为严寒中人们文化娱乐活动的重要伙伴。古代中国很早就有冰上嬉戏的娱乐活动，《新唐书·回鹘列传》就有这样的记载："木马突厥三部落……俗乘木马驰冰上，以板藉足，屈木支腋，蹴辄百步，势迅激。"回鹘就是维吾尔族的祖先，隋唐时期的回鹘部落属突厥汗国管辖，这段文字描写了那里的人民在唐代就已经懂得用木板制作冰鞋，用树枝做成滑冰用的木杖，因而能够在冰上往来飞驰。而《宋史·礼志》有"皇帝幸后苑，观冰嬉"的记载。到了清乾隆年间，"冰嬉"活动就已经十分流行，上到皇室高官，下到市井百姓，都非常喜欢这项活动，乾隆皇帝甚至把它定为国俗。人们不但在冰上滑行，还在冰上射箭、蹴鞠及表演杂技。以宝竹坡为号的清代诗人爱新觉罗·宝廷，在《冰嬉》一诗中绘声绘色地描写了当时的滑冰活动。这是一首四十多行的长诗，诗的开头描写了冰嬉高手穿着特制的冰鞋，以娴熟的动作在冰上驰骋，精湛的技能似乎有御风而行的神功，他们似乎成了特殊的凌波仙子。诗人写道：

朔风卷地河水凝，新冰一片如砥平。何人冒寒作冰戏，炼铁贯韦当膝行。铁若剑脊冰若镜，以履踏剑磨镜行。其直如矢矢逊疾，剑脊镜面刮有声。左足未往右足进，指前踵后相送迎，有时故意作欹侧，凌虚取势斜燕轻。飘然而行陡然止，操纵自我随纵横。①

这首诗刻画了冰鞋冰刀的材质，锋利的铁制刀刃与冰面的摩擦，比飞行的箭矢更快的滑行速度，冰刀与冰在刮擦中的铮铮有声，滑行中左、右两足的密切配合，双手在身体前后地挥舞，转弯时轻盈倾斜的身姿，以及在快速滑行中戛然而止的急停，这些不但都写得细腻准确，真实反映了当时滑冰的技术特点与高超水平，而且从中我们可以清晰地感受到，清代冰嬉跟今天的滑冰运动已经没有本质上的差别了。这首诗以如见其人、如闻其声、如临其境的生动性，让我们对中国古代的滑冰运动有了更为生动的感受和更加深刻的认识。

随着社会生产力的提高和科学技术的进步，欧洲人首先把冰上的娱乐活动提升为体育比赛。据相关的传说与文献记载，上古时代北欧的游牧民族为了适应漫长的冬天，通过不断的探索和反复的试验，想方设法掌握了在冰冻的道路、田野乃至湖面、河流上行走的要领，从防滑防摔开始，到掌握冰湿润光滑的特点，就开始利用动物的骨骼开展简易的滑冰活动。这项技能经芬兰传入瑞典、丹麦、荷兰等国，并在那一带得到更好的发展。大约在13世纪，滑冰运动在英国就已经非常盛行，1763年2月4日英国首次举办了15千米速度滑冰比赛。1889年荷兰阿姆斯特丹首次举办了速度滑冰世界冠军赛。而男、女速滑运动分别在1924年、1960年成为冬奥会的比赛项目，可见速度滑冰是历史最为悠久的冰上运动项目。

---

① 转引自郭磊：《宝竹坡〈冰嬉〉诗鉴赏：操纵自我随纵横》，《中国体育报》2017年7月31日。

纵观滑冰的运动起源与发展,可以发现贯穿其中的核心内容就是一个"滑"字。冰上运动从单一的速度比赛到包括多种类型的竞技体系,由单一的冰上行进到冰上的舞蹈与冰球、冰壶,所有这些项目都是以运动员在冰上的滑行为基础的。如果抛开这个"滑"的动作,各项冰上运动也就烟消云散了。不用说速度滑冰、短道速滑这类项目是以滑行的速度为比赛的核心内容,即使是花样滑冰、冰壶、冰球的比赛,同样是"滑"的一统天下。"滑"的本义是"光溜,不粗涩",也指"在光溜的物体表面上溜动",前者是作为形容词使用,后者则是作动词使用。如杜甫《水会渡》诗:"霜浓木石滑,风急手足寒",孟浩然《经七里滩》有"钓矶平可坐,苔磴滑难步"的诗句,白居易《琵琶行》的"间关莺语花底滑,幽咽泉流冰下难",都是指事物的光溜润湿,而在这种物体的表面进行运动,就会显得比较顺溜轻快,这就是进入"滑行"的状态了。

　　对于冰上运动来说,这个"滑"字就是它存在的根本。人们想要在冰上安然无恙地行动,并在行动中获得飞快的速度;又想在冰上进行跳跃、转体、托举、抛跳,在冰上伴随着音乐的节奏与旋律翩翩起舞;还想在冰上抛掷石壶并在冰刷的引领下夺城掠地,或在激烈对抗中把黑色的硬橡胶小球攻进对方的球门。这一切,都必须有一个最基本的前提,就是冰上滑行的技能。如果没有很好地掌握这一技能,或者滑冰的功夫还没有达到游刃有余的水平,那么想要在冰上表演技巧或者进行冰壶、冰球比赛,就只能是镜中之花、水中之月,都是无法实现的空想。只有在滑冰技术达到了炉火纯青、运斤成风的境界,才有可能在速度滑冰、短道速滑、花样滑冰、冰壶与冰球的比赛中大显身手,才有可能在如火如荼的激烈竞争中脱颖而出、独占鳌头。也就是说,冰上的滑行,要"滑"出速度,"滑"出力量,"滑"出激情,"滑"出胜利。"滑行"就是冰上运动的根本。

2.合力效应

　　冰上运动就是在"冰"这一很"滑"的物体之上的行进,因此"滑"与"滑行"就成为这一运动的关键词,并由此引起科学家的高度关注。在冰上运动的发展实践中,人们对冰的直接感受在不断深化的过程中,感性认识的丰富积累就逐步向理性认识转化,不仅掌握了冰的凝结与气温的关系,懂得在标准大

第五章 冰上飞舞

气压下,气温下降到零摄氏度水就开始凝成冰了,这个温度就被称为"冰点"。早在唐末,中国人就已经懂得夏天在水中加硝石的制冰方法。然而,对冰上运动最基本的科学原理的探索,也就是为什么穿上带有冰刀的冰鞋,就能够在冰面上畅行无阻的问题,至今还是处于众说纷纭的探讨之中。对于这个问题的准确把握,有助于我们在理解的基础上更好地感受冰上运动的特殊魅力,所以值得我们对其加以简单介绍与分析。

150多年来,"冰为什么这样滑"这个难题一直困扰着很多物理学家。有一种观点认为,冰在凝结的过程中,它的表面仍然保留了一层很薄的液态水,就是这层水让冰不但显得湿润,而且还起到了润滑的作用。还有人对这种学说进一步展开,认为运动员在冰上滑行的时候,滑冰鞋的冰刀和冰之间形成了一层融水薄膜。近年来又有物理学家做了一个很有意思的实验,他们研发出一个类似"音叉"的测量仪,去测量一批直径1毫米左右的玻璃珠在冰面上滚动所产生的振幅。虽然这种测量仪只有十几厘米大,但它却能够在纳米级的尺度上测得冰与其他物体之间润滑层的摩擦系数。他们发现在冰上滑行的物体与冰之间,有一层只有头发丝百分之一厚的液体薄膜,既具有黏性也具有弹性,是极为细微的冰水和碎冰的混合体,这层具有黏弹性的薄膜,就是冰"滑"的奥秘所在。

有的物理学家认为这一发现修正了原有的描述冰摩擦的理论,但也有人认为问题依然存在,例如滚珠在未经人滑行的冰上形成速度,是在接触冰面时就马上产生润滑作用,还是需要等一段时间;以及这层液体薄膜的存在与滑冰场应该保持在零下7摄氏度这一最佳温度又有什么内在的联系?也就是说,测量滚珠振幅的实验还没有彻底解决冰为何滑的问题。

对于科学家坚持不懈地揭示事物客观规律的努力,用打破砂锅问到底的探究精神研究冰滑的原因,笔者表示由衷的尊敬与钦佩。但也感到要打开"冰何以滑"这把锁,可能还需要更多的钥匙,应该把人在冰上滑行的各种因素综合起来进行研究,而不能受物体摩擦这个单一要素的局限。从滑冰运动的实际出发,这几个问题可以成为认真关注的参照系。

第一，必须对冰面本身所具有的多重物理特性加以深刻关注。冰之所以滑，最重要的原因是它具有较为复杂的特性：首先是"湿"，冰是水在寒冷的条件下凝冻而成的，但是万变不离其宗，冰的表面还总是保留着一层极为稀薄的水分，这就使冰呈现出"湿"的特性。人们根据现实生活中获得的经验，常常把"湿"的特性跟"润"的功能联系起来，然后又会把"润"的作用与"滑"的表现联系在一起，就形成了由"湿"到"湿润"，再到"润滑"这一感性认识的链条。其次是肌理的"光洁"，所谓肌理，是指物体表面的组织纹理结构，呈现出或纵横交错，或高低不平，或光洁平滑的物理变化，这既是材料的形式特征的客观表现，又是人通过触觉与视觉获得的感官经验，而特定的肌理效果对人类在创造活动中所发挥的实际作用具有直接的关系，肌理也是人对物的审美感受的重要内容，不同的肌理能够使人对这一物体产生特殊的美感效果。由于冰是由水分子有序排列形成的结晶，天然冰中的水分子是按六方晶系的规则排列起来的，这样的排列就使冰的表面呈现出光洁的特点，不但能够给人舒适平整的美感，而且其他物体在其表面运动时就会产生一种油光水滑的状态，这就是冰"滑"的又一个原因。物体表面不但湿润，而且十分光洁，要它不"滑"反倒是一件难事了。

第二，滑冰的过程当然是人的活动，如果人只是在冰面上静止不动地观望，那跟滑冰者奋臂蹬腿、健步如飞的全身运动，完全是风马牛不相及的两回事了。滑冰主要是把腰腿发出的力量传递到脚上，再依靠脚的蹬行所产生的动能向前行进，可见身体的运动就是滑行的动力，如果没有这股力量的作用，即使是再滑的冰，人只要稳稳地站着，也不会产生滑行的效果。就像在冰壶比赛中，已经被运动员打进营垒的石壶，不会因为自身与冰面的双重光滑而溜走，只有在受到击打的情况下才会被撞出营垒。这就是说，冰的"滑"除了其自身的特性之外，人的力量也是绝对不可忽视的决定性要素。

第三，要找到冰为什么滑的奥秘，还必须把它跟直接接触的物体联系起来进行比较分析。所谓摩擦一定是有两个物体在紧密接触中来回移动，因此要准确测量出摩擦系数，必须把两种物体各自的组织结构、表面肌理与能量导入的基本特点弄清楚，然后还要具体掌握哪一种物体在相互接触中占主导地位，这种情况又是在什么样的条件下产生的。我们需要对发生摩擦的两个方面都有全面的了解，譬如说两者都是粗糙的物体，那么在相互摩擦中就会出现滞涩、阻塞的情形；如果一个物体表面细腻光洁，而另一个毛糙粗劣，那么相互之间的紧密接触就叫作砥砺；而如果两个摩擦的物体都是光滑细腻的，那样的摩擦也就变成滑行了。根据摩擦力学的研究，在物体所受压力相同的情况下，接触面越粗糙，摩擦力越大，反之亦然。滑冰时冰刀与冰面两者都非常光滑，因此所产生的摩擦力就很小，而金属制成的专门用来滑冰的冰刀，则是科学技术的不断进步对冰上运动积极支持的具体表现。

综上所述，研究冰为什么滑这一问题，除了应该关注冰自身的特性之外，还必须深入研究施加在冰刀上的压力。这种力量的大小及其在滑冰过程中所发挥的主导作用，都对冰上滑行的速度以及滑溜与否产生着重要的影响。最后还要在冰刀的制造材料、刀锋的造型及安装的位置，加以深入比较分析。只有高度重视在冰上的"滑"行——是由多方面的要素形成的合力在起作用，并对形成这一合力的各种要素进行通盘考虑、综合分析，才能使人工制冰的质量、运动员的力量使用与冰刀等器械的改进等各个方面，在不断创新中得到进一步的完善，这样才能使冰上运动自觉吸收科学技术新的研究成果，为这项受到人民群众广泛欢迎的冬季体育运动创造可持续发展的良好条件。

二、美的升华

冰上运动经过几百年的发展，竞技项目积少成多，而今已经蔚为大观，涵盖了跟人的智慧与身体密切相关的各个方面，成为人类体育锻炼与竞技比赛一个别开生面、趣味盎然的美好平台。这种现象应该跟它所蕴含的文化内涵有密切的关系，值得我们加以认真讨论。

1. 兴味盎然

冰上运动和雪上运动一样，都只是依靠一种特定的介质，但两者在竞技项目的具体设置上也还是有一些不同：雪上运动不但有冬季两项这种滑雪项目，融合了由狩猎和战斗中的射箭演变而来的射击活动，而且还有雪车、雪橇这类驾驭特殊的工具滑行的比赛。相比之下，冰上运动就显得比较简单，无论是以速度为竞争重点的速度滑冰和短道速滑，还是以高难度动作的完成质量与艺术性表现的水平为竞争重点的花样滑冰，或是集睿智、技能与团队协作于一体的冰壶比赛，或者像冰球那样在体能、技术和战术的精到运用的基础上展开的冲撞与拼抢，最后以进球数量为获胜依据的球类比赛，这些比赛都是在冰上进行的，运动的速度、技巧、力量、审美，都跟滑冰这一基础动作分不开，而冰上运动之所以能够使人产生强烈的兴趣，最为关键的就是滑冰本身所具有的力与美在各种组合中所呈现出来的奇妙与精彩。

说到滑冰的奇妙，最重要的因素就是人们通过长期的实践，在深化对冰这一自然现象认识的过程，从最早期的敬而远之的敬畏、规避的心态，慢慢地通过各种措施做消极的防"滑"，然后由浅入深地掌握冰的湿润光滑的特点，懂得在鞋底绑上同样具有"滑"的特点的物体进行积极的尝试。驾驭着特制的滑行器具在冰面上飞驰的人们，由此充分领略到轻灵的燕子在冰面上飞翔的快活与欢欣。产生这一转变的动力就在于人具有求知若渴、学而不厌的探究本能。因为人类不会被动地接受自然环境的支配，服服帖帖地去做被自然驯服的工具，而是勇敢地接受大自然的挑战，并且在实践过程中越来越善于运用创造的力量，于是滑冰就成为寒冷地带的人们在冬天最受欢迎的体育运动。

就是在这样的创造性生活中，人们在滑冰运动中感到了极大的兴奋与趣味。从直观的层面上来讲，掌握了滑冰技术的人不用再在冰面上扭扭捏捏、摇摇晃晃地行走了，代替它的是前所未有的速度所带来的御风而行的畅快，驾轻就熟的动作体现了形体的潇洒与轻灵，这就是滑冰过程中由动作、姿态、形体和技能融合而成的生命风采的生动展示。如果再深入到心理层面来看，冰上运动之所以能够给人带来强大的兴味，是因为若掌握了滑冰的技能，就能够在冰上畅行无阻地穿梭往来，原有的那种如履薄冰的恐惧与紧张，就会为飞快的行进中产生的欣喜和愉悦所取代；同时，人类能够用自己的智慧和本领，自由自在地驾驭湿润滑溜的冰，在自然环境对人的挑战中赢得胜利，这会让人们从内心深处产生满满的成就感。这样的自豪与骄傲就是对人的自由自觉的创造力的完美确证，也是对生命力量在工具的帮助下得到不断扩张的心理满足与精神享受。这种由直观形象到内在心理的审美感受，当然会给滑冰者和观赏者带来美好的情感和积极的鼓舞，就会使更多的人对这一运动产生浓厚的兴趣，并且唤起更有力量的情感投入，就会在行动上对冰上运动加以关注与品味。

奇妙的冰上运动能够给人带来极大的兴味，还有一个原因就是这项运动对于并非生活在严寒冬天、很少见到或者根本没有见过冰雪的人们来说，会使他们产生一种"陌生化"的感觉。所谓"陌生化"，原本是俄国形式主义文学批评的一种理论观点，是指文学作品在形式与内容上都需要创造一些跟人们所熟悉的常事、常情、常理相违背的怪诞情景，作家、艺术家就是要以大胆创新、敢于突破的新手法去描写超越日常生活的新鲜世界，使看起来互不相关、实际上却存在着各种内在联系的诸种因素，在特定的境况下产生新的对立和冲突，并且给人感官的刺激和情感的震荡。

冰上运动的"陌生化"就是源于很少或者从来没有见过冰雪，生活在热带、亚热带的人们对于冰的隔膜与疏远。热带地区一年到头没有春、夏、秋、冬四季，只有雨季和旱季，那里的人们根本不可能见到天然冰，所以他们对于冰雪运动的认知完全处于"陌生化"的状态之中。亚热带地区的人们也是极少见到雪，更不容易见到冰。在交通不发达的年代里很多身处热带、亚热带地区的人一辈子都没有见过雪，更不要说看到水会结冰的特殊气象，冰雪对于他们来说确实是"陌生化"的对象。然而，敢于对客观世界进行积极的探究，是出于人类最基本的生存需要，也是人的本质特征，所以人对自己从未见过或者很不熟悉的事物，同样怀有强烈的求知欲望。因此，对于对冰雪根本不熟悉的人来说，看到有人能够在冰上纵横驰奔、旋转跳跃，这样的情景首先会使他们感到惊讶，然后会觉得十分新奇，接下去就是对这些陌生事物产生浓厚的兴趣，并开始予以深切的关注和积极的探究。

由于对冰雪不是那么熟悉，这些人就会以浓厚的兴趣和强烈的好奇心看待冰上运动，这种强烈的探究欲望包含着深刻的心理学原理。现代心理学认为，好奇心是人最重要的动机之一。外在世界总是呈现着千姿百态的动态表现并充满了各种各样的变化，人类只有努力了解并主动适应这些变化，才能实现较好的生存与发展的愿望。因此，个体对于新奇事物就会产生强烈的探究动机，并积极寻求新的刺激使自己的好奇心得到满足。这一方面有利于更深刻地认识客观世界的本质特征，另一方面又能使个体的文化心理结构在及时的更新中得到不断的优化。可见，新奇的东西才能唤起人们的兴趣，才能在新的视角、新的层面上发掘本质力量的新的内涵并保持它，而"陌生化"正是人们面对新奇事物的最先反应，也是促使人继续关注、探究的动力。任何新鲜的东西，一个新朋友、一处新景点，乃至一件新衣服或从未品尝的美食，都会给你带来某种新鲜的刺激，进而产生新鲜的体验，这些都会引起人们对于新事物新变化的如饥似渴的探究欲望。

人通过探究得到了深层心理层面的肯定性内容，接下去就会通过实践去深化已经掌握的知识。在冰上运动中，人们会以身体力行的方式亲身尝一尝和冰雪打交道的滋味。于是就来到冰天雪地的北国学习冰上运动的技能，以达到拓展身体素质、提升聪明智慧与充实精神生活的目的。这样，原本"陌生化"的事物在强烈的兴味的引导下，逐渐成为熟悉的东西。这种作用的本质就是自由自觉的创造力由于兴味的激励而获得了一片崭新的天地，因而具有十分重要的现实意义与人学价值，这是人类"非特定化"的生存方式的重要功能得到充分的发挥与有力的鼓舞，也是人类社会发展与文明进步的重要的驱动力量。

2. 审美表现

冰上运动给人们带来的盎然兴味，还在于人们在以往尚未得到充分关注的竞技活动中看到了生命之美丰富生动的表现形式。冰上运动之美主要表现在这样几个方面：

第一是技艺之美，这是滑冰运动的第一审美要素。因为冰上运动所有项目都离不开滑冰技能的高超，如果没有这一根本的保障，无论是速度的竞争，还是精美的技巧表演，或者是激烈对抗中球技的发挥，都是不可能得到圆满的完成。如果滑冰的技能还比较生疏，动作没有到位，速度上不去，技能较

第五章 冰上飞舞

为粗放，就必然导致比赛的不战而败，更不要说去参加冰球这类对抗剧烈的比赛，不是在凶狠的冲撞中被撞倒在地，就是被凶猛的冲击撞出场外。即使在简单的速滑中，由于动作不规范、力量的传递不能准确到位，得到的唯一结局就是落后。此外，如果在冰上滑行只能达到一般的水平，那也是没有资格参加冬奥会与世界杯等重大比赛的，只有在技能的掌握达到了运行自如的巅峰状态，才有可能通过层层选拔进入国际大赛，而这个时候个体在滑行的技能上已经到了从心所欲不逾矩的境界，一招一式不需要经过意识的刻意指挥，动作的顺序与强度的调控已经达到了"从来也不用想起，永远也不会忘记"的自动化的境界。就是这种在无数次的艰苦训练中才能获得的属于"文化无意识"的运动记忆，才能使技能升华为特殊的艺术，并且表现出行云流水、收放自如的节奏与韵律，灵活机动、大气磅礴的形象与气概，勇往直前、冲锋陷阵的力量与速度，这就使运动行为上升到了审美创造的高度。

技艺之美的基础就是工具的制造与使用，对滑冰项目来说，冰鞋、冰刀的演进历史早已证明这一点。人类在这类体育用品的设计和制造中，表现出来的科学技术水平早已不是简单的手工劳作，而是在工业革命、技术革新与当今高新科技迅猛发展的背景下，经过了机械化、电气化的发展阶段，进入自动化、智能化的新阶段。科学技术的最新成果运用到了制造业上，其中人体工程学的研究成果，就成为产品制造的时代指南，这就为运动员获得高度适合个人身体特征的体育装备，创造、提供可靠的保证，使每一个运动员都能够得到完全适合个人身体特征与充分发挥个人技艺的最佳装备。这是物质审美创造的成果，更是人们在时代的进步中把自己的聪明智慧、情感意志、想象联想、建造能力投射到产品中去的具体表现，这样的产品当然包含着丰富而深刻的审美价值。

而技艺之美的核心就是运动员强壮有力、高度灵敏的身体所展示出来的生命风采。力量的聚集与运用、技艺的展示与升华，都是身体在张弛有序、协调自觉的基础上，发挥合目的性功能的结果，跟所有的行为动作一样，手和脚的作用显得特别重要。虽然在速度滑冰、短道速滑这两个竞速项目中，手的作用似乎不是那么重要，为了减少前进的阻力有时还要自然地放在身后，当然在大多数的时间里，双手还是配合着脚的动作而摆动。其实手的摆动并非简单随意，而是通过背部和腰部肌肉的紧张，牵引臀部和腿部的力量的爆发，并最后传递到脚上的不同部位，在看上去两手空空的无用中发挥着重要的牵引作用。同时，手的摆动还有助于保持身体的动态平衡。在冰面上快速滑动，因为冰和冰刀都是非常光滑的，就能够产生强大的动能，使人以很快的速度在冰面上前进，而稍有不慎就会有侧翻、颠覆的可能。手在滑行的时候就像鸟儿的两只翅膀，通过高低起伏的变化，随时调整疾速行进中躯体重心的稳定性，有时还需要以手扶冰，在转弯时起到保障身体稳定性的作用。对于速度滑冰等项目来说，手就是身体动态平衡、矫健灵敏的基本保证与具体表现。

脚在滑行中通过冰鞋接触冰面，在冰上运动中承袭了四肢分工的基本功能，虽然没有像在足球比赛那样重新突破分工的局限，在发挥支撑躯体与承担奔跑跳跃的基本功能之外，还要完成带球过人、跳跃争球、倒地铲球、用脚射门这些本来应该由手来承担的任务，有的高手甚至还能创造出"倒挂金钩"这样神工鬼斧般的奇迹，但是在冰上运动中，脚所发挥的作用同样是巧夺天工的奇妙。当全身的力量集中到脚上的时候，脚的不同部位根据运动的需要，通过分工协作的方式，既要保证重点部位能够集中用力，又要使其他各个部位联合起来发挥支持、协调的作用：脚掌是滑行中往后蹬的主力军，也是人在滑行中的方向盘；脚弓则是把集聚在踝部的力传到脚掌上去，它是力量传输的桥梁；脚跟在左、右脚的交替中发生着悬空与着地的转换，悬空能使全身的力量集中到脚掌上去，着地则起到了维持稳定、保证平衡的作用。可见，脚在冰上滑行时就是一部构造简单、功能齐备、运作便利的精密机器，虽然在形象的展现上它只是整个身体默默无闻的一部分，但它确实是劳苦功高的英雄。当然技艺之美的这些特征还只是滑冰运动全部项目的共同美，是冰上运动审美表现的基础内容，而像冰壶、冰球那些特色鲜明的项目，在技艺美方面还会有更生动、更丰富的精彩表现。

第二是速度之美，这是滑冰运动的观赏价值与审美内涵的重点所在。从审美的角度看来，速度就是人在冰上滑行一定距离所花的时间，而滑冰最基本的特点就是运动的迅捷,这既是掌握了炉火纯青的技艺所产生的流星赶月的效果的生动展示,也是在千锤百炼训练中形成了凤翥龙翔的强劲体质的具体表现,因此在竞技体育中占有十分重要的地位。所谓速度之美,其实就是一个"快"字。动作"快",说明体力强健、精力充沛、反应敏捷,这些都是生命充满活力的具体表现。"快"无论是在做事,还是去旅行,或者进入思维的深邃状态,都能够产生以少胜多的效果,也就是说能够用较少量的时间和体力、精力,去做更多的事情,去走更多的地方,去探索更多的问题,生命的质量也就因为"快"而得到提高。所以,"快"的本质就表现在对生命的肯定,而充满活力的生命必然会显得更加绚丽、更为动人。

我们说冰上项目体现了速度之美,这主要是指人的身体在运动过程中所产生的运动效果。说滑冰的速度快捷,当然不是跟交通工具或者动物相比较,不要说火箭、战斗机,就是高铁、磁悬浮列车,或者奔驰在高速公路上的汽车、摩托车,也比滑冰的速度不知快了多少倍。那么,在这样的背景下从速度这一视角对冰上运动进行审美评价是否还有意义呢?答案当然是肯定的。其主要原因就是滑冰是人用身体的力量所表现出来的,因此不能跟作为人类创造物的机器所产生的力量去比较。由于现代交通工具都是运用蒸汽机、内燃机、电动机或者更高级的航空发动机,把热能、电能转变为强大的动能,才能在道路上奔驰,在天空中飞行。它们的速度达到了"当惊世界殊"的惊人效果,这样的速度当然具有很高的审美价值,人类把自己的生命力量凝聚在这些对象上,使这些交通工具以难以想象的力量产生了速度之美的极致。因为速度都是由力量转化而成的,所以机器能够产生巨大的力量而达到极高的速度,这常常让人在惊叹不已的同时还能感受到强烈的成就感。然而,机器所产生的叹为观止的速度,却不能和生命本体在运动中产生的速度相提并论。就拿冰上运动来说,它的速度之美,是在跟人体本身的行走、奔跑相比较而显示出它的优势来的,它是生命本体在运动中直接焕发出来的勃勃生机,虽然无法跟人所创造的先进交通工具相媲美,但它是生命的现实存在,因而显得更直观、更亲切、更美好。

第三是形象之美。审美活动虽然也包含着理解等理性认识的成分,但它基本上还是属于直观审视的范畴,而最重要的就是对事物的形象进行亲切感知、深入体验与动情欣赏。从主体的角度来看,审美活动的感知阶段包含了非常丰富的心理内容,虽然作为主要审美感官的视觉和听觉在审美活动中发挥着决定性作用,人类不但能够以视觉与听觉的经验积累为基础,观赏对象的颜色、形状、体量、尺度、肌理的具体表现与组合关系,聆听它所发出的声音高低清浊、抑扬顿挫及其中流露出来的喜怒哀乐,而且还能通过统觉、联觉和通感的作用,把那些原本不同的感觉内容融会贯通,从中获得更丰富更动人的美感享受。而形象之美就是把对象的五光十色的具象性、栩栩如生的生动性和快慢自如的动态性,以及在凝神观照中体验到的由对象自身生发出来的或者观赏者投射进去的情感的丰富性,融合起来成为形象所拥有的丰富而深邃、活跃而凝重、开放而自重的审美内涵,这样的美必然会使观赏者受到极大的心灵感染与思想启迪。

运动员在滑冰过程中由于具有精湛的滑行技能,身上的力量就能最大限度地焕发出来,并由此显示出飞驰急进的滑行速度,而身体就是在这样的运动中呈现出激动人心的形象之美。这主要表现在以下几个方面:

首先是人在滑行中呈现出姿势之美。运动员在出发时两脚两腿并拢,两手在背后相握,身体成蹲踞姿势。膝关节弯曲,大小腿形成110°的夹角,小腿尽力前弓,头微微抬起,眼睛看向前方5米处。这时身体略呈屈蠖的姿态,这不是低调惧怕的表现,更不是屈膝投降的象征,而是力量凝聚的需要,也是爆发前的紧缩,这里的"屈",是屈膝之虎的"屈",就是为了猛虎下山展雄风做好准备。这一形象以身姿的卷曲、肌肉的收缩表现出一定的紧张感,就像一个拉满弓弦正在等待发射的射手,又像马上就要雷霆怒放的乌云在空中的聚集。这种引而待发的形象不但能够让人产生凝重的感觉,而且还让人以屏住呼吸的紧张,等待爆发的一刹那,就像短跑运动员已经在赛道前各就各位,就等发令枪一响飞跃而起;这一形象还具有那种"静如处子"的静止状态,为的就是几秒之后"动如脱兔"的飞驰。

其次是滑行过程中身姿的动态美。在滑行的过程中,左右两脚交替侧出与收腿，脚侧出时内脚背擦地，当两只脚尖到达一条线上，侧出的那条腿向后收，同时另一条腿马上侧出，大腿与小腿、小腿与脚都形成90°的夹角，立马收回后位腿至两脚并拢，并迅速用另一条腿向前滑行。这个时候上身稍微抬高，目光也比出发时看得更远一些。运动中奋力滑行的动作就像离弦之箭加速向前，而在转弯时，重心要往转过去的那一侧倾，同时这只脚上冰鞋的冰刀外刃、与另一只脚冰刀的内刃交替向转弯的方向侧蹬，由此改变前进方向，通过两只脚的多次交替使滑行轨迹在快速行进中转向一边。无论是直行还是转弯，力量的焕发使身体充满了张力与激情。生命在于运动，而运动中的生命显示出格外耀眼的风采，这一倾注着身体全部力量的形象，让观赏者感受到朝气蓬勃的动态美感、攀登不息的顽强意志和排山倒海的英勇气势。当然滑行过程中运动员呈现出来的形象，因为速度的飞快而具有稍纵即逝的特点，观赏者需要在目不转睛的注视中，才能领略到滑冰运动员形象的动态之美。

　　再次是蕴含在滑行过程中技术动作的有条不紊、身体重心的动态平衡，以及力量使用的明确有效。这是运动员能够以平常心面对风云激荡的紧张竞争，从而表现出镇定有序、沉着坚定的良好心态。然而，能够在紧张的大赛中表现出"万水千山只等闲"的大将风度，在剧烈的争夺中有风轻云淡的怡然自若，那一定是在艰苦卓绝的训练和比赛中，经历了千锤百炼的考验，从中积累了丰富的经验并养成了良好的心理素质。这种"不怕风吹浪打，胜似闲庭信步"的精神气质，在赛场上就必然会以体态语言的形式自然而然地流露出来，这样也就成为形象之美的重要组成部分，并且会贯穿冰上运动的全过程。对于运动员本人来说，养成了这样的心态，就能让自己的情绪在激动亢奋的同时保持冷静与稳定，把赛场上热火朝天的氛围作为全面调动技术潜能和形成比赛激情的催化剂，但却不会为那种敲锣打鼓的热闹乃至近乎狂热的鼓噪所左右，而是以"我自岿然不动"的定力，保持头脑的清醒、心态的稳定和情感的冷静。这样的心理素质通过由内到外的途径得以展示。观赏者通过感受与欣赏这种"淡泊以明志，宁静以致远"的静穆之美，既能沉浸在比赛现场的激情奋发的热浪之中，同时又能把运动员的冷静镇定作为欣赏的对象，以相反相成的姿态与亢奋的环境保持恰当的心理距离，因此能够自觉地把比赛作为审美欣赏的对象，深刻感受到运动员的技能之精、速度之快、竞争之烈，全面把握赛事在转瞬即逝的短暂情境中发生的生动变化，从而达到充分领略并尽情享受冰上运动既别具一格而又丰富多彩的美。

3. 尽善尽美

奥林匹克运动在古希腊发源的时候就重视竞技活动的审美价值。竞技比赛中人的体能、技艺、反应等各种能力的展现，都是艰苦锻炼的结果，这包含了人们自觉地提高运动水平的努力，而这种努力在竞争意识的刺激下、在强力意志的鼓舞下、在集体荣誉的召唤下，运动员的身体机能和运动技巧得到不断的优化，动作更为轻松潇洒，形体更加健美。这个特点恰好就是美的事物最根本的特征。在竞技体育中，当人们能够按照某个项目的具体规则，灵活、准确地完成各种对抗性与非对抗性动作时，这样的表现必定是游刃有余的自由与舒展，也就必然会给人赏心悦目、心旷神怡的视觉享受和精神满足。反过来，任何过分紧张的心态、战战兢兢的动作、只有招架之功而无还手之力的窘迫以及由此引发的犯规、失误等不良表现，肯定会使观众产生紧张、焦虑、担忧等否定性感受，这样的运动员不但不能给人以美的享受，反而使人提心吊胆、紧张焦虑乃至失神落魄。运动员如果有这样一种低劣的表现，最终只能让人产生丑的印象。可以这样说，当运动员们在激烈的竞争气氛中以生龙活虎的精神风貌、意气风发的外在形象和行云流水般的动作活跃在比赛场地时，竞技体育的美也就得到了充分的展示，而这正是奥林匹克运动美学内涵的核心内容。

随着人类身体素质和审美能力的不断提升，奥林匹克运动的美学内涵正朝着新的广度和深度推进。现代奥运会在落实奥运宪章所表述的"更快、更高、更强"的同时，其实也正朝着"更美"的方向前进。一方面在比赛项目的设置上，那些具有高度观赏价值的运动项目被引进了奥运大家庭，像夏奥会上的体操、跳水、花样游泳、艺术体操、蹦床，以及冬奥会上的花样滑冰所包含的男子单人滑、女子单人滑、双人滑和冰舞四个小项等；另一方面，在激烈的竞争中通过不断突破人的体能的极限，在力的较量中追求着更大的自由度，在体能、技巧、智慧的梦幻般的展示和更加强烈的对抗中，不断提升合规律性与合目的性之间的统一，从而表现出更高级、更全面、更生动的美感。

比赛项目的不断增多，尤其是那些具有高度审美价值的项目进入奥运赛场，都给奥林匹克运动注入了新鲜的审美活力，它们都是在运动中直接地展现美，或者说审美价值的高低就是决定比赛胜负的主要尺度。这些项目的特点一般不以人与人的直接对抗作为竞争的内容，而是以运动员在高难度的动作中所表现出来的矫健、敏捷、准确、飘逸等指标作为评分依据。在这样一些项目中，比赛的核心内容就是考验人对身体活动的自由支配的能力，这也是属于主体精神层面的意志力，是直接跟自然存在着的生命力的较量。经过系统训练造就的高超技能和现场的创造性发挥，展现在赛场上的就是游刃有余的自由，这种自由也就是审美价值在内容上的深刻性和表现形式的生动性的高度统一，这是运动员在不断超越自身、战胜自我的艰苦过程中获得的。这些具有高度观赏价值的运动项目，不是以身体的直接对抗为特征，而是在竞赛中始终贯穿着美、高、严、准、稳等要求，在战胜和超越机体的自然形态的生理极限中努力走向完美。而在上述评判尺度中，美的要求处于最为领先的位置，它要求运动员在比赛过程中以最美好的形体、心态、风度、气质等方面表现出内在的聪慧、机智、勇敢、优雅，而且还深深地渗透到其他各项要求之中，因为动作的美就是通过身体在空间达到的高难度、严密性、准确性、稳定性显示出来的，因此，在这样一些竞技项目中，美就成为引领各项指标的强势因素。花样滑冰就是这种以美为主旨的冰上项目，运动员在冰上滑行中完成精彩纷呈的惊险而困难的动作，由此彰显出生命在原本较为恶劣的环境中努力争取达到尽善尽美目标的深刻内涵。

花样滑冰被列为1924年第1届冬季奥运会的比赛项目，这是由于它独有的运动之难与艺术之美。作为冬季体育运动中最直接、最生动地表现美感的竞技项目，它在各种高难度的动作中表现出来的身体的柔韧、协调、优雅、美丽，充分显示了力量和美丽相统一、细腻与奔放相结合、艺术与运动相融合的独特风貌。运动员们在滑行的同时不断完成各种不同难度的旋转、跳跃和抛接等动作，时而凌空飞翔，时而静止伫立；激越紧张跟舒缓平和的节奏交替出现，强力的爆发与自然的松弛相映成趣，惊险刺激与高雅抒情融为一体，尤其是在双人滑和女子单人滑中的女性运动员，以她们特殊的健与美，在那具有魔力般的动作中淋漓尽致地展示着身体的可塑性、柔软性与韵律性，在令人眼花缭乱的动作和悦耳动听的背景音乐中展示形体美、技艺美、节奏美、动态美、音乐美与服饰美，给人强烈的视觉冲击和美好的听觉享受。那是生命在运动中表现出来的自然、流畅、奔放和热烈，是人体节奏的和谐与变化，是精神和意志的旋律线的升腾与起伏，是激情的爆发与柔情的抒发。花样滑冰就是这样在晶莹坚硬的冰面上，成为一朵迎着寒冷尽情怒放的生命之花，运动员尽善尽美的表现引导着观众在凝神观照的过程中进入审美的高峰体验。所以像花样滑冰这类在运动中直接展现美感的运动项目，越来越受到整个奥林匹克运动的重视。竞技体育自觉地追求美，审美和运动水乳交融地结合在一起的比赛，正在成为包括冬奥会在内的奥林匹克运动一道亮丽动人的风景线。

三、五彩缤纷

充满着兴味的冰上运动经历了二百多年的发展，逐渐形成了一个稳定性与开放性相结合的竞技体系，以激情洋溢、兴味盎然的特色在冬季体育运动中发出耀眼的辉光。冰上项目虽然在数量上没有雪上项目那样丰富多样，但在竞争的激烈、技艺的精湛与美感的展现上，一点儿也不会比雪上项目逊色，所以值得我们在宏观概括的基础上，继续进行微观的分析，这其实就是中国古人提倡的读书与治学的"入出说"的要义。王国维对这个问题做过深入的阐释：

> 诗人对宇宙人生，须入乎其内，又须出乎其外。入乎其内，故能写之；出乎其外，故能观之。入乎其内，故有生气；出乎其

外，故有高致。①

对冰上运动的宏观审视，就是以"出乎其外"的方式对建立在滑冰这一基础之上的各个冰上项目，进行一次鸟瞰式的通览，为的就是对冰上运动的基本面貌与重要特征有大致的了解。在这一基础上就必须运用"入乎其内"的方法，对冰上运动的具体项目进行分析，笔者借鉴文学批评的"细读法"，对各个项目尽可能给予细致的了解、细腻的体验、细心的品味，以便广大读者对特定的项目产生喜爱之心与敬仰之情。这时，某个冰上项目或者运动明星就有可能成为你所喜爱的项目或崇拜的偶像，你也就变成一个活泼可爱的"冰墩墩"了。

中国邮政在2020年11月7日发行了一套《北京2022年冬奥会——冰上运动》纪念邮票，这套邮票1套5枚，图案分别表现了短道速滑、花样滑冰、速度滑冰、冰壶和冰球5个项目，这囊括了冬奥会冰上项目的全部内容。我们继续采用"拿来主义"的方法，以这套纪念邮票所表现的全部冰上项目为讨论的对象，不过对于排列的顺序却要做一些必要的微调，在内容上仍然跟雪上运动一样，对这些项目的形成历史、发展过程、审美内涵以及中国运动员取得的成绩，进行一些简单的介绍与必要的分析。笔者将这一节的标题定为"五彩缤纷"，就是说冰上运动这5个项目，给了我们色彩斑斓的美感享受。

1. 速度滑冰

速度滑冰是以冰刀为工具在冰上滑行的竞速运动，简称速滑，是冬季奥运会的正式比赛项目。运动员借助冰刀的刀刃切入冰面形成的支撑点，以全身的力量完成两腿轮流蹬冰、收腿、下刀、滑进等系列动作向前快速滑行。

这是一项历史悠久的运动，13世纪中叶，在荷兰已经出现了一种

---

① 王国维：《人间词话》，载郭绍虞主编《中国历代文论选》第四册，上海古籍出版社，1980，第373页。

安装在木板上的铁制冰刀。1572年有位苏格兰人制造了第一副全部用铁制成的冰刀。17世纪中期，一位荷兰人首次穿着冰刀沿冰面从一个城市滑到另一个城市。但这个时期的速度滑冰仍然没有摆脱游戏的性质。

1850年，美国的E.W.布什内尔制造了第一副钢制冰刀。1879年，第一个全国性的滑冰领导机构——英国滑冰协会创立。1885年，在挪威奥斯陆的克里斯蒂安尼亚举行了对抗赛。在此期间，阿克塞尔·保尔森、卡尔·沃纳以及哈拉尔·黑格3位挪威人，到各国进行比赛和表演，这极大地推动了这项运动的发展。1892年7月，在荷兰鹿特丹北部的斯海弗宁恩召开了一次国际滑冰代表大会，选举产生了国际滑冰联盟的领导机构。1893年1月，在国际滑冰联盟的领导下，第1届世界男子速度滑冰锦标赛在阿姆斯特丹举行。1924年，男子速度滑冰作为正式比赛项目被纳入冬奥会。1933年，世界女子速度滑冰锦标赛开始举行，1960年女子速度滑冰被列为冬奥会比赛项目。20世纪90年代中期，速度滑冰使用的冰刀又经历了一次革新，一种叫作时利波的新式冰刀出现了，这种冰刀的最大特点就是在结构上更加符合运动力学和人体形态学的特性，使速度滑冰运动的成绩得到了迅速的提高。

速滑比赛均采用淘汰制，以预赛、次赛、半决赛、决赛方式进行。在各赛次的比赛中，每组的前两名获得参加下一赛次的资格。如果人数不够就从各组的第三名按计时成绩择优补选。运动员参加每个轮次的比赛，都要计算由本组的名次得到的行进分，因为每人的累积行进分就是下一轮比赛出场顺序的依据。3000米的参赛资格，是根据前几项累积决赛分而确定的，只有积分列在前8名的选手，才有资格参加这一项目的比赛。

速度滑冰是最刺激的冰上运动，具世界水平的高手滑跑最高时速可达50千米。在这样快速的滑行中，熟练掌握技术要领是赢得比赛的关键，而我们观赏者了解一些速滑的基本技术，也有助于看出其中的门道，真正领略运动员在力与美的精彩表现中，展示出来的身体的灵活与技艺的精湛。速滑的技术要领主要表现在以下几个方面。

直道滑行：这是速度滑冰的基本技术，关键在于掌握适宜的蹬冰时间。冰刀一切入冰面就获得了牢固的支点，这时应立即用最大的力量蹬冰，在两腿交接体重的一刹那完成。蹬冰过程中要发挥体重的作用，身体倾倒时体重应牢牢压在支撑腿上。收腿则要利用蹬冰后的弹力，立即放松后腿，并尽快靠拢支撑腿，不要有停顿和后引的动作。下刀时应该由膝关节领先，并与前进方向保持一致，向前提拉要快，刀刃着冰后的动作要轻巧。

弯道滑行：弯道滑行时，身体始终向左倾斜，用左脚外刃、右脚内刃蹬冰。弯道滑行中的惯性滑行时间十分短暂，右脚尤其如此。进弯道时右脚的最后一步要进入直道和弯道交接处，使左腿能够紧贴右脚下刀，并直指切线的方向，在着冰的同时脚尖开始逐渐顺向用力，使外刃紧紧咬住冰面，左肩要与新的切线方向平行。收拢的这条腿要在蹬冰后立即放松，并向支撑腿的方向提拉，膝关节在先，以便形成前弓角度。浮腿收回时要促使身体向左倾，两腿呈边收边蹬的状态。

起跑技术：起跑动作主要有"正面前脚点冰起跑"和"侧面起跑"两种。优秀运动员大多用第一种方法，其主要特点是能够迅速地由静止转入快速滑行。正面前脚点冰起跑的要领是，以前脚的刀尖为支点，后脚内刃要全部着冰，两刀的距离比肩略宽，面向前方。蹲屈姿势要稍高于其他形式的起跑姿势，身体重心要放在两脚之间或稍前。起动时，高抬大腿，上体前倾，冰刀着冰时要紧紧切住冰面，开始的几步不要滑动。

摆臂动作：这个动作主要用于短中距离的滑行，手臂摆动可以起到协调身体、加大蹬冰力量的作用。目前在长距离滑行中，越来越多的人采用单臂摆动，这种摆臂方法用力较小，摆动的方向与滑行方向一致。短中距离项目不管是采用双摆还是单摆，都要求用力，同时在向侧前摆动时要注意动作的速度和力量。

大约在16世纪，作为宫廷娱乐与军事训练的冰嬉开始在中国兴起，后来逐渐流传到民间。在现代滑冰传入以后，北京在1935年就举行过滑冰比赛。1943年2月延安举行的冰上运动会就有男、女100米速滑比赛。1961年，在世界女子速滑锦标赛上，中国选手刘凤荣获得全能第4名；在男子锦标赛中，中国选手王金玉获得全能第8名，并在同年九国国际邀请赛中获得全能冠军。1975年，在挪威举行的世界锦标赛中，中国选手赵伟昌获得500米的第2名。1980年中国速滑队参加了在美国普莱西德湖举办的第13届冬季奥运会，速滑运动就在中国全面开展起来。2014年索契冬奥会，张虹为中国速度滑冰夺得首枚冬奥会金牌。

　　速度滑冰与中国的冰嬉有很多相似的地方，因此很容易被国人接受并迅速在北方的大城市流行起来。正是因为有这样一个历史背景，人们对速度滑冰的审美特征也就较为熟悉。由于前文已对冰上运动审美表现做了具体分析，即以滑冰运动共同的基础为研究的对象，提出技艺之美、速度之美与形象之美，这跟速度滑冰的审美特征完全相通，所以这里就不再赘述了。

　　说到速度滑冰，有一位女运动员是必须要提到的，她就是叶乔波。1990年她在第7届全国冬运会上获得4枚金牌，其水平达到了运动健将的标准。1991年2月在世界速度滑冰锦标赛上，叶乔波又屡创佳绩，获得了世锦赛500米的冠军、短距离速滑的5项亚军和世界杯500米冠军、1000米亚军，成为解放军中第一个夺得速度滑冰世界冠军的人。1992年在第16届冬奥会，叶乔波带伤上阵获得1000米和500米速滑的2枚银牌，为中国实现了冬奥会上奖牌零的突破。她挂着冰刀去，坐着轮椅凯旋，成为当年的一段佳话。1992年3月，她参加短距离速度滑冰世锦赛，又获3枚金牌，夺得女子全能世界冠军，成为中国和亚洲第一个短距离速滑世界冠军。1992年11月至1993年3月，她先后参加世界杯系列赛、世界女子锦标赛和世界短距离速滑锦标赛，夺得女子500米项目的全部冠军、女子短距离全能冠军和世界杯总决赛女子500米冠军，共获得金牌14枚。1992年5月30日，中央军委授予叶乔波"体坛尖兵"的荣誉称号。1994年11月以来，她连续参加了7次世界大赛，荣获了7枚金牌、9枚银牌。

　　1992年叶乔波被查出半月板断裂。面对严重的伤情，她以军人"重伤不下火线"的英勇气概，仍远赴6个国家参加了8场世界性大赛。1993年，日本专家在检查她的膝部后惊讶不已，建议她马上做手术，告诫她珍惜自己的生命。但3天后，叶乔波又忍着剧痛、拼着性命夺得了世界短距离速滑比赛的全能冠军。就在距离第17届冬奥会只有5个月时，医生在她的膝盖里取出了5块拇指大的碎骨。当医生问她为什么还要再上冰场、再去比赛时，叶乔波说："我来自部队，我就是一名战场上的勇士，我就（把比赛）当成是人生最后一场搏击，甚至牺牲在冰场上都值了。我就是靠着这样的信念走到了起跑线的，我认为作为一名职业选手最好的结局，就是燃尽最后一丝烛光。"

叶乔波带伤参战，她获得的每一块奖牌都是用热血铸就的。英雄的事迹震撼了全国人民，她壮怀激烈的行为阐释了"一不怕苦，二不怕死"牺牲精神的深刻内涵。虽然这段历史已经远去，但叶乔波作为中国冰雪运动的先驱、作为中国军人的楷模，永远激励着中国冰雪运动员，激励着全中国人民在实现中华民族伟大复兴的道路上，不畏艰难不怕牺牲，就像央视主持人康辉所说的："叶乔波可以退役，但叶乔波精神永远都不会退役！"

2. 短道速滑

短道速滑全称短跑道速度滑冰，是在较短的跑道上进行的冰上竞速运动。19世纪80年代，冰球运动在加拿大诞生并得到了迅速的普及。户外的气候实在太冷，为了玩得更加尽兴，很多地方都建起了室内冰球场。一些速度滑冰爱好者为了摆脱严寒的困扰，也就经常到室内冰球场滑冰。于是，一些速度滑冰爱好者便经常集聚到室内冰球场进行练习或展开追逐比赛。正是在这样的背景下，室内速度滑冰比赛得到了蓬勃发展。许多自发的室内速度滑冰比赛，就在加拿大的蒙特利尔、魁北克、温尼伯等城市相继举行。19世纪90年代，早期速度滑冰的世界纪录创造者挪威运动员阿克塞尔·保尔森，懂得"工欲善其事，必先利其器"的道理，发明了适用于室内短跑道滑冰的冰刀，为短道速滑的迅速发展提供了工具的保障。1975年，国际滑冰联盟成立了短跑道速度滑冰技术委员会，从此这一项目登上了国际体育竞赛的舞台。1981年起，每年一届的世界短道速滑锦标赛开始举办。7年之后，短道速滑在加拿大卡尔加里冬季奥运会上，被首次列为赛会的表演项目。1992年法国阿尔贝维尔第16届冬奥会将短道速滑和自由式滑雪、女子冬季两项一起列为正式比赛项目。

短道速滑和速度滑冰都是在冰上的滑行，都以速度的快慢作为评判胜负的依据，但这两项冰上运动也存在着一些差异：

首先，短道速滑的跑道比速度滑冰的跑道要短得多，短道速滑跑道周长111.12米，直道长28.85米，宽度不小于7米，弯道半径8米；而速度滑冰的跑道最小周长为333.33米，最大可达400米，内弯道的半径必须为25—26米，每条跑道宽5米，最窄不能小于4米。这就形成了两种比赛在竞争重心上的区别，前者讲究技术水平的精湛，后者更重视力量的强大。

其次，短道速滑虽然规定了比赛中运动员之间不能有身体碰撞、绊人以及用手推拉等，否则要受到取消比赛资格的处罚，但允许运动员在不违反规则的前提下随时超越对手，这就导致比赛中经常会发生运动员受伤的事件。国际滑冰联盟从2003年7月1日起，要求所有运动员在参加比赛的时候，必须要身穿防切割服，头戴硬塑料支撑的头盔，以免遭撞击时受到伤害；再套上防切割的护颈和护踝，还要在膝关节的软垫部位放置护腿板来保护胫骨。短道速滑运动员的手套的主要功能是防切割，并兼具防水性能。于是手套制作中使用的材料不仅要求坚韧牢固，还要在手掌内侧涂上一层胶，有的手套在左手五个手指上都会粘上树脂或胶质的手指扣，以免运动员在弯道滑行扶冰时弄湿手套，而且还能起到减少摩擦力的作用，这样既保护了自己的安全而又不至于影响滑行速度，所以说短道速滑的运动员是从头到脚全副武装。

再次，短道速滑与速度滑冰在穿戴方面也有好几个区别：（1）前者的冰鞋鞋帮较高，支撑性较好而灵活性稍差，后者的冰鞋鞋帮较低，以保证踝关节的灵活性。这是因为短道速滑运动员在滑过弯道时离心力大，对踝关节稳定性的要求更高。速度滑冰场弯道半径大，运动员转弯时离心力较小，脚踝需要有足够的灵活性以确保重心稳定。（2）这两项运动冰鞋上的冰刀也大为不同。短道速滑的冰刀刀体较短，因此即使运动员转弯时倾斜度很大，冰鞋也不会过多接触冰面而影响滑行的速度；而速度滑冰所用的冰刀，刀体长、刀刃窄而平，这样可以降低运动员的重心，减少空气阻力。短道速滑的冰刀是固定在冰鞋上的；速度滑冰冰鞋上的冰刀，只有前面一点与鞋底固定，后点可以在运动员滑行时与冰鞋分离，这种俗称"脱位刀"的特殊安装，能使运动员在蹬冰时延长冰刀与冰面接触的时间，以便他们更充分地利用踝关节力量，做到"腿脚结合"，提高蹬冰效率，增加蹬冰距离。

短道速滑根据运动员通过终点的顺序决出胜负，比赛采用淘汰制，需要

第五章 冰上飞舞

经过预赛、复赛、半决赛，最后才进入决赛。每一次比赛都取该小组前2—3名进入下一轮，进行决赛时根据不同的滑行距离确定参加的人数，一般是500米、1000米有4人参加决赛，1500米决赛可以有6人参加，3000米的则允许8人参加。运动员是在同一起跑线上出发，第一轮比赛的站位是通过抽签决定的，以后各轮都是按照上一轮比赛的成绩来分配道次，成绩好的排在内道。赛场两端的弯道处摆放着黑色橡胶块的标志线，预防运动员冲出跑道，增加比赛的安全性。直道区则没有标志线，运动员可以在跑道上自由滑行。

短道速滑这一项目竞争非常激烈，领先的运动员丝毫不敢放松，咬紧牙关冲锋在前，其他运动员又不甘落后，总是想后来居上。我们常说弯道超车，其实直道同样存在着超越对手的机会。于是，领先的人竭尽全力把优势保持到最后，落后的绝不放弃任何超越对手的机会。剧烈的竞争既使运动员的潜力得到最大限度的发挥，又让比赛结果充满悬念，同时因为竞争的紧张甚至残酷，也就会发生一些偶发事件，如滑行中运动员的手或脚，并非有意触碰但却影响了别人的前进，或者有人摔倒后连带撞翻了后面正常滑行的运动员，这些偶发事件常常使观赏者观看比赛时也悬着一颗紧张的心。这就是说，短道速滑具有很强的吸引力和观赏性，在这个项目的比赛中，运动员犹如飞燕游龙在跑道上驰骋，更以流星飞电的快速与敏捷，穿梭在对手之间。直道上放开手脚高歌猛进，弯道上以左手扶冰，适当压低身姿，同时把速度的适当控制与流畅滑过弧线的关系处理得尽量完美。这就是短道速滑以强大的力量，在既能各显神通又能默契配合的表现中，显示出来的技艺与速度之美。而运动员个体的体能、力量、速度和战术，尤其是在冰上飞行的飒爽英姿所呈现出来的形象之美，在与整个团队心心相印的紧密协作中更是得到了生动的展现。这就是短道速滑这一项目所绽放的妍丽而又神勇的"速度与激情"生命之花。

2018年7月19日，国际奥委会执委会通过了北京2022年冬奥会竞赛项目的提案，其中短道速滑混合团体接力被列为正式比赛项目，这就使北京冬奥会短道速滑的小项目增至9个，其中男、女各4个，外加一个混合团体接力,男、女都有500米、1000米、1500米这3个个人项目,只是在接力赛中男子为5000米,女子则是3000米。

中国是在1981年开展短道速滑运动的,几十年来,运动员们卧薪尝胆、发愤图强,已经赢得了一片大好江山。1987年第6届全国冬运会,李金艳打破了女子3000米的世界纪录。在1988年加拿大卡尔加里冬奥会上,短道速滑被列为表演项目,李琰勇夺女子1000米金牌,并打破1000米、1500米的世界纪录。2002年,在美国盐湖城第19届冬奥会上,杨扬发挥十分出色,夺得了500米、1000米2块金牌,实现了中国队在冬奥会上金牌零的突破。2006年第20届都灵冬奥会,王濛拿到了500米金牌。2010年温哥华冬奥会,中国队周洋、李坚柔分别在女子1500米和500米项目摘金。2018年平昌冬奥会上,武大靖获得短道速滑男子500米金牌,并创造了39秒584新世界纪录,这是中国短道速滑首枚男子项目金牌。从1980年中国代表团首次参加美国普莱西德湖冬奥会到现在,中国已经获得13金28银21铜共计62枚奖牌,而短道速滑一个项目就贡献了10金15银8铜共23枚奖牌,金牌数量占总数的76.9%,奖牌总占比也到了37%。虽然不能说是一花独放,但运动员们的杰出贡献确实是光彩夺目的。

中国运动员特别是女运动员在短道速滑中创造的优异成绩,让全国人民欢欣鼓舞,也在国际上令人刮目相看。她们是绽放在冰雪世界中最美丽的鲜花,也是当代的红色娘子军。她们跟中国女排一样,都是勤学苦练、顽强拼搏、团结战斗、勇攀高峰的先行者,因此赢得了全国人民的高度爱戴。这里对短道速滑团队的优秀代表——李琰和杨扬做简单的介绍,以表达我们由衷的钦佩与崇高的敬意。

李琰12岁进入少体校接受正规训练,1984年在一次比赛中受了重伤,左腿膝关节肌肉全部断裂,幸亏抢救及时,一年后这位18岁的姑娘又奇迹般地回到冰场训练了。在1988年加拿大卡尔加里冬奥会上,李琰参加了第一次被列为表演项目的短道速滑比赛,并改写了中国短道速滑运动的历史,她获得了女子1000米金牌和500米、1500米铜牌,并且两破世界纪录。虽然这个项目只是表演项目,但对于只参加了3届冬奥会的中国体育代表团来说,第一次斩获1金2铜,确实是一个奇迹般的良好开端。李琰创造的奇迹也感动了加拿大人,加拿大冬奥会组委会根据赛场上影响比较大的事件设计了一张宣传画,画面以李琰为主角,上面有"神龙腾飞"4个大字,这张画一夜之间挂满了卡尔加里的大街小巷。

1990年李琰参加了第2届亚洲冬季运动会的短道速滑比赛,获得1500米季军,并与队友一起击败韩国队,喜获3000米接力冠军。1992年,李琰又在第16届冬奥会上获得了500米银牌,开创了中国短道速滑运动的新篇章。2006年5月,李琰开始担任中国短道速滑队主教练,在亚冬会、世锦赛以及冬奥会上取得了较好的成绩。2010年温哥华冬奥会上,李琰带领王濛夺得短道速滑500米、1000米、3000米接力的冠军,王濛因此成为冬奥会历史上第三个"三冠王"。王濛赞美李琰是"改变中国短道速滑历史的女人"。王濛在比赛之后还激动地跪倒在冰面上向教练李琰表示感谢。值得注意的是,李琰带领由王濛、周洋、张会和孙琳琳组成的中国女队,以4分06秒610的成绩打破女子3000米接力的世界纪录,勇夺冬奥会桂冠,这是为中国队夺得这届冬奥会的第4枚金牌。这枚金牌不但打破了韩国队接力项目连续4届冬奥会的垄断,同时也是中国代表团在冬奥会历史上的首枚团体金牌。周洋则将短道速滑女子1500米金牌收入囊中,并刷新了冬奥会纪录。中国女队包揽了短道速滑4个项目所有的金牌,创造了一个团队在冬奥会上夺金数量的新纪录。

2014年,李琰作为中国队的主教练带队征战俄罗斯索契第22届冬奥会,队员们不负众望,在所有男、女8个项目中都闯入了决赛,最终获得2金3银1铜的优异成绩。李琰和运动员们多年的奋斗,展现了中国运动员自强不息、不畏强手的拼搏精神和运动水平,不仅为国家争得了巨大的荣誉,还赢得了国际奥委会和体育界的普遍尊重,为北京申办冬奥会打下了良好的基础。

杨扬是中国最成功的短道速滑运动员之一,她的名字至今熠熠闪光。2002年盐湖城冬奥会,26岁的杨扬获得短道速滑女子500米金牌,这是中国冬奥会历史上的首金。这位来自东北七台河的姑娘,开通了中国选手冬奥夺金的航道,随后她还获得这届冬奥会短道速滑女子 1000 米冠军。

2002 年盐湖城冬奥会前，杨扬已经在国内外大赛里获得 50 多个世界冠军，拿到过 108 块奖牌。然而在夺取冬奥会首金的临门一脚却一直未能成功，困难和挫折考验着杨扬和她的队友们。在率先进行的 1500 米比赛中，杨扬只获得第 4 名。赛后她有些遗憾地说："这是我的强项，自己的期望值很高，由于求胜心切，因此无法放开地投入比赛……前半程过于求稳，拖得太靠后，起速太晚。"

当地时间 2 月 16 日 20 点 50 分，短道速滑女子 500 米决赛开始。杨扬牢记队里为她制订的"抢滑在先、稳定位置、全力拼搏"的 12 字战术。发令枪一响，从内道出发的杨扬就以最快的速度冲了出去，并迅速占据了有利位置。她咬紧牙关牢牢控制着主动权，绝不给对手一丝超越的机会，40 秒、42 秒、44 秒、44 秒 187——杨扬第一个冲过终点，终于获得了这枚金牌。经过千辛万苦的训练与千锤百炼的比赛，杨扬终于收获了梦寐以求的冬奥会金牌。她的表现实在太出色了，连她的对手拉达诺娃在赛后也说："今天的杨扬与前天的杨扬如同换了一个人，她滑得太出色了。我从来不知道她起跑能这么快，整个比赛没人能威胁她的领先位置，今晚属于中国杨扬，也应该属于她。"

随后杨扬又马不停蹄地投入其他的比赛，与队友们一起夺得了女子 3000 米接力的银牌，在女子 1000 米的比赛中再获一金。今天人们回眸这届冬奥会时，杨扬身披鲜红的国旗，在盐湖城冰上中心绕场一周庆祝夺冠的一幕，已经成为载入历史的经典镜头。

退役后的杨扬以另一种身份继续为中国的冰雪运动贡献自己的全部力量。2010 年，杨扬成为中国第一个当选国际奥委会委员的运动员。2015 年 7 月在北京申办冬奥会进入最后陈述的时刻，身怀六甲的杨扬作为北京申办冬奥会代表团的一员进行陈述："今天，我的梦想是欢迎全世界运动员到我的祖国实现你的奥运梦。我憧憬着能够吸引越来越多的孩子参加冬季体育运动，包括我自己的孩子。"2017 年，杨扬出任北京冬奥组委运动员委员会主席。在即将到来的 2022 年北京冬奥会，杨扬的这一心愿正在变成现实。

北京冬奥会的短道速滑比赛，将于 2022 年 2 月 4 日至 2 月 20 日在首都体育馆举行，基本上是每隔1天会产生1—2枚金牌。因为花样滑冰的比赛也在那里进行，所以短道速滑的各项比赛均安排在晚上进行。到时有最强的功勋团队，又是在本土作战，天时地利人和齐备，相信首都体育馆会有更多的奏国歌、升国旗的庄严时刻，此起彼伏的欢呼声一定会直冲云霄。

3. 花样滑冰

花样滑冰是冰上运动的比赛项目之一。它要求运动员穿着冰鞋配合着音乐的节奏与旋律，在冰面上划出规定的或自由编创的图形，并表演跳跃、旋转等高难度动作，裁判根据技术动作的完成质量和舞蹈表演的艺术水平来决定胜负。北京冬奥会的花样滑冰有男子单人滑、女子单人滑和男女一组的双人滑、冰上舞蹈及团体赛共五个项目。

18世纪，花样滑冰开始在英国出现，而后相继在欧洲、美洲得到了较大的发展。1860年，美国的汉斯·杰克逊首次将花样滑冰动作与华尔兹舞曲配合起来进行表演，让观众在精湛技艺与优美音乐的相互烘托中，充分享受到悦耳悦目、异彩纷呈的美感。1868年，被誉为"现代花滑之父"的美国人杰克逊·海因斯，到维也纳、布达佩斯、柏林、彼得堡等地进行巡回表演。他把滑冰运动与舞蹈艺术融为一体，并且突破了"8"字形的传统滑行方式，根据芭蕾舞的表演程式设计了花样滑冰的滑行、回转、盘旋等动作，接着又发明了高跷和特技滑冰。他为花样滑冰运动的发展做出了巨大的贡献。

1872年，奥地利人举办了世界第一次花样滑冰比赛。1882年，在维也纳的冰场上又出现了双人花样滑冰。1892年7月23日至25日，在荷兰召开的各国滑冰协会和俱乐部会议上，代表们制定了一套较为完善的花样滑冰规则，并宣告国际滑冰联盟的成立，花样滑冰运动翻开了历史新篇章。

1920年，国际奥委会决定将花样滑冰正式列入比利时安特卫普奥运会的比赛项目。1921年在洛桑的奥林匹克代表大会，通过了单独举行冬季奥林匹克运动会的决议，并规定每4年举行1次。1924年，第1届冬季奥运会将花样滑冰列为比赛项目。

冬奥会花样滑冰项目的参赛名额，是由国际滑冰联盟根据上一年度世界锦标赛的成绩，依照相关规则确定的，规定每个参赛的国家和地区每项最多可派3人（对）参加。冬奥会规定男单、女单和双人滑的比赛项目，都必须有短节目和自由滑两项内容。每项内容的比赛各进行一天，并规定先进行短节目的比赛。

花样滑冰是技巧性与艺术性高度结合的冰上运动项目。裁判员根据动作完成的质量和艺术表现的水平分别评分。在比赛中运动员除了要完成规定的图形和创编的节目之外，还要由运动员自己选好音乐，在规定时间内随着音乐的伴奏，完成一套自由滑动作。花样滑冰要求运动员具备3个方面的基本功：一是滑行的基本功，包括冰刀刀刃的运用，以及各种跳跃、旋转和步法等。二是舞蹈的基本功，包括基本的滑行姿态、动作姿态、各种舞步、双人舞步的配合、双人滑中的托举等。三是对音乐艺术的领悟与表达能力的基本功，包括对音乐的内容及其风格，音乐的节奏、旋律与韵味的体会、感受与理解，对于技术动作与音乐美感的配合，以及由此产生的艺术表现和情感抒发的能力。

花样滑冰体现了体育对艺术美的自觉吸收，它和艺术体操、花样游泳一起，成为竞技体育审美升华的典范。奥林匹克运动从诞生之日起就跟艺术结下了难解之缘。持之以恒的体育锻炼，使人们获得了强壮雄健、优雅柔美的形体与胆魄，而艺术大师则把这些有着充沛精力、筋腱和肌肉又是如此坚强有力和柔韧结实、身躯的构造更是如此轻盈合度的人体作为绘画和雕塑的素材。这样美好的形体，在竞技比赛中是最有可能以生动、精彩的表现，成为竞赛的优胜者，于是也就成为艺术家们最钟爱的创作原型。然而，艺术所表现的运动员的人体美与生龙活虎的竞赛场面，毕竟还是停留在对体育运动真实而生动反映的层次上，而花样滑冰的双人滑和冰上舞蹈，则是直接把舞蹈艺术的表演元素作为竞赛的重要内容。尤其是芭蕾舞，因为它有一个很重要的特征，就是女演员要穿特制的足尖鞋用脚趾尖跳舞，这不但跟运动员穿着带有冰刀的冰鞋在冰上驰骋有很大的相似性，而且传统的芭蕾舞的技巧是建立在身体的外开、伸展、绷直这些形体审美的基础上的。花样滑冰就是把芭蕾舞的审美表现作为学习的榜样，因此在双人滑与冰上舞蹈中，审美就成为竞赛胜负的重要因素。正如曾经多年担任国际奥委会主席的萨马兰奇所说："奥林匹克主义是超越竞技运动的，特别是在最广泛、最完全的意义上来讲，它是不能与教育分离的。它将身体活动、艺术和精神融为一体而趋向于一个完整的人。"①花样滑冰把竞技体育所蕴含的运动之美与舞蹈特有的艺术美融合起来，并由此产生了一加一大于二的审美效果，正所谓美美与共，魅力无穷。

单人滑是花样滑冰比赛中的一个小项，男子单人滑和女子单人滑分别进行。比赛按短节目在先、自由滑随后的顺序进行，第一天比短节目，第二天为自由滑。短节目的比赛要求运动员在2分40秒的时间内，完成一套由跳跃、旋转、联合跳跃、联合旋转等8个动作及连接步所编排的节目。裁判员根据运动员动作完成的质量和难度评出规定动作分，然后再根据节目在内容编排上的均衡性、音乐的统一性，动作所表现出来的速度、姿势，以及对音乐风格的领悟与表达评定表演分，两项分数的总和即为运动员的成绩。自由滑要求运动员自己选好音乐作品，男子必须在4分30秒，女子在4分钟内，完成一套编排流畅均衡，并由跳跃、旋转、步法等姿势所组成的动作。裁判员同样根据动作的难度、数量、质量，以及内容编排、音乐配合、姿态表情、创新水平与场地利用等要素来评定技术水平分和表演分。

双人滑是由男女运动员共同表演的项目。这个项目强调运动员之间动作的默契配合。比赛除了要完成所有的单人滑动作，还要求表演一定数量的典型的双人动作，如托举、捻转托举、双人旋转、螺旋线、抛跳等。比赛分为两部分进行，第一部分是创编节目，每组有8个动作，并且必须在2分40秒内完成。表演中每个动作只能做一次，如有附加上去的动作则要扣分，音乐由自己挑选。第二部分是双人自由滑，音乐同样可以自选，动作套路要求自己编创，规定在4分30秒以内完成，

---

① 转引自杜婕：《阅读奥林匹克》现代卷，江西美术出版社，2007，第58页。

双人自由滑是由单人动作和双人动作组成，双人动作要求具有典型性。双人滑与单人滑的评分原则、方法都是相同的，但双人滑的比赛还要求两人动作的一致性与表演的互动性。

冰上舞蹈是男女两人伴随着音乐的节奏在冰上进行舞蹈步法和舞姿滑行的表演。这个项目具有表演元素最突出、艺术美感最鲜明的特色，也是冬奥会一项艺术与体育紧密结合的冰上项目。作为竞技比赛的冰上舞蹈，它要求在规定的时间内，不做任何跳跃、旋转、托举等冰上双人滑的动作，而是以绮丽多姿的动作，和谐默契的协调和驾轻就熟的舞蹈步法来完成整套表演。它特别重视形体动作与音乐的节奏、旋律与风格的统一，力求达到音乐烘托动作、动作表达音乐的艺术效果。随着冰上运动的迅速普及与蓬勃发展，冰上舞蹈的技术水平也得到了不断的提高，竞技体育与舞蹈艺术浇灌的生命之花，正在以多姿多彩的绚丽面貌，焕发着引人入胜、丰富生动的多重魅力。

冰上舞蹈由一男一女配对参赛，比赛分三天进行，第一天比规定舞，第二天是创编舞，第三天则是自由舞。所谓规定舞，就是必须按照规则规定的音乐、图案、步法，以及规定的重复次数来完成全部动作。规定舞总共有22套，国际滑冰联盟通过抽签的方式，确定其中2套作为下年度的比赛内容。裁判员根据运动员完成动作的质量和艺术效果评定技术分和表演分。创编舞又称定型舞，运动员需要按照规定的韵律自行选择音乐作品，并在规定的时间内，完成一套自编的舞蹈步法和图案表现的动作。裁判员根据运动员完成动作的质量评出编排分和表演分。自由舞同样由运动员自选音乐，并要在4分钟内完成由各种动作组成的自编舞蹈，这些动作包括步法、托举、小跳、姿势、握法等，裁判员根据运动员动作完成的质量、舞蹈对音乐作品的理解与表达，以及节目的创新水平，来评定技术分和艺术印象分。

花样滑冰中的双人滑和冰上舞蹈，都是由一男一女两人组成的比赛项目，两者在外在形式上似乎有很多共同性。然而，深入分析会发现，它们之间其实存在着很大的区别。双人滑的动作比冰上舞蹈更为丰富，需要完成一些十分复杂的托举、抛跳等高难度动作，而且技术要求很高。冰上舞蹈则偏重于舞步的表演，并且融入多种国际标准舞的元素，强调通过动作来表达音乐的韵味与意境。冰上舞蹈是由规定舞、创编舞和自由舞组成，其中规定舞必须按照规定的音乐、步法、图案来完成动作;创编舞可以由运动员自己选定音乐作品,在规定时间内完成一套由自编的舞蹈步法和图案组成的动作;自由舞也是由运动员自己来选择音乐,并且要在规定时间内完成由各种步法、小跳等动作所组成的自编舞蹈。

此外,比赛对于两者在具体的动作上也有不同的要求:冰上舞蹈的动作不包括跳跃和旋转,托举亦不能过肩。冰上舞蹈的男女选手须在近距离地保持国际标准舞造型的同时,紧紧扣住音乐的节拍去表演各种复杂多样的步法。冰上舞蹈动作的编排是固定的,运动员必须按规定完成各种舞蹈动作,而双人滑则需要运动员自行编舞。冰上舞蹈的主要连贯动作有夏塞步侧步快滑、乔克塔步和莫霍步。而双人滑中总共有五种类型的托举。双人滑的个人基本动作主要有各种平衡跨跳、旋转、跳跃、各种滑行步法及各种连贯动作,还有一些包括螺旋线、阿尔塞托举、分腿托举和燕式旋转等特殊动作。

花样滑冰中的双人滑与冰上舞蹈之所以可以进行比较分析,就是因为两者都具有冰上滑行和舞蹈表演的共同点,而这两个特点其实就是矛盾的两个对立面:作为竞技体育的双人滑要滑出花样,而作为冰上的舞蹈也需要有过硬的滑冰技能。然而,在具体的比赛过程中,这两个方面在矛盾中所占的主导地位却不相同。毛泽东在《矛盾论》中指出:"矛盾的两方面中,必有一方面是主要的,他方面是次要的。其主要的方面,即所谓矛盾起主导作用的方面。事物的性质,主要地是由取得支配地位的矛盾的主要方面所规定的。"①双人滑中起主导作用的是属于竞技体育范畴的冰上滑行,它的本质就是滑冰技术达到了出神入化的境界,因此具备了向艺术美的高度升华的能力;而冰上舞蹈占支配地位的是舞蹈艺术在冰上的表演达到了登峰造极的高度,展示了艺术家向竞技体育的挺进与跨越。这就是说,只要抓住了在矛盾

---

① 毛泽东:《毛泽东选集》第一卷,人民出版社,1991,第322页。

中占主导地位的那个方面，对双人滑与冰上舞蹈的认识也就比较清晰而深刻了。

20世纪30年代，花样滑冰传入中国，在北京、天津和东北三省的大城市里，就有学生参加了花样滑冰运动。1935年，在北京举行的滑冰比赛上，已经有了花样滑冰的表演赛。1942年冬天，在延安举行的冰上运动会上，有运动员表演了花样滑冰的图形和自由滑。1953年2月，中国哈尔滨举行了首届全国冰上运动会，并进行了花样滑冰男、女单人滑的比赛。1980年，中国首次派代表团参加了在美国普莱西德湖举行的第13届冬奥会。1980年3月，中国派队参加了在德国多特蒙德举行的世界花样滑冰锦标赛。1990年11月20日，中国的陈露在世界青少年花样滑冰锦标赛女子单人滑项目中，获得第3名，这是中国国旗首次在世界滑冰赛场上升起。这块奖牌就像报春的梅花，召唤着中国花样滑冰运动异军突起。

申雪和赵宏博4次冲击奥运金牌，堪称中国花样滑冰的旗帜人物。1998年长野冬奥会，他们获双人滑第5名；2000年获花样滑冰大奖赛总决赛冠军；2002年盐湖城冬奥会获双人滑铜牌，同年又在世界锦标赛上荣获冠军，在花样滑冰大奖赛总决赛获得亚军；在2003年世锦赛夺得双人滑冠军；2004年世锦赛夺得双人滑亚军，并获得这一年花样滑冰大奖赛冠军；在2004—2005赛季国际滑冰联盟花样滑冰大奖赛获得冠军；2006年在都灵第20届冬奥会获双人滑铜牌；2007年在世界花样滑冰锦标赛获得冠军；2010年2月16日，申雪和赵宏博在加拿大温哥华第21届冬奥会的花样滑冰双人滑比赛上，以216.57分夺得金牌，这是中国花样滑冰运动在冬奥会上拿到的第一枚金牌。

赵宏博说过这样一段富有深意的话：

> 我们为什么在冬奥会上要用这个抛四周跳？一个是因为其他国家的选手没有能力完成这个动作，作为中国运动员，我们觉得只有在技术上，在艺术表现力上，尤其是在技术上要高出他们很大一块，我们才有可能去染指冬奥会的金牌。所以对于我们来说，从去年世锦赛回来之后，我们就在艺术表现力上狠下了一番功夫，为什么还要用四周跳，是因为我们只能做四周跳才有可能

冲击金牌，如果不做，那肯定是第三了。①

这段话既是对那些违背奥林匹克公平公正原则的歪风邪气的尖锐讽刺，又表现了"不畏浮云遮望眼，只缘身在最高层"的坚定意志和广阔胸怀，谗言与刁难是无法阻挡中国运动员前进道路的，因为奥运会倡导的是"重在参与"，绝不是排斥与捣鬼。正是因为具有这样的品格和境界，所以他们才能克服伤病带来的困难，才会跨越小丑们制造的绊脚石，把自己的青春年华毫无保留地奉献给伟大的祖国和光荣的奥林匹克运动。这是申雪和赵宏博的心声，也是他们在经历了多少艰难困苦之后，终于到达玉汝于成的高峰留下的历史足迹。

花样滑冰的各个小项都在努力展现生命的蓬勃活力、形体的健美瑰丽和动作的飘逸潇洒，而双人滑与冰上舞蹈更是把力与美推向一个新的高峰。对于这样的竞赛项目，观赏者就应该通过凝神观照的鉴赏，充分领略生命的激情四射、技艺的神采飞扬、形象的英气翩翩。要获得这样生动而深邃的美感享受，就应该从以下几个方面着手，以便养成良好的审美心态，真正欣赏到花样滑冰高雅而沁人心脾的华美。

首先要调整好观赏心态。观看比赛时必须把与比赛无关的生活琐事放在一边，全身心地投入到欣赏活动中去，把满腔热情、富有情趣、充满期待的心情作为观赏活动的心理起点，全神贯注紧盯运动员的表现，随着比赛的紧张进行让情绪时而兴奋激动时而沉醉，在运动员精妙绝伦的表演之中，用专注的视听感受引导自己进入审美的"高峰体验"阶段，从而获得最丰富、最热烈、最深邃的美感享受，并且使自己的心灵在强烈的震撼与优雅的抚慰中得到净化。如此，花样滑冰这样的精彩比赛就有可能成为滋润情感、颐养心灵的灵丹妙药。

其次要把对比赛结果的迫切期待，升华为对比赛过程的细致鉴赏。

---

① 《即使滑得再好冠军也可能旁落——申雪、赵宏博聊天实录》，新浪体育，2002年3月1日，http://sports.sina.com.cn/o/2002-03-01/01242066.shtml

高水平的观赏活动，在密切关注胜负的同时，往往需要超越狭隘的功利主义。这就需要观赏者从渴望某方获胜的功利束缚中解放出来，用全部的心智去注视运动员奇峰迭起的精彩技艺、顽强拼搏的意志力量、急中生智的灵敏反应和驾驭复杂局面的澄明智慧，在细致入微的品味中去领略体育运动的魅力。

再次，要把观看比赛时的激情升华为理智感。观赏比赛自然会产生强烈的激情，这种激情确实是竞技体育不可缺少的重要内容。但是，如果一味沉浸在激情之中，就会对审美欣赏造成相当大的破坏。尤其是那种缺乏理性的偏激，因为带有很强的片面性与盲目性，就必然会把心平气和的欣赏退化成不受约束的狂热甚至骚乱。鲁迅先生曾说："我以为情感正烈的时候，不宜做诗，否则锋芒太露，能将'诗美'杀掉。"① 所以在观赏比赛时，应该以理智引领情感，用情感强化理智，使情与理达到水乳交融的状态，才能使我们对比赛的观赏活动进入良性互动的美好境界。尤其是对双人滑、冰上舞蹈这类审美占据重要地位的比赛，激情与理智的平衡是不能忽视的。

4. 冰壶比赛

冰壶，又称冰上溜石，是由4人组成的团队在冰上进行的一种投掷性竞赛项目。冰壶于14世纪起源于苏格兰。1795年，第一个冰壶俱乐部在苏格兰创立。随着英国移民源源不断地进入北美，冰壶也被他们带到了新大陆。1993年6月，国际奥委会批准了将冰壶列为第18届冬奥会正式比赛项目。冰壶于1955年传入亚洲。2000年，中国第一支冰壶队——哈尔滨市队成立。2003年，中国成立了第一支国家冰壶队，并加入了世界冰壶联合会。

冰壶比赛由两队对抗进行，每队各有4名球员，轮流丢掷冰壶（也有人称之为砥石）。2支队伍比赛时各有8个冰壶可供使用。队员们按照一垒、二垒、三垒和主力的排列顺序，与对方展开一对一的对抗赛。每人可以投掷冰壶2次，每次掷1个冰壶。两队掷完16个冰壶为一局。比赛时1名队员投掷，本方2名队友可以手持冰刷，在冰壶滑行的前方快速擦刷冰面，使冰壶能够准确到达

---

① 鲁迅：《鲁迅论文学与艺术》，人民文学出版社，1980，第175页。

第五章 冰上飞舞

营垒的中心。

　　球员在掷冰壶时，身体下蹲，并把蹬冰脚踏在起蹬器上用力前蹬，身体呈跪式姿势向前滑行，同时手持冰壶以本垒圆心为起点向前推球到前卫线。这时就要放开冰壶，使它依靠惯性的作用，自行滑向营垒的中心，或者到达预定的方位成为对方冰壶滑行的障碍，也可以按照双方已经形成的局面，有针对性地用自己的冰壶将对方的冰壶撞出营垒，或将场上本方的冰壶撞向营垒的圆心。当双方队员掷完所有冰壶后，以场地上冰壶距离营垒圆心的远近决定胜负，每石1分，积分多的队为胜。每一支队伍都有一位主力队员，也是整个比赛的指挥员。当其他队员掷壶时，主力队员应该手持冰刷，指示冰壶旋转的方向及滑行的距离，并跟其他队员及时进行沟通，以便明确掷球的目标；同时还要和刷冰的队员共同研究刷冰的方式与恰到好处的力量使用。刷冰不但可以使冰壶因为滑行的顺溜而延长距离，增强打击对方的力量，还能减少冰壶行进的曲度。也就是说，在起点投掷的队员是把冰壶按对抗的需要向前"推"进，刷冰就是将滑行的冰壶往前"拉"，使它走得更顺更准更具冲击力。这一推一拉，便使本方的冰壶尽量占据或者逼近营垒的圆心，同时要把对方的冰壶千方百计地赶出营垒。这种表面上心平气和，实质上龙争虎斗的对抗，使冰壶比赛的竞争呈现出颇为特殊的形式。比赛时，运动员脚穿特制的比赛鞋，然而两只脚却有不同的分工，一只叫蹬冰脚，其鞋子的底部是由橡胶做成的，另一只叫滑动脚，这只脚的鞋子底部则为塑料。由于在投掷、刷冰及两个营垒之间往来，两只脚的使用功能有所不同，所以比赛鞋底部所用的材料也就有了区别。

　　比赛用的冰壶主体呈圆壶状，上部有壶栓和壶柄。圆壶状的石球就是茶壶用于盛水泡茶的壶身，壶栓就像是茶壶的盖子，壶柄就是把手，除了没有出水的壶流和壶嘴，整个造型就是一个特大型的茶壶。世界上所有国际比赛所使用的优质冰壶，都是用苏格兰一个近海小岛上不含云母的天然花岗岩制造的。云母是一种呈现六方形的片状晶体的矿物，容易破碎，也不耐寒，所以制造冰壶一定要选用不含云母的花岗岩，确保在低温环境的比赛中不被撞破。

冰壶腹部的周长约为91.44厘米,从壶底到顶部高11.43厘米,包括壶柄和壶栓在内的重量为19.96千克。早期的冰壶也叫砥石,迄今为止世界上现存的最早的砥石是在苏格兰都布莱恩的一个干涸的池塘里发现的,重约11.8千克,大约是现代冰壶重量的一半,上面刻有"1511年制造"的字样和这块砥石所有者的名字。

冰壶是冬奥会上特别有意思或者说特别耐看的比赛项目。笔者非常喜欢观看冰壶比赛,原因可能有以下几个方面:

首先是在冰壶比赛中,似乎看不到一般竞技项目的激烈对抗,不但没有像冰球比赛中运动员横冲直撞、剑拔弩张的正面交锋,也没有像短道速滑那样竭尽全力的直接比拼,甚至赛场上也见不到奔跑跳跃之类幅度较大的动作。需要使劲的地方就是拿着刷子在冰面上刷冰,这时要用全身的力量进行紧张而用力的摩擦,然而这样的过程一来时间不会很长,二来没有对手的干扰与争斗,只有两个队友之间心领神会的密切配合,所以总体上,冰壶比赛的外在表现形式,让人产生优雅柔美、温和舒心的感觉。

当然,任何竞技体育的比赛都充满着剧烈的对抗,温良恭俭让的平静绝对只是表面现象,它的竞争性跟所有比赛一样,都只有战胜对手才能使自己获得脱颖而出的胜利。因此,冰壶比赛最大的特点就是要用轻柔的动作、优雅的姿势和平和的心态,而压倒一切的胆魄、寸土必争的斗志和克敌制胜的战术,就自然而然地为外在形式的柔顺温和所掩盖了。但是,赛场上总是激荡着电闪雷鸣的对抗,还会不时发生一些料想不到的突兀变化,犬牙交错的复杂局面和刻不容缓的棘手问题,往往需要在极短的时间里迅速解决。因此无论是作为指挥员的主力队员,还是打一、二、三垒的普通队员,这种时候都会霎时间在头脑掀起十二级大风暴,心中燃起灼热的火焰:这个冰壶应该怎样投才有胜算?是让它投到营垒的圆心先去占领要害位置,还是干脆用它作为武器,把对方已经占有优势的石球打掉?有没有希望产生一石二鸟的连锁反应?或者干脆你打你的我打我的,先不管眼前的形势,直接把它放到对方接下来投掷的壶的必经之路上挡住去路,即使被你撞出边界,或许双方来个玉石俱碎,即使你侥幸生存下来,我也要扰乱你的心智、破坏你的计划,绝对不能让你轻而易举地取得成功，而必须以果断有力的行动粉碎你的美梦。这就是说，冰壶比赛的重点首先是智慧的决斗，对抗的双方斗智斗勇斗技艺，而智慧就是最有分量的砝码，胜利的天平总是偏向头脑清醒、眼光敏锐、判断到位、计算精准的一方。这个时候，运动员的头脑就像一部超级计算机，把观察到的所有信息汇总起来加以比较分析，然后对双方的下一步行动做出预判，争取得到知己知彼的主动权。

其次是力学知识和计算能力在冰壶比赛中起着决定性的作用。冰壶比赛就是运动员用自己的臂力把冰壶推到营垒的圆心，这个圆心也就成为双方的必争之地，于是双方就必须用自己的壶把对方的撞出去然后取而代之，比赛的胜负就取决于估算出用多大力，把冰壶或者滑到预定的地方，或者再进一步把对方的冰壶撞出营垒。力学原理认为力的产生必然有施力物体和受力物体，运动员用手臂投掷冰壶，手臂就是施力物体，冰壶就是受力物体；在两个冰壶的碰撞中，主动撞过去的就是施力物体，被撞的则是受力物体。所以运用力学知识正确估算出作用力的大小，就是达到预定目标的关键。在冰壶比赛中还要用到一个很重要的力学知识，就是当一个物体给另一个物体施加一定作用力的时候，那个受力的物体必然同时会回敬给施力物体一个反作用力，就像我们滑冰的时候，脚掌在冰面上往后蹬，这是作用力发生，而冰面把我们的脚往前推送就是反作用力，我们能够在冰面上滑行前进就是靠作用力与反作用力的对立统一。在冰壶比赛中，用自己的冰壶去撞击对方的冰壶，就是作用力的表现。而受到撞击的冰壶也不会示弱，它会用一定的力量回敬撞击的冰壶，将撞击它的冰壶反推过去，这就是反作用力在起作用。如果投壶的运动员使用的力量恰到好处，这种反作用力就能在把对方的壶挤到边界外面的同时，使自己的壶留在营垒之中，但是如果使用的力量太大，产生的反作用力也就很大，自己的冰壶就有可能从相反的方向也被撞出营垒外面。这就是力学知识的熟练运用，在冰壶比赛中发挥举足轻重的决定性作用的证明。值得指出的是，体育比赛毕竟不是奥数竞赛，运用力学知识进行计算也就具有这样一种特殊的形式：我们所说的计算，是建立在极为丰富的经验积累基础之上的，不需要像学生做数学作业那样一步一步地解题，而是凭着无数次训练和比赛中练就的功夫，就能把头脑中暴风骤雨般的思维活动迅速归纳出几个要点，思维在这种情况下开始进入自动化的状态，竞技比赛在这里已经演变为特殊的力学博弈了，这也就是冰壶比赛引人入胜的原因之一。

再次是运动员的动作具有特殊的表现形式。有人把冰壶比赛喻为冰上的"国际象棋"，这个说法有一定的道理，它考验的是运动员的体能与脑力之强大，展现的是动态与平静之优雅，以及获得与舍弃之智慧。但这样的比喻又有一定的片面性，因为国际象棋比赛是需要棋手长时间的端坐与深思熟虑，所耗费的体力，除了拿棋落子这样的举手之劳，一般是不需要有什么较大幅度的动作的。冰壶比赛却不是这样，它的刷冰动作是需要拿出全部的力量，并以分秒必争的速度去拼抢的剧烈动作，表面上看似乎只是手臂在做极为快速的活塞运动，其实在几十次甚至上百次的重复中，需要调动肩颈、腰背与腿脚等全身各个部位的力量，虽然这样的动作在竞技比赛中并不是最剧烈的，但国际象棋实在是不可与其同日而语的。

更重要也更具魅力的是运动员投掷的动作——这个动作看上去似乎轻而易举，既不用花大力气，更没有危险性，但就是在这个看似简单的轻轻一推中，却蕴藏着无穷的奥妙：首先就是要选定明确的目标，要让这个冰壶到哪里去？是去撞击对方的壶还是去占位置？只有明确了这一点，才能规划好它的前进路线，是一往无前地快速滑行，还是在队友们刷冰行动的配合下，不遗余力地引导它经过一段弧线以绕过障碍，尽量使这个冰壶显示出它的最大价值。集体智慧的结晶、队长指挥的果断，使投壶的运动员有了明确的目标。接下来就是使用最合适的力量、把握最准确的方向，在反复的估量之后，投壶者以自己最佳的状态把这个冰壶推送出去。推送动作看上去轻轻款款，实际上却使出了最恰当的力量，冰壶滑行的速度、停止的方位和撞击的力度，都取决于手腕的动作。在这个动作中每一根手指应该怎样用力，大拇指和其他四个指头如何密切配合，手掌在发力时怎样体现上下左右、轻重缓急的微妙区别都具有大学问，而且还必须有息虑凝心、稳如泰山的心态，不受赛况的领先或落后的影响和观众激情澎湃的干扰,在屏气凝神的高度淡定中发挥出自己的最好水平。因为哪怕有一丝一毫的差池,就会出现失之毫厘差之千里的后果。可见看似轻松简单的一"推",却包含着精准、巧妙、合度等严格的要求,这就是冰壶比赛的无穷奥妙所在。

运动员在比赛中的动作具有慧中秀外的特点,因而他们在赛场上的形象也就有了独特的美感。投壶时运动员身体下蹲,踏在起蹬器上的那只脚用力前蹬,身体呈跪式姿势向前滑行,持壶柄的手从本垒推球向前,就像掠过水面的燕子那样轻盈,那样波澜不惊。当冰壶脱手前行,惯性的作用会使投壶的选手继续滑行一段距离,然后在施施而行中渐行渐止,仿佛余音袅袅,给人们留下了妙不可言的美好印象。运动员在刷冰动作中呈现的又是另一种形象:两脚分开,手持冰刷,时而如紧锣密鼓的快板,飞快的节奏和尽力的投入,在紧张激烈之中展现出奋斗之勇与力量之美;时而以轻拢慢捻的抹擦,显示出胸有成竹的舒坦与放松,这样的形象自然会让人感到轻快而又宽心。当比赛进入胶着状态或者即将结束时,运动员们一个个又变成了精算师,盯着壶栓和壶柄漆着不同颜色的冰壶,对它们与营垒圆心之间的距离进行着认真的比较,然后一丝不苟地看着裁判的测量,如果战绩明显超过对方,就会用热情的欢呼来庆贺胜利;如果双方势均力敌,那就只能等待最后的结论,这个过程中运动员们流露出来的急不可待与期盼胜利的心情,也会给观众朋友留下深刻的印象。

中国的冰壶运动虽然还没有得到普遍的开展,但也已经取得了一定的成绩,或者说已经积蓄了一定的力量与经验,正在跃跃欲试地等待一鸣惊人时刻的到来。在以往的比赛中,中国女子冰壶队已经取得了十分可喜的成绩。在2008年冰壶世锦赛上,女队队长王冰玉和队友岳清爽、周妍、柳荫、刘金莉,在小组赛中连克瑞典、加拿大队这样的强队,取得了七连胜,提前锁定了四强席位,最终闯入决赛并获得了亚军。2009年3月29日,中国女队在决赛中战胜了瑞典队,夺得了冠军,实现了中国在冰上项目中的重大突破。身为队长的王冰玉,不但肩负着战术决策和带领队伍的重任,以"泰山崩于前而面不改色"

的心理素质在战胜对手的同时也战胜了自我,而且在最后一击中表现出异常出色的技能,当之无愧地成为国人尊敬喜爱的体育明星。王冰玉如今虽然已经退役,但她仍然热情关注着中国的冰壶运动,在北京冬奥会组委会担任了体育部冰壶项目竞赛主任,为中国冰壶运动在冬奥会上取得更好的成绩继续贡献着自己的青春,她依旧是冰壶运动中那一道美丽的风景线。

5. 冰球比赛

世界各地的人们都喜欢在冰上玩耍,除了滑冰之外还在冰上玩起了球类游戏,如中国的冰上蹴鞠、荷兰的"科尔芬"、北美的"欣尼"、俄罗斯的冰上曲棍球与北欧的"班迪"等。由于风俗各异、兴趣不同,早期的冰上球类游戏各有自己的特点。

冰球运动是以滑冰为运动方式,以冰球杆为工具的一种具有对抗性的集体竞技项目,起源于加拿大。据资料记载,1783年,在加拿大的英国留学生W.F. 罗伯逊突发奇想,把在英国很流行的曲棍球移到冰上打,并结合美国拉克罗斯地区一种球类的玩法,创造了冰球这一新的冰上运动,并很快在加拿大流行开来。1875年3月3日,在加拿大蒙特利尔的维多利亚冰场举行了世界上首次正式的冰球比赛。

1910年1月10—12日,第1届欧洲冰球锦标赛在瑞士莱萨旺举行,英国、德国、比利时和瑞士的冰球队参加了比赛。这次比赛推动了欧洲冰球运动的迅速开展。1916年,在美国俄亥俄州克利夫兰首次举办了美、加两国参加的国际女子冰球赛。

1920年,冰球被作为正式比赛项目纳入了第7届奥运会。同年4月20—30日,来自北美、欧洲共7个国家的冰球运动员,参加了在比利时安特卫普举行的第7届奥运会的冰球比赛。由于在打法上存在着较大的差异,结果5个欧洲国家的冰球队全都输给了加拿大队和美国队。这次比赛后来被追认为首届世界冰球锦标赛。

1924年,在法国夏慕尼举行的第1届冬奥会上,加拿大队又以绝对的优势战胜所有的欧洲队,赢得了冬奥会冰球比赛的第1枚金牌,并在接下来的28年中几乎垄断了冬奥会和世锦赛的全部金牌。然而,风水轮流转,20世纪50年代中期,欧洲的冰球运动迅速发展,颠覆了加拿大垄断金牌的局面,

1956—1998年，欧洲队几乎获得冬奥会冰球比赛的全部金牌，直至2002年加拿大队才重新崛起，夺得了50年来未能摸到的冬奥会冰球金牌。

从20世纪60年代开始，女子冰球先是在瑞典和芬兰，接着在日本、挪威、中国、朝鲜、德国、瑞士及法国逐渐得到了普及。1988年，国际冰球联合会决定从1990年开始每两年举办一次世界女子冰球锦标赛，1999年起又改为每年一次。1993年，国际奥委会会议通过决定，从1998年第18届冬奥会开始，女子冰球被列为冬奥会的正式比赛项目。

正规的冰球国际比赛，是在一个长61米、宽30米、角圆弧半径8.5米的冰场上进行。场地四面围有高1.15—1.22米的木材或塑料做的界墙。除正式标记外，整个冰面和界墙内壁都为白色。两个球门固定在球门线的中央。冰球门宽1.83米、高1.22米，球门内最深处不得超过1米，也不能小于60厘米。球门支架上罩着门网，门内悬挂垂网，以便把球挡在门内。参加比赛的每支队伍可以由20名队员和2名守门员组成，但在赛场上每队不得超过6名运动员。一场比赛分为3局，每局20分钟，两局之间有15分钟的休息时间。这3局共60分钟被称为"常规时间"。在所有必须分出胜负的比赛中，如果双方在常规时间内打平，则要进行一个被称为突然死亡法的加时赛。如果双方在加时赛中仍没有进球，将采用射门比赛的方法决定胜负。

冰球比赛中，运动员可以用肩、胸、臀部对控球的进攻队员进行合理冲撞，也可以用身体挤贴的方法去阻挡对方。但不准用冰球杆打人、戳人、杵人、推人与勾人，不容许抱住及绊倒对方，或者用膝盖、肘部与脚去顶人、踢人，不许侮辱或干扰对方、干扰裁判。冰球比赛对犯规的处罚根据情节轻重主要有这样几种类型：小罚、队小罚、大罚、违反纪律，直到取消比赛资格与罚任意球。这些处罚的基本方式就是将犯规的队员罚下场去，包括2分钟、5分钟、10分钟乃至取消其当场及下一场的比赛资格。守门员犯规受到小罚、大罚、违反纪律的处罚时，还可以由其他队员代他受罚。处罚的基本宗旨就是要使犯规者从过分狂热的激情中冷静下来，清醒地认识到不守规则造成的后果，这样做既显示了规则的权威性，又能够预防冲突激化造成人员的伤害，使重新上场的运动员以更理智的态度投入比赛。

因为冰球比赛允许合理冲撞，而运动员在场上相互争球、带球过人、阻挡防守与射门和守门的剧烈拼抢，都是在冰上的滑行中展开，这种动力加速度所产生的动能激起惯性，具有非常强烈的冲击力，再加上双方球员都有不达目的誓不罢休的拼命三郎式的勇敢精神，因而常常会在势均力敌的缠斗中形成十分激烈的对抗。为了防止在拼抢与冲撞中受伤，冰球运动员全副武装，从头盔、面罩、护肩、护胸、护腰、护身，到护肘、手套、裤衩、护腿、护踝等，这些护具一般以轻体硬质的塑料为外壳，内衬是用海绵或泡沫塑料做成的软垫。守门员还要戴上特制的面罩和手套，穿上加厚的护胸和加厚加宽的护腿。球场上双方运动员就像10辆小型的坦克，在纵横驰骋中针锋相对，这样的气势、速度和力量，可能只是比橄榄球运动稍逊一筹，但包括足球在内的其他各种球类运动都不在话下。

冰球运动在这种短兵相接的龙争虎斗中，双方虽然互为对手，但又一起创造出了狭路相逢勇者胜的霸气与雄风。这是一种崇高的美，矛盾双方的冲突几乎在全过程呈现出白热化的对抗性。围绕着这个小小的黑色圆球，进攻一方的左、中、右三名前锋通过球的转移、急停等技术手段，在相互配合与接应中千方百计使对方露出破绽，找准机会向着对方的球门区疾驰而去。进攻一方使出令人眼花缭乱的招数，或直捣黄龙，或沉底传中，或虚晃一枪，在虚实相济、曲直互补与趁乱打劫中形成了攻与防的高潮。这个时候已经没法考虑技能如何巧妙地运用，也不可能去思考何种战术更有取胜的希望，双方运动员都进入了一种如醉如痴的迷狂状态。用心理学的术语来说，这是受"文化无意识"的支配，思维和动作都处于自动化的过程。冰球比赛所表现出来的速度、激情、勇敢、技能，已经到了"此技只应天上有，人间能得几回见"的境地。面对这样的场景，观众的心跳得更快了，肾上腺素也分泌得更多了，仿佛身上的力量就要不可遏止地爆发出来。而激情澎湃、热血沸腾的人们，全身心地投入与现场群情鼎沸氛围的相互激励，让人从物我同一的入神阶段，发展到了物我两忘的高峰体验。这时，心中的欲望、焦虑、屈辱、恐惧等各种心事与所有的否定情感，都随着情绪的亢奋宣泄而去。这就是德

第五章 冰上飞舞

国古典哲学家康德所说的"力的崇高",对人的精神有着激励与净化功能,也是调适心理健康、培养坚强的心理素质的有效途径。正因为冰球具有这样强大的魔力,所以它就像夏奥会上的足球比赛一样,往往成为赛会的闭幕式上激动人心的压轴戏。

冰球运动是一项高速且充满冲撞的运动,比赛场面激烈,对抗性强,极具观赏性。这项疯狂的运动集技术、平衡能力和体力于一身,是冬奥会上含金量和关注度最高、深受观众喜爱的集体项目。冰球也是一个国家冬季运动实力的体现。中国冬季运动项目水平正在逐步提高,但从获得奖牌的分布情况来看,中国的集体项目水平与世界高水平相比还有很大差距,这与中国要实现由体育大国迈向体育强国的目标并不相符,冰球运动同样处于这样的状态。

1953年,在哈尔滨举办的全国第1届冰上运动会上设有冰球比赛项目,这是中国体育运动史上第一次冰球比赛,中国的冰球运动也就是从这个时候开始起步的。但是,中国冰球队到1970年才正式成立。1972年,中国队第一次参加冰球世锦赛C组的比赛,获得了第三名,但接下去连续几年却每况愈下。1981年,在北京举行的冰球世锦赛C组的比赛中,中国男子冰球队一举获得亚军,并晋升B组,世界排名也达到历史最高的第15位,这是中国冰球队参加世界冰球锦标赛以来获得的最好成绩。然而,从1920年和1998年男、女冰球项目被分别纳入冬奥会比赛项目,直到2018年第23届平昌冬奥会,中国男、女冰球队再也没有获得参加冬奥会的比赛资格。2018年5月17日,国际冰球联合会以47比0全票通过了中国男、女冰球队参加2022年冬奥会的直通资格的议案,为中国队创造了一个比学赶超的良机。广大观众期盼着中国男、女冰球队能够奋发图强有所作为,使中国冰球运动这棵小树,在冬奥会和风细雨的滋润下茁壮成长,早日开出鲜艳灿烂的胜利之花。

结语

第24届冬季奥林匹克运动会就要在北京召开了，这是全球冰雪运动健儿的盛大节日。运动员们在赛会期间既有龙腾虎跃的力量、技艺与智慧的比拼，又有勇于在冰天雪地的寒冷中挑战、适应与拥抱大自然的胆魄，还有在天人合一的和谐之中充分显示人类本质力量不断进步的豪情，更有光辉璀璨、精彩纷呈的艺术交流和天马行空、奇思妙想的文化创意。这就是奥林匹克运动所创造的竞技体育的灿烂辉煌，也是人类向着"更快、更高、更强、更团结"的高峰勇敢攀登的又一次壮丽实践。我们在为北京冬奥会的成功举办而高声喝彩，也为在紧张激烈的比赛中取得优异成绩的运动员们尽情欢呼，更为中国冰雪运动接受了全世界的考验而感到欢欣鼓舞。

第24届冬奥会对北京来说，是在2008年举办了一届精彩美满的奥运会之后的又一次惊艳亮相，迄今为止只有北京成为世上独一无二的"双奥之城"。在时隔12年半之后，"北京欢迎您"的歌声再次在燕赵大地唱响，我们看到：尽管在新型冠状病毒的阴影笼罩全球的特殊时期，北京冬奥会那些体现着中国文化优秀传统、设计新颖别致而施工精益求精的比赛场馆，无论是在北京城区、延庆，还是张家口的崇礼，凝聚着中国建筑师精巧构思和美妙创意的建筑，充分展现了中国人对于奥林匹克运动的高度崇敬与热情期盼，这是他们用自己的智慧和汗水，表现了尽心尽力参与奥运的火热的激情，也是他们为奥林匹克运动走向新的辉煌献上的一份厚礼。

北京对这一届冬奥会的热情欢迎，还表现在对赛会的精心组织、科学管理和周到服务上。社会主义制度充分体现了集中力量办大事的优越性，高质量的京张高铁的如期建成，把北京和张家口两个赛区连在一体；奥运村在尊重不同民族风俗习惯基础上的人性化设计，为运动员们提供了舒适便利的生活环境；各个赛区比赛项目的合理安排，为赛事的顺利进行创造了良好条件；各类服务人员和志愿者的精心培训，为冬奥会在紧张热烈、从容有序的氛围中取得圆满成功提供了多重保障；尤其不能忽视的是新型冠状病毒肺炎疫情对赛会的影响，给医务工作者带来了巨大的工作量，组委会组织了强有力的医疗团队，以一丝不苟、环环相扣的工作流程，不畏艰险、不辞劳苦的敬业精神，筑起一道坚不可摧的防疫墙，白衣天使们为运动员抹去心中的阴影，排除疫情的干扰，让他们全身心地投入到比赛中，以创造优异的成绩，赢得光彩夺目的巨大荣誉。

对中国运动员来说，北京冬奥会就是一次最好的检阅，我们以往已经取得过良好成绩的优势项目，一定能够乘冬奥会的东风激流勇进，在家门口的比赛中勇于争金夺银，创造出更多的奏响国歌、升起国旗的庄严时刻。中国的冰雪运动确实还有相当一部分项目，还处在较为一般的水平上，这些项目的运动员在过去几年以卧薪尝胆的志气进行了艰苦卓绝的训练，在比赛中他们必定会以顽强拼搏、努力赶超的心态，以发愤图强、后来居上的斗志，在战胜自己的同时战胜对手，或许会有一鸣惊人的表现，让广大观众有喜出望外的激动。即使有的项目仍然未能名列前茅，但只要运动员们尽了最大的努力而有所进步，也会得到人民群众的理解与支持。至于那些在中国基本上还没有开展起来的项目，这次冬奥会一定能够让我们大开眼界，在充分领略项目所呈现出来的盎然情趣、精湛技艺和比赛激情的基础上，接受具体而生动的启蒙教育，让国人对这些项目产生浓厚的兴趣和积极的向往，就像播下的种子，不久以后就会在中国的大地上生根发芽、开花结果。

我们伟大的祖国是世界上最早开展冰雪运动的国家之一，然而由于幅员辽阔，生活在热带、亚热带地区的人们，过去很少有机会接触冰雪，因此冬季奥林匹克运动对他们来说显得比较陌生而有隔膜。然而，人工造雪、制冰技术的推广，开始打破了自然界的气候现象和地域局限，使原本无法轻易看到冰雪的人们，也有机会在炎热的夏天享受冰雪的凉爽和运动的快乐。北京冬奥会就像一场及时雨，给他们开启了一扇认识冰雪运动的门扉，为他们提供了积累冰雪知识、了解冰雪运动的良机，这样就有可能引导更多的年轻人参与到这一新鲜别致的体育运动中来。习近平总书记提出的让3亿人参与冰雪运动的宏伟目标，在北京冬奥会强有力的推动下，一定能够在不远的将来得到圆满的实现。

战鼓已经擂响，歌声开始飞扬，比赛即将开始，迎来的必定是当代中国改革开放后的又一壮丽辉煌。我们相信，北京冬奥会一定能够像2008年的奥运会一样，为全世界冰雪运动员奉献一届最为成功的体育盛会，同时它也必将在中国的奥林匹克运动史上，尤其是在冰雪运动史上留下精彩而简约的美好篇章。此时此刻，笔者联想到第一个在南极滑雪的中国女探险家冯静越，她用52天5小时的越野滑雪，历经1130千米，终于在2018年1月8日抵达了南极点。冯静越的伟大创举开启了中国人在南极洲滑雪的先河，她以生命的全部力量为我们树立了光辉榜样，鼓舞着后人将来在南极洲举行滑雪比赛，在北冰洋上举行滑冰比赛。这样的冰雪运动之梦，寄托着人类生命所焕发出来的伟大力量，当然这也是人与自然和谐相处的最高境界。正如冯静越所说："你我皆凡人，了不起的是这个时代！"

参考文献

[1] N.G.L.哈蒙德．希腊史——迄至公元前322年［M］．朱龙华，译．北京：商务印书馆，2017．

[2] 菲利普·范·内斯·迈尔斯．希腊史［M］．袁建伟，译．成都：天地出版社，2019．

[3] H.A.库恩．古希腊的传说和神话［M］．秋枫，佩芳，译．北京：生活·读书·新知三联书店，2002．

[4] 温克尔曼．希腊人的艺术［M］．邵大箴，译．桂林：广西师范大学出版社，2001．

[5] 托马斯·F.斯坎伦．爱欲与古希腊竞技［M］．肖洒，译．上海：华东师范大学出版社，2016．

[6] 罗宾·沃特菲尔德．奥林匹亚：古代奥运会与体育精神的起源［M］．李辰优，译．北京：北京燕山出版社，2020．

[7] 赵林．古希腊文明的光芒［M］．北京：人民邮电出版社，2020．

[8] 约翰·基甸·米林根．决斗［M］．荀峥，译．北京：中央编译出版社，2015．

[9] 庹继光．奥林匹克传播论［M］．成都：巴蜀书社，2007．

[10] 布莱恩·特纳．身体与社会［M］．马海良，赵国新，译．沈阳：春风文艺出版社，2000．

[11] 徐春耕．体育：生命的韵律［M］．北京：清华大学出版社，2000．

[12] 特奥多·安德列·库克．生命的曲线［M］．周秋麟，陈品健，

戴聪腾，译．长春：吉林人民出版社，2000．

［13］马启伟，张力为．体育运动心理学［M］．杭州：浙江教育出版社，1998．

［14］马启伟，陈小蓉．竞技体育创新原理［M］．北京：北京体育大学出版社，1995．

［15］朱志强．冰上运动［M］．北京：人民体育出版社，2012．

［16］欧阳光伟．现代哲学人类学［M］．沈阳：辽宁人民出版社，1986．

后记

2015年7月31日下午，在马来西亚吉隆坡召开的国际奥委会第128次全会宣布，由北京承办2022年第24届冬季奥林匹克运动会。喜讯传来，举国欢腾，我也沉浸在欢乐的激情之中。同时回想起为迎接2008年北京奥运会，我作为一个关心与热爱体育文化的美学研究工作者，在《中国体育科技》《文艺报》《现代传播》《中国广播电视学刊》等学术刊物，发表了有关奥运审美本质、奥运与艺术、奥运文化创意、奥运新闻传播及奥运与城市形象等主题的8篇论文。冬奥会由北京承办，我觉得应该在冰雪运动文化的研究方面，继续做一些力所能及的工作，于是决定撰写一本讨论冬奥运的文化与审美的书。

从1924年在法国举行的第1届冬季奥林匹克运动会，至今已有近百年的历史，冰雪运动的项目不断丰富，水平不断提高，尤其是科学技术的发展给人类带来了人工造雪造冰的技术。要对这样一种蔚为大观的竞技体育体系进行较为全面的介绍与分析，就必须掌握大量的参考文献。但是有关冬奥运文化方面的资料不是很多，经过几年的关注与搜集，虽然有所收获，但还不能达到写书的要求。好在我们生活在信息时代，互联网在信息传播方面形成的绝对优势，为我在资料积累方面打开了另一扇窗。5年多的搜集与积累，为本书的写作创造了基本的条件。2020年8月在完成了《华枝春满——宁波美术馆馆藏顾生岳绘画作品赏析》一书的写作之后，就着手开始了本书的写作。虽然本人对体育文化的学习与关注也已经有20多年的时间了，但是对冰雪运动的认识还停留在比较肤浅的阶段上，因此开头几个月的写作进度非常缓慢。2021年2月，98岁的老父亲溘然长逝，3月份我自己又做了一个小手术,本书的写作就有3个月的时间几乎处于停顿的状态。然而,北京冬奥会日益临近,时不我待的紧迫性催促着我必须急起直追,所以从4月下旬起,几乎每天都是在足不出户、夜以继日的写作中度过的,终于在11月30日完成了全部书稿。

由于本人对于体育运动特别是冰雪项目还是一个门外汉,因此只能把写作作为继续学习的过程,但以这种临时抱佛脚的方法进行学习,得到的结果就只能是一部为赶时间而匆忙完成的急就章——无论是全书的结构,还是重点讨论的项目,或者是体育术语的使用以及冰雪项目审美内涵的阐释,都存在着不少疏漏与错误。虽然本书的写作动机原本就是为了起到抛砖引玉的作用,但目前这块砖却显得较为粗糙松散,甚至还有一些缺损,因此恳切希望有关专家和广大读者不吝赐教,衷心希望大家能够提出宝贵的批评意见,以便有机会再版时能够加以改正提高。在本书的写作过程中,我参考了中外专家的研究成果与相关的新闻报道,从中汲取了许多富有启发性的观点和材料,除了在"参考文献"及注释中已经标出的之外,其余恕不一一列举,在此特致以诚挚的谢忱。此外,本来应该在书中随文配一些精美的照片,以期达到图文并茂的效果,但考虑到现在信息传播如此发达,读者在网上就可以很方便地欣赏到精美的冰雪运动照片与视频,所以仅在扉页之前放几张彩页,展现冰雪运动中运动员的风采。

本书的写作得到了广东省委宣传部出版处林成伟副处长、广东旅游出版社刘志松社长的热情鼓励与全力支持。刘社长和他的同事们不辞辛劳,组织团队在短短几个月的时间里全力以赴地做好本书的编辑工作,他们的敬业精神令我深为感动,并在此致以衷心的感谢。同时还要感谢我的妻子和兄弟,他们的理解、鼓励和帮助,是我完成这一写作任务的强大动力和有力保障。尤其是两个弟弟和弟妹们,在这大半年时间里都是他们两家在尽心尽力地照顾着95岁的老母亲,使老人家能减轻失去亲人的痛苦而安享晚年,同时也使我能够集中精力进行写作,可以说这本书就是友情和亲情的结晶。

古希腊的奥林匹克竞技会,开创了人类以和平的方式在身体的力量、速度、技能的比赛中展示生命的智慧和活力,在荣誉光环的激励下,鼓舞着人类向着生理极限发起一次次新的挑战,奥林匹克运动是人类最伟大的创举之一。今天包括冬奥会在内的现代奥运会,传承奥林匹亚的文化薪火,已经成为当今世界规模最大的人类文明的盛会,而蕴含在其中的文化内涵与美学价值,都对世界的和平与发展和亿万人民的文化精神生活,发挥着极其重要的促进作用。第24届冬季奥林匹克运动会在北京举办,一定会对冰雪运动在中国的进一步普及与更大提高产生重大影响。我认为冬奥会不仅仅是竞技体育的比赛,更是人与自然、人与社会的发展水平的深刻反映。因此,一定会有更多的专家学者对冬奥会所展示的人格力量和审美意蕴,展开更为系统、更为深入的研究,这样的研究也肯定能够让我获得更深刻的理论启迪与更丰富的知识收获,相信这一愿望一定能够成为现实,冬奥运的文化研究也一定能够为我国冰雪运动更美好春天的早日到来做出积极的贡献。

於贤德

2021年12月1日 于广州岭南新世界寓所